Statistical Analysis System

SAS를 활용한 논문쓰기

오웅락 김응길

머 리 말

본서는 연구자들이 논문작성에 필요한 수단인 통계처리를 더 쉽게 이해하고 적용할 수 있도록 도움을 주고자 집필되었습니다. 기존에 출간된 관련 저서들은 대부분 이론적 연구방법론에 치중하거나, 또는 통계처리에만 집중된 경우가 많았습니다.

일반적으로 이론적 연구방법론 또는 통계학에 초점을 맞추면 실증적 검정에 필요한 추가적 학습이 필요하고, 통계처리에 집중하면 불필요한 부분까지 학습해야 하는 어려움이 있습니다. 따라서 본서는 이 두 가지를 함께 공부해야 하는 불편함을 최대한 줄이기 위해서, 연구방법론과 통계처리를 적절하게 배분하여 집필하였습니다. 또한 연구자들이 논문의 작성에 필요한 통계처리는 수단으로써 사용하는 것이 적절하며, 만약 통계처리에만 치중하면 자칫 연구의 목적과는 무관하게 통계처리가 목적이 될 수 있으니 주의해야 합니다.

따라서 본서는 통계처리가 수단으로서만 활용될 수 있도록 꼭 필요한 통계처리 중심으로 기술하였습니다.

본서의 특징은 다음과 같습니다.

첫째, SAS 코드를 공유함으로써 쉽게 활용할 수 있습니다.

일반적으로 연구자들이 공유하기를 꺼리는 SAS 코드를 공유함으로써, 더 쉽게 통계처리를 할 수 있도록 도움을 주고자 하였습니다. 특히 자본시장 관련 연구를 할 때 변수정의 및 모형의 설정 등만 수정하면, 그대로 SAS 코드를 사용할 수 있게 하였습니다. 또한 다른 분야를 연구할 때도 수정을 최소화할 수 있도록 SAS 코드를 쉽고 범용성 있게 작성하였습니다.

둘째, 자료의 수집과 편집 방법도 설명하였습니다.

기존에 출간된 관련 서적들은 자료의 수집과 편집에 대해서는 거의 다루지 않고 있습니다. 따라서 많은 연구자가 통계처리를 시작하기도 전에 난관에 빠지게 되므로, 본서는 이러한 과정도 교재에 포함함으로써 연구자들의 불편을 최소화하고자 노력하였습니다.

셋째, 처음부터 끝까지 하나의 SAS 파일로 연결되도록 집필함으로써, 논문 한 편을 작성하는 것처럼 느끼도록 하였습니다.

교재의 모든 내용이 하나의 SAS 파일로 연결되도록 작성함으로써, 연구자들께서 저자와 함께 연구를 설계하고, 자료를 수집하여 분석하고, 마지막으로 논문의 결론을 내는 것처럼 느끼도록 하였습니다. 따라서 교재를 처음부터 끝까지 SAS 파일을 통해 학습한다면, 논문 한 편을 시작하여 완성하는 연습이 될 것입니다.

넷째, 연구자들이 범하기 쉬운 오류들을 지적함으로써, 더 정확한 통계처리를 할 수 있도록 도움을 주고자 노력하였습니다.

더미회귀분석 등 연구자들이 쉽게 범할 수 있는 오류들을 최소화할 수 있도록, 관련 부분들을 강조하거나 반복 학습을 할 수 있도록 교재를 집필하였습니다.

본서를 집필하면서 어려움이 많았으나, 여러분들의 도움으로 마무리할 수 있게 되었습니다. 우선 항상 많은 격려와 조언을 해주신 숭실대학교 회계학과 교수님들께 깊은 감사를 드립니다. 또한 본서가 잘 편집되어 출간될 수 있도록 도움을 주신 나우퍼블리셔 출판사 식구들에게도 고마움을 표하고 싶습니다. 마지막으로 항상 힘이 되어주는 부모님과 아내에게도 고마움을 전하고 싶습니다.

저자는 오랜 기간 통계처리 수업을 하고 있으나, 할 때마다 착각하는 부분이 발생합니다. 즉 아무리 숙련된 연구자들도 통계처리는 수단이기 때문에 계속 숙지할 수밖에 없습니다. 따라서 많은 연구자께서는 좀 더 완성도 있는 논문 집필에 집중하시고, 통계처리 부분은 본서를 통해서 조금이나마 수고를 덜어 드리기를 기원합니다.

저자 드림

차 례

CHAPTER 1 연구방법론 기초

CHAPTER 2 자료의 수집과 편집

CHAPTER 3 데이터셋의 편집

CHAPTER 4 기술통계 분석

CHAPTER 5 차이분석

CHAPTER 7 더미회귀분석

CHAPTER 8 로짓/프로빗 모형

Chapter 1

연구방법론 기초

Chapter

01 연구방법론 기초

1 연구주제의 설정

1.1 선행연구의 검토

연구주제의 설정은 매우 어렵고 중요한 작업이다. 이러한 연구주제의 설정은 많은 시간과 노력이 투입되므로, 시행착오를 줄이기 위해서는 연구주제와 관련된 선행연구들을 검토해야 한다.

선행연구들을 검토할 때는 무조건 읽지만 말고 다음과 같은 주제별로 선행연구를 정리하여 비교하는 것이 중요하다.

① 연구의 의의 : 선행연구와의 차이점
② 연구가설 : 연구가설 중 중점을 두는 연구가설
③ 연구모형과 변수정의 : 구체적인 회귀모형과 변수의 수식
④ 연구의 분석 기간
⑤ 연구가설에 대한 결론

1.2 연구주제의 설정 방법

선행연구를 검토하는 과정에서 새로운 연구주제를 찾는 행운은 쉽게 오지 않는다. 다만, 다음과 같은 방법들을 통해서 연구주제에 접근한다면, 조금이나마 쉽게 연구주제를 찾을 수 있을 것이다.

(1) 선행연구의 융합

연구주제를 먼저 설정한 후에 관련 선행연구를 검토하지 말고, 평소에 관심 있는 주제별로 선행연구들을 읽고 정리해 둔다. 이러한 자료들이 누적되면, 연구주제들 속에서 새로운 관련성을 찾는 것이다.

[표 1−1]처럼 서로 간접적으로 영향을 미치는 연구주제 속에서 매개 변수(B 또는 B′)를 통해 새로운 연구주제를 찾거나, 유사한 원인이 서로 다른 결과에 영향을 미치는 경우 다

른 결과 간의 관련성을 찾는 방법이다.

[표1-1] 선행연구의 융합

선행연구		새로운 연구주제
매개변수의 이용	A → B	A → C
	B → C 또는 B′→ C	
유사한 원인 이용	A → B	B → C 또는 C → B
	A → C 또는 A′→ C	

* A′ 또는 B′ : A 또는 B와 유사한 변수

[표 1－1]에 제시된 방법 이외에도 이러한 방식을 응용하여, 선행연구 간의 관련성을 융합하는 연구를 얼마든지 찾을 수 있다. 이와 같은 방법은 연구를 처음 시작하는 초심연구자에게 적절한 방법이다.

(2) 외국 연구의 활용

최근 발행된 외국의 선행연구들 또는 SSRN(http://www.ssrn.com) 등에서 제공되는 진행단계의 연구를 활용하는 방법이다.

외국의 선행연구들을 검토함으로써 최근 활발하게 진행되는 연구주제를 확인하고, 국내의 경제 환경과 국내기업에 맞게 연구주제를 수정할 수 있다. 이러한 방법은 외국의 선행연구들에 대한 많은 검토 작업이 필요하다는 측면에서 초심연구자에게 적절한 방법은 아니다.

(3) 수집이 어려운 자료의 활용

접근이 어렵거나 오랜 시간을 투자해야 얻을 수 있는 자료를 활용하는 방법으로, 자료수집의 어려움 때문에 선행연구들이 이론적 검토만 했거나 세부적인 분석을 하지 못했을 가능성이 높다.

따라서 수집이 어려운 자료를 활용할 때, 선행연구들과 연구주제가 유사하여도 차별적 분석을 통해 연구의 의의를 부각할 수 있다. 따라서 이러한 방법은 연구 분야에 대한 전문자료의 접근이 쉬운 실무자들에게 적절하다.

(4) 경제 기사의 활용

경제신문 등의 매스컴을 통해서 얻은 경제 기사 중에서 연구 분야와 관련성이 높은 것들은 캡처 등을 통해서 정리해 둔다. 이렇게 정리된 기사 중에서 실증적으로 입증되지 않았거나 오류가 있는 내용들을 선행연구들과 연결하여 연구주제를 찾는 방법이다.

이 방법은 연구주제의 독창성은 높으나, 선행연구들과 연결되면서 차별성을 갖는 경제 기사를 선별하기 위해서는 많은 학습 과정이 필요하다. 따라서 이러한 방법은 초심연구자에게 적절한 방법이 아니다.

2 연구가설의 설정

연구주제가 정해지면 가장 먼저 이루어지는 작업은 연구가설의 설정이라고 볼 수 있다. 이러한 연구가설의 형태에는 귀무가설과 대립가설이 있다.

2.1 귀무가설

귀무가설(H_0, Null Hypothesis)은 영가설(零假說)이라고도 하며, 기각이 예상되는 가설로 대립가설에 반대되는 가설이다. 귀무가설의 형태는 다음과 같다.

① H_0 : A와 B는 차이가 없다.

② H_0 : A는 B에 영향을 미치지 못한다.

2.2 대립가설

대립가설(H_1, Alternative Hypothesis)은 귀무가설과 달리 직접 검증할 수 없으므로, 귀무가설이 기각될 때 채택되는 가설이다. 이러한 대립가설은 연구자가 새롭게 검증하고자 하는 가설이라고 볼 수 있다.

대립가설은 양쪽으로 검증되는 양측검정(Two−sided Test)과 한쪽으로만 검증되는 단측검정(One−sided Test)으로 구분한다. 단측가설로 설정하려면 선행연구와 논리 등을 통해서 방향성에 대한 예측 가능성이 높아야만 한다.

(1) 양측검정

① H_1 : A와 B는 차이가 있다.

② H_1 : A는 B에 영향을 미친다.

(2) 단측검정

① H_1 : A가 B보다 크다. / A가 B보다 작다.

② H_1 : A는 B에 양(+)의 영향을 미친다. / A는 B에 음(−)의 영향을 미친다.

2.3 연구가설과 연구모형의 설정

(1) 연구가설의 설정

① 귀무가설과 대립가설

일반적으로 연구주제에 대한 가설은 대립가설의 형태로 설정된다. 다만, 대립가설은 직접적으로 검증할 수 없으므로, 귀무가설을 기각시킴으로써 대립가설을 간접적으로 검증하게 되는 것이다. 대부분 선행연구는 귀무가설 없이 대립가설만 제시되는데, 이는 귀무가설이 생략된 것이라고 보면 된다.

따라서 연구주제와 직접적으로 연결되는 가설은 대립가설의 형태이므로, 실제로 연구가설을 설정할 때는 귀무가설이 생략된 대립가설의 형태로 설정하면 된다.

② 양측검정과 단측검정

연구주제에 맞게 대립가설이 설정되면, 우리는 양측으로 검정할지 단측으로 검정할지 고민에 빠진다. 앞에서 밝혔듯이 결론은 간단하다. 선행연구와 논리 등을 통해서 방향성이 예측되면 단측으로, 그렇지 않으면 양측으로 검정하면 된다. 다만 연구주제가 의의가 있으려면 선행연구와 다른 방향성을 제시하는 경우가 대부분이므로, 양쪽 방향성을 다 열어두고 양측가설로 설정하는 보수적 접근이 더 적절하다.

(2) 연구모형의 설정과 변수정의

연구가설의 설정이 완료되면, 거의 동시에 이루어져야 하는 것이 연구모형의 설정이다. 연구모형을 설정해야만 연구가설은 실증분석을 위한 토대를 마련하게 되는 것이다.

연구가설은 일반적으로 집단 간의 차이를 검증하는 '차이분석'과 인과관계를 분석하는 '회귀분석'으로 나누어진다. 이 중에서 회귀분석은 연구자가 임의로 모형을 설정하지 않고, 선행연구들에서 사용하였던 회귀모형들을 연구주제에 맞게 수정하여 사용하게 된다.

수정된 연구모형에 포함되는 변수 중에서 연구가설과 연결되는 주요 변수(이하 검정변수)가 아닌 경우에는 선행연구들에서 공통으로 사용된 변수들을 거의 그대로 사용한다. 반면에 검정변수는 연구주제에 맞게 새롭게 설정되거나 수정되는 과정을 거치게 된다.

3 자료의 수집과 편집

3.1 자료의 수집

연구모형과 변수 정의가 완료되면 자료를 수집해야 한다. 자료의 수집이 어려울 때는 연구주제가 변경되어야 하므로, 자료의 수집 과정은 변수 정의를 할 때 사전적으로 검토되어야 한다. 즉, 연구모형에 따른 변수 정의를 하면서 동시에 해당 변수들을 구성하는 자료들을 수집할 수 있는지를 사전에 검토해야 하는 것이다.

자료의 수집은 공신력 있는 자료제공 전문회사 또는 접근이 쉬운 국가기관 등의 시스템을 통해서 이루어지게 된다. 자세한 것은 2장에서 다룰 것이다.

3.2 자료의 편집

자료의 편집은 수집된 엑셀 자료를 편집하는 과정과 이를 SAS 프로그램에서 재수정하는 과정으로 나누어진다.

(1) 엑셀 파일의 편집

수집된 원시자료를 그대로 사용할 수 없으므로 SAS 프로그램에서 사용할 수 있도록 자료를 수정하는 과정이다. SAS 프로그램에서 엑셀 파일을 가장 손쉽게 불러오는 방법은 CSV 파일을 활용하는 것이기 때문에, 본 과정에서는 엑셀 파일을 CSV 파일의 형태로 수정하는 것이 주를 이루게 된다.

(2) SAS 프로그램에서의 편집

CSV 파일이 완성되면 SAS 프로그램에서 자료를 불러올 수 있는데, 통계분석을 실행하기 위해서는 이 자료를 그대로 사용할 수 없으므로 추가적인 작업이 필요하다.

사회과학에서 사용되는 기업 자료들은 시계열자료이기 때문에 이를 구분하는 작업이 필요하다. 즉 20×1년의 삼성전자㈜와 20×2년의 삼성전자㈜는 다른 표본으로 구분해서 분석해야 한다. 또한 수집된 자료는 여러 개의 파일로 분산되어 있을 가능성이 높으므로, 이러한 자료들을 하나의 파일로 합치는 작업이 필요하다.

4 실증분석

4.1 기술통계 분석

자료의 수집과 편집이 완료되면, 이를 검증하는 과정이 필요하다. 이 부분이 기술통계 분석이며, 각 변수의 표본크기, 평균값, 표준편차, 중위수, 최솟값, 최댓값 등을 확인할 수 있다. 또한 기술통계 분석은 기업규모 또는 산업의 차이에 따라 구분하여 분석할 수도 있다.

이러한 기술통계 분석결과를 확인한 결과 특정 변수의 평균값과 중위수 등이 선행연구들과 큰 차이를 보이면, 최솟값과 최댓값에 극단치(이상치, Outlier)가 포함되어 분석결과를 왜곡시켰을 가능성이 높다. 예를 들어 전체 시가총액의 15%인 삼성전자㈜의 주가가 10% 만큼 오른다면, 나머지 모든 기업의 주가가 1% 정도 하락하여도 종합주가지수는 상승한 것으로 나타난다.

이처럼 기술통계 분석을 통해서 극단치를 확인하고 제거 또는 조정함으로써, 올바른 실증분석을 할 수 있도록 도움을 주는 것이다.

4.2 차이분석

집단 간의 차이를 검증하는 분석으로, [A와 B는 차이가 있다.], [A가 B보다 크다.], [A가 B보다 작다.]로 대립가설을 설정한다. 차이분석은 집단의 개수 또는 쌍체 여부에 따라 다음과 같이 구분된다.

(1) 두 집단 간 차이분석

동일 변수에 대한 두 집단 간 차이분석은 모수통계인 T검정 또는 비모수통계인 윌콕슨 순위합 검정을 하며, 동일 집단 내에서 두 변수에 대한 차이분석은 쌍체 검정(쌍체 T검정 또는 윌콕슨 부호순위 검정)을 한다. 모수통계와 비모수통계에 대해서는 5장에서 자세히 다룰 것이다.

(2) 세 집단 이상 간 차이분석

동일 변수에 대한 세 집단 이상 간 차이분석은 ANOVA(모수) 또는 크루스칼－왈리스 검정을 한다. 또한 ANOVA 분석은 집단 간에 차이가 있는지만 검증하므로, 집단 내에서 순위를 분석할 때는 사후분석(Tukey, Scheffe, Duncan)을 실시한다.

[표 1-2]는 지금까지 설명한 차이 분석들과 이와 관련된 연구가설을 정리하였다.

[표1-2] 차이분석과 연구가설

차이분석			연구가설(대립가설)
집단의 개수	모수통계	비모수통계	
두 집 단	T 검 정	윌콕슨 순위합	A와 B는 차이가 있다. A가 B보다 크다. A가 B보다 작다.
쌍체 검정	쌍체 T검정	윌콕슨 부호순위	
세 집단 이상	A N O V A	크루스칼-왈리스	

4.3 인과관계 분석

(1) 상관관계분석

회귀분석을 실시하기 전에 변수 간 관계를 사전에 검토하는 분석으로, 변수 간 원인과 결과의 구분 없이 쌍방향 간에 미치는 영향을 분석한다. 상관관계분석도 모수통계인 피어슨 상관계수와 비모수통계인 스피어만 상관계수가 있다.

일반적으로 상관관계분석을 통해서 연구가설을 설정하지 않지만, 만약 설정한다면 다음과 같이 할 수 있다. [A와 B는 관련성이 있다.], [A와 B는 양(+)의 관련성이 있다. / A와 B는 음(-)의 관련성이 있다.]로 대립가설을 설정한다.

(2) 회귀분석

변수 간의 영향력을 검증하는 분석으로, [A는 B에 영향을 미친다.], [A는 B에 양(+)의 영향을 미친다. / A는 B에 음(-)의 영향을 미친다.]로 대립가설을 설정한다. 일반적으로 회귀분석은 다음과 같은 회귀모형을 설정하여 분석한다.

Y(종속변수) = X_1(독립변수, 검정변수) + X_2(독립변수, 통제변수)

일반적으로 회귀분석은 잔차를 최소화하는 최소제곱법(Ordinary Least Squares Method, OLS)을 사용한다. 자세한 것은 6장에서 다룰 것이다.

① 종속변수

종속변수는 영향을 받는 변수로, 결과가 되는 변수이다.

② 독립변수

독립변수는 영향을 주는 변수로, 원인이 되는 변수이다. 독립변수에는 연구가설을 통해 검정하고자 하는 [검정변수]와 선행연구에서 이미 검증되었거나 기업규모 및 연도처럼 통제되어야 하는 [통제변수]로 구분된다. 검정변수 이외에도 통제변수를 포함하여 분석하는 이유는 종속변수에 미치는 원인이 생략되어 발생할 수 있는 누락변수(Omitted Variable) 문제를 줄일 수 있기 때문이다.

이러한 독립변수들이 한 개일 때에는 단순회귀분석(Simple Regression Analysis)이라고 하며, 두 개 이상일 경우에는 다중회귀분석(Multiple Regression Analysis)이라고 한다.

[표 1－3]은 앞에서 설명한 인과관계 분석들과 이와 관련된 가설을 정리하였다.

[표1-3] 인과관계 분석과 연구가설

인과관계 분석			연구가설(대립가설)
구 분	모수통계	비모수통계	
상관관계분석	Pearson	Spearman	A와 B는 관련이 있다. A와 B는 양(+)의 관련이 있다. A와 B는 음(−)의 관련이 있다.
회귀분석	OLS회귀분석		A는 B에 영향을 미친다. A는 B에 양(+)의 영향을 미친다. A는 B에 음(−)의 영향을 미친다.

5 결론

실증분석 결과를 가설에 맞게 해석하고, 이를 통해서 연구의 결론을 도출하는 과정이다.

5.1 실증분석에 대한 해석

연구의 결론을 도출하기 위해서는 실증분석 결과를 해석하는 과정이 선행되어야 한다. 실증분석 결과를 해석하는 방법은 가설과 연결된 검정변수부터 해석하고, 그다음으로 통제변수를 해석한다. 또한 실증분석 결과를 선행연구와의 유사점 및 차이점과 연결하여 기술함으로써 보다 완성된 해석을 할 수 있다.

이렇게 기술된 해석을 통해서 연구가설에 대한 검증 결과를 해석하고 결론지을 수 있게 된다.

5.2 연구의 결론

실증분석 결과에 대한 해석이 마무리되면, 마지막 단계인 연구의 결론을 도출하게 된다. 본 단원에서는 연구가설에 따른 실증분석 결과를 요약하고, 이와 관련된 시사점을 제시함으로써 연구의 의의를 확인하게 된다.

Chapter 2

자료의 수집과 편집

1 자료의 수집
2 자료의 편집

Chapter

02 자료의 수집과 편집

1 자료의 수집

1.1 자료의 수집 방법

통계분석에 사용되는 자료는 직접 자료를 수집할 수도 있지만, NICE평가정보㈜와 같은 공신력 있는 자료제공 전문회사로부터 수집하게 된다. 일반적으로 논문에서는 자료제공 전문회사의 자료와 본인이 직접 산출한 자료를 함께 사용하여 분석할 확률이 가장 높다. 본서에서는 NICE평가정보㈜에서 제공하는 VALUESearch 프로그램을 통한 자료수집 방법을 설명한다.

1.2 VALUESearch를 통한 자료수집

(1) Massive Download 실행

VALUESearch 프로그램을 통해서 다양한 자료의 형태를 산출할 수 있으나, 일반적으로 논문에서 사용되는 자료는 'Massive Download'를 선택하여 추출한다.

[그림 2-1] Massive Download

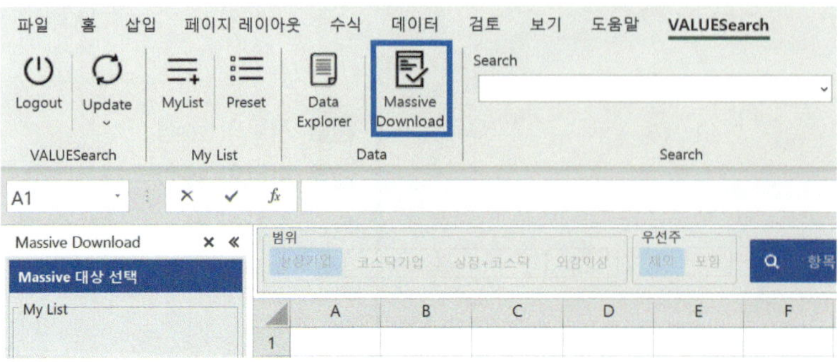

Massive Download를 통해서 기업의 개요, 재무제표, 주가 등의 자료를 추출하며, 추출되는 자료는 실시간(real-time)으로 변경된다.

(2) 추출 대상 업종의 선택

추출 대상 업종은 '전체'에서 '코스피+코스닥'을 선택한 후에 더블클릭하면 선택되고, 개요와 재무제표 등에서 항목을 선택할 수 있도록 [그림 2-2]와 같은 창이 열린다. 또한 기본적으로 우선주(Preferred Stock)는 분석에서 제외한다.

[그림 2-2] 기업 유형의 선택

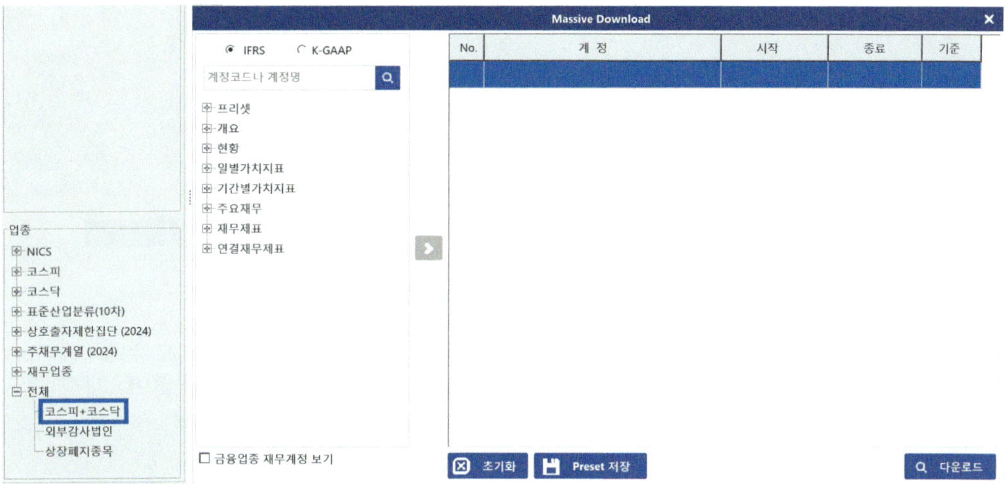

(3) 개요 선택

추출 대상 업종을 선택한 이후에 추출할 기업의 개요정보를 선택하는 과정이다. '개요'에는 시장구분/결산월/산업분류 등의 기업정보들이 포함되어 있다.

① 시장구분

개요에서 '시장구분'을 선택한 후에 더블클릭하면 [그림 2-3]처럼 시장구분이 오른쪽 창의 계정 목록(1)에 추가되고, 시장구분은 '코스피(KOSPI)와 코스닥(KOSDAQ)으로 구분한다.

[그림 2-3] 시장구분의 선택

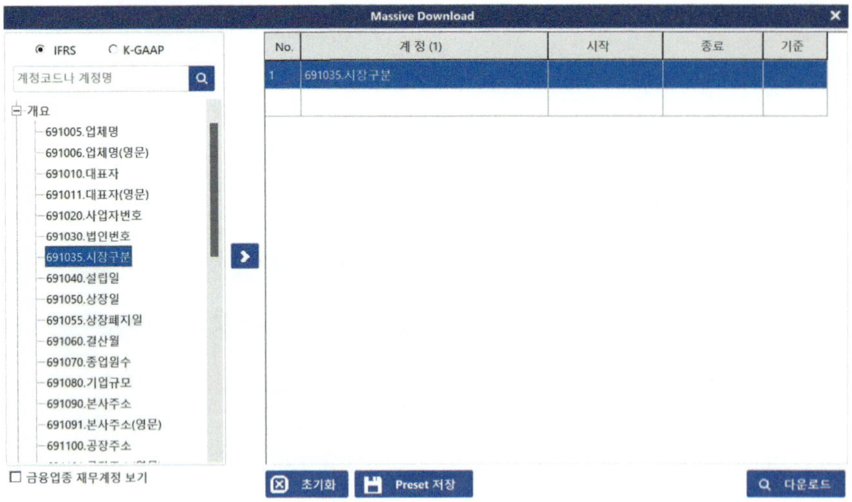

② 결산월

개요에서 '결산월'을 선택한 후에 더블클릭하면 [그림 2-4]처럼 결산월이 계정 목록(2)에 추가되고, 일반적으로 결산월은 12월말 결산법인으로 한정한다.

[그림 2-4] 결산월의 선택

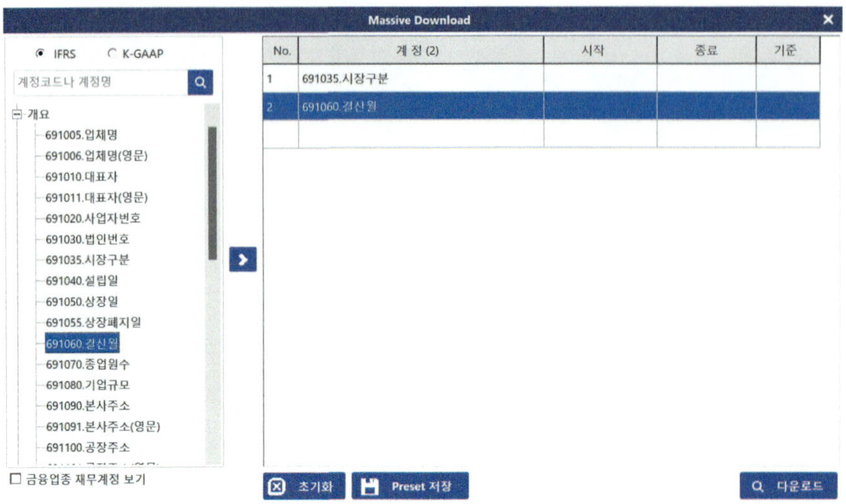

③ 산업분류

개요에서 'KSIC－중분류'을 선택한 후에 더블클릭하면 [그림 2－5]처럼 산업분류(KSIC－중분류)가 계정 목록(3)에 추가된다. KSIC－중분류는 국제표준산업분류(International Standard Industrial Classification, ISIC)의 분류 원칙과 체계를 기초로 하여 제정한 한국표준산업분류(Korean Standard Industrial Classification, KSIC) 중 중분류를 의미한다.

[그림 2-5] 산업분류(KSIC-중분류)의 선택

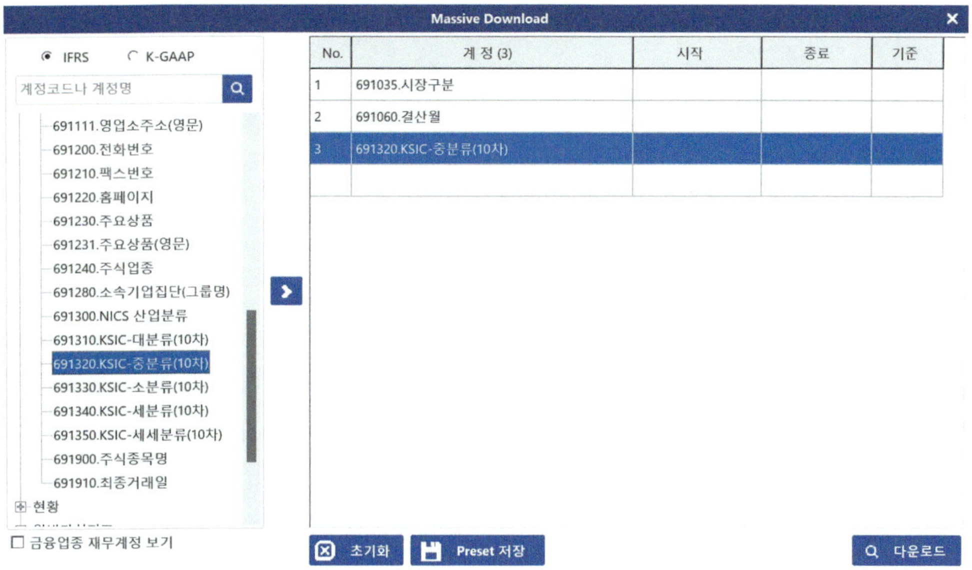

(4) 계정의 선택

① 계정의 검색

추출할 재무제표 등의 계정을 검색하는 방법에는 두 가지 방법이 있다. 첫째, 검색창에서 계정코드나 계정명을 입력하는 방법으로, 가장 쉬운 방법이지만 정확한 계정명을 입력해야 한다. 둘째, '재무제표-재무상태표-계정명'의 순서대로 찾아가는 방법으로, 정확한 계정명을 몰라도 되지만 계정명을 찾기 위해서 많은 시간이 소요된다. 본서에서는 검색창을 통해 계정명을 검색하는 방법으로 설명한다.

[그림 2-6] 계정의 검색

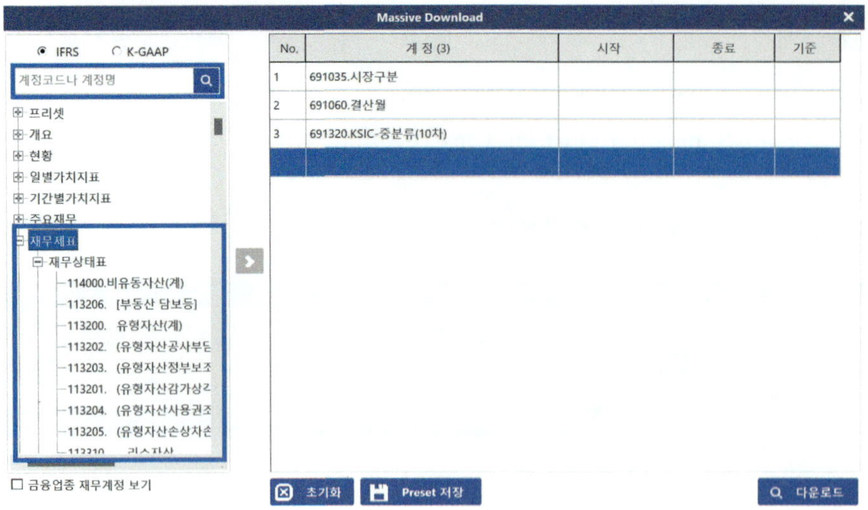

② 기간 및 기준 설정

추출할 계정명을 검색창에 입력하고 검색 아이콘을 클릭하면 그 아래에 계정명이 포함된 모든 항목이 열거되고, 그중에서 원하는 항목을 더블클릭한다. 예를 들어, [그림 2-7]처럼 '유동자산(계)'를 검색한 후에 '재무제표(별도 또는 개별 재무제표)'의 '유동자산(계)'를 더블클릭하면, '시작/종료/기준'을 선택하는 창이 뜬다. 여기서 시작과 종료는 추출하고자 하는 계정의 분석 기간을 설정하는 것이며, 기준은 보고서의 형태를 설정하는 것으로 '결산/분기/반기 등'에서 하나를 선택한다. 이러한 모든 설정이 마무리된 후에 [추가]를 클릭하면 계정 목록(4)에 유동자산(계) 계정이 포함된다.

여기서, 주의할 사항은 분석 기간을 선택할 때 실제 분석 기간이 2022년부터 2024년까지라도 전년도 자료가 필요하다면 2021년 자료도 선택해야 한다. 또한 나중에 연결재무제표 계정을 선택하여 추출하면, 연결재무제표 작성 대상이 아닌 기업은 계정이 추출되지 않으므로 이에 대한 추가 작업이 수반된다.

[그림 2-7] 기간 및 기준 설정

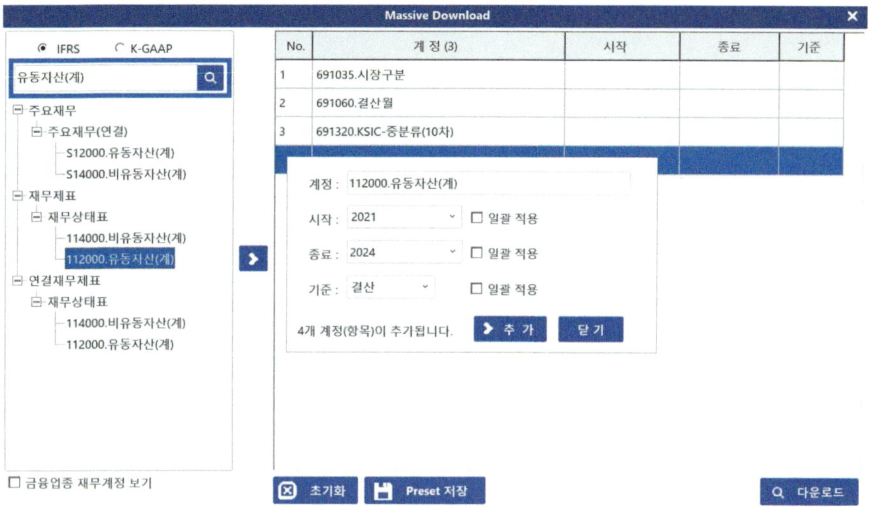

③ 계정의 선택

분석에 사용할 계정인 '유동자산, 자산총계, 유동부채, 부채총계, 자본총계, 수익(=매출액), 영업이익, 당기순이익, 기본주당순이익, 기말종가'를 선택한다.

[그림 2-8] 계정의 선택

(5) 자료 추출하기

모든 계정을 선택하고, [다운로드]를 클릭한 후에 이를 'oor1.xls'로 저장한다.

1.3 기타 자료의 수집

(1) 금융감독원 전자공시시스템

VALUESearch 프로그램에서는 주석과 같은 세부 정보는 추출할 수 없으므로, 이러한 정보는 금융감독원의 전자공시시스템(http://dart.fss.or.kr)에서 추출한다.

금융감독원의 전자공시시스템에서 사업보고서를 검색하는 방법은 다음과 같다.

① 회사명 : 회사명을 입력하고 [Enter] 키를 누르면 회사가 검색되는데, 유사 명칭이 있을 때는 원하는 회사명을 선택하면 된다. 여기서 회사명 앞 [유]는 유가증권시장 상장기업(KOSPI)이고, [코]는 코스닥시장 상장기업(KOSDAQ)이고, [넥]은 코넥스시장 상장기업(KONEX)이고, [기]는 비상장 기타기업을 의미한다.

② 기간 : 검색 기간은 원하는 기간만큼 선택한다.

③ 정기공시 및 사업보고서 : '정기공시'를 선택하면 아래에 창이 뜨는데 '사업보고서'를 선택하면 된다.

④ 검색 : [검색]을 클릭하여 사업보고서들이 검색되면, 원하는 연도의 사업보고서를 선택하면 된다. 감사보고서는 사업보고서에 첨부되어 있다.

[그림 2-9] **사업보고서 검색**

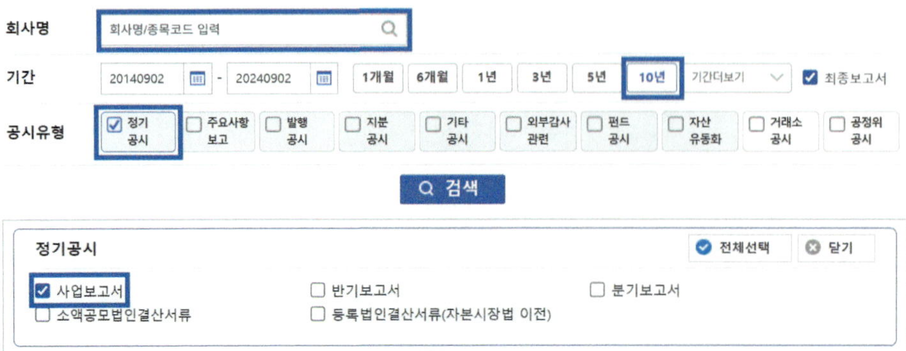

(2) 한국은행 경제통계시스템

한국은행 경제통계시스템(http://ecos.bok.or.kr)을 통해서는 통화, 금리, 증권 / 재정(주가지수) 등의 거시경제지표를 산출할 수 있다.

2 자료의 편집

2.1 변수의 편집

(1) 변수명 변경

첫째, VALUESearch에서 내려받은 'oor1.xls' 파일을 열고, 분석에 불필요한 1행과 A열을 삭제한다. 또한 종목명도 편의상 삭제한다. 둘째, SAS 프로그램에서는 한글 변수명(variable name)을 사용하기 어려우므로, 엑셀에서 변수명을 모두 영문으로 변경한다. 삭제 및 변경되는 변수명을 정리하면 [표 2-1]과 같다.

[표2-1] 변수명 변경

변경 전 변수명	변경 후 변수명	변경 전 변수명	변경 후 변수명
업체코드	삭제	유동자산 (2021 ~ 2024)	casset00 ~ casset03
종목코드	code	자산총계 (2021 ~ 2024)	asset00 ~ asset03
종목명	삭제	유동부채 (2021 ~ 2024)	cdebt00 ~ cdebt03
시장구분	market	부채총계 (2021 ~ 2024)	debt00 ~ debt03
결산월	month	자본총계 (2021 ~ 2024)	bv00 ~ bv03
중분류(산업분류)	ind	매출액 (2021 ~ 2024)	sale00 ~ sale03
		영업이익 (2021 ~ 2024)	oprofit00 ~ oprofit03
		당기순이익 (2021 ~ 2024)	income00 ~ income03
		기본주당순이익 (2021 ~ 2024)	eps00 ~ eps03
		기말주가 (2021 ~ 2024)	price00 ~ price03

(2) 변수의 편집

첫째, market(시장구분)은 코스피(KOSPI)와 코스닥(KOSDAQ)으로 구분되므로, 바꾸기 단축키(Ctrl+H)를 이용해서 '코스피'는 '0'으로 변경하고 '코스닥'은 '1'로 변경한다.

둘째, 주가를 분석에서 사용할 때 일반적으로 표본을 12월말 결산법인으로 한정하므로, month(결산월)는 '12'가 아닌 경우에는 제외한다. 그러나 다른 결산월을 포함해서 분석할 수도 있으므로, 엑셀에서 삭제하지 말고 SAS 프로그램에서 삭제하는 것이 좋다.

셋째, ind(산업분류, 중분류)는 문자를 제외한 5자리의 숫자로 산업을 구분하는데, 이러한 분리 작업도 SAS 프로그램에서 실행한다.

넷째, 유동자산 이후부터 기말주가까지의 변수에서, 2021년부터 2024년까지의 변수는 뒤에 '00'부터 '03'까지 부여하여 구분한다.

(3) 변수의 분리

code(종목코드)와 ind(산업분류, 중분류)처럼 문자와 숫자가 혼합된 변수를 분리하는 방법은 두 가지가 있다. 첫째, Excel 문서 파일에서 '텍스트 나누기'를 통해서 분리하는 방법으로 2장에서 다룬다. 둘째, SAS 프로그램에서 'substr 문'을 이용하여 분리하는 방법으로 4장에서 다룬다. 따라서 2장에서 다루어지는 Excel 문서 파일에서 분리하는 방법을 사용하지 않고, 4장의 SAS 프로그램에서 분리하는 방법을 사용해도 무방하다.

문자와 숫자가 혼합된 변수 중에서 code(종목코드)는 Excel 문서 파일에서 분리하는 방법을 사용하고, ind(산업분류, 중분류)는 SAS 프로그램에서 분리하는 방법을 사용하고자 한다.

① 텍스트 나누기 실행

첫째, Excel 문서 파일에서 분리하려는 변수인 'code'가 포함된 A열 전체를 선택하고, '데이터'의 '텍스트 나누기'를 클릭하여 실행한다. 둘째, 텍스트 마법사가 실행되면, '구분 기호로 분리됨'을 선택하고 [다음]을 클릭한다.

[그림 2-10] 텍스트 나누기

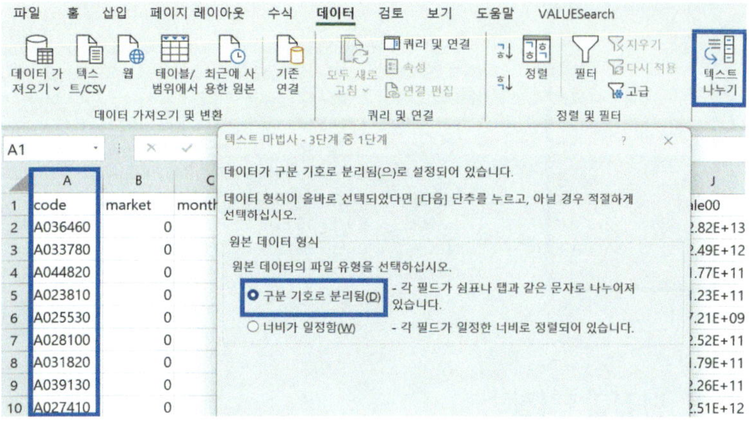

② 구분 기호 선택

'텍스트 마법사' 2단계에서 '구분 기호'를 '기타'로 선택하고, 빈칸에 문자 변수인 'A'를 입력한 후에 [다음]을 클릭한다.

[그림 2-11] 구분 기호 선택

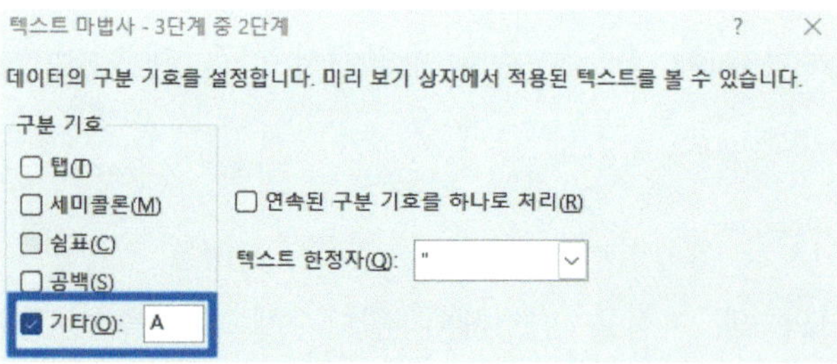

③ 편집하기

'텍스트 마법사' 3단계에서 '열 데이터 서식'을 '일반'으로 선택하고 [마침]을 클릭하면, [그림 2-15]처럼 변수가 분리된다. 정확하게는 문자인 'A'는 삭제되고 숫자만 B열에 표시된다. 따라서 B열 1행에 변수명 'code'를 입력하고, A열을 삭제하면 된다. 이러한 분리 방법은 2장에서 꼭 실행할 필요는 없고, 4장 SAS 프로그램에서 편집해도 된다.

[그림 2-12] **분리된 변수**

	A	B	C	D	E	F	G	H	I
1	code		month	ind	casset00	asset00	cdebt00	debt00	bv00
2		36460	12	D35000/전	1.15E+13	3.42E+13	7.47E+12	2.69E+13	7.37E+12
3		33780	12	C12000/담	2.38E+12	5.42E+12	7.04E+11	8.74E+11	4.54E+12
4		44820	12	M71000/전	7.85E+10	1.57E+11	7.83E+10	1.00E+11	5.65E+10
5		23810	12	C30000/자	4.17E+10	1.08E+11	4.74E+10	6.04E+10	4.78E+10
6		25530	12	M71000/전	3.06E+10	1.08E+11	78457000	90819000	1.07E+11
7		28100	12	F42000/전	1.42E+11	2.00E+11	6.88E+10	7.31E+10	1.27E+11
8		31820	12	J62000/컴	8.97E+10	1.13E+11	6.42E+10	6.61E+10	4.69E+10
9		39130	12	N75000/시	1.65E+11	2.48E+11	1.36E+11	1.36E+11	1.11E+11
10		27410	12	G47000/소	2.14E+11	8.23E+11	3.79E+11	4.93E+11	3.30E+11

2.2 자료 형태의 편집과 저장

(1) 자료 형태의 편집

SAS 프로그램에서 자료를 불러오는 방법은 다양하지만, 파일을 CSV(쉼표로 분리) 파일로 저장해서 불러오는 방법이 가장 쉽고 영구적이다. 즉 SAS 프로그램에서 Excel 문서로 파일을 불러오는 방법의 경우에, 자료의 편집은 필요 없으나 매번 불러와야 한다. 반면에 CSV 파일을 불러오는 방법은 자료의 편집은 필요하지만, SAS 프로그램을 실행시키면 자동으로 자료를 불러온다.

CSV 파일로 전환하기 전에, Excel 문서 파일에서 다음 세 가지 자료 형태의 편집이 필요하다.

① 셀 서식 바꾸기

가장 먼저, 데이터의 셀 서식을 변경해야 한다. 셀 서식을 변경하는 방법은 전체선택(Ctrl+A)을 한 이후에, 마우스 오른쪽 키를 클릭하여 [셀 서식] 창이 나타나면 [표시 형식]에서 '숫자'를 선택하고 [확인]을 누른다. 만약 Excel 문서 파일에서 표시 형식을 숫자로 변경하지 않고, CSV 파일로 전환하면 반올림 오류가 발생한다. 또한 숫자 형식의 Excel 문서 파일을 CSV 파일로 전환하면 자동으로 셀 서식은 일반으로 변경된다.

[그림 2-13] 셀 서식 숫자로 바꾸기

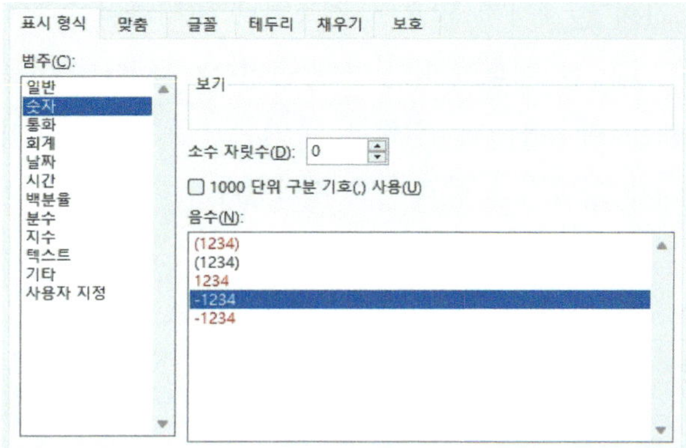

② 쉼표의 제거

ind(산업분류, 중분류)처럼 문자와 숫자를 함께 포함한 변수의 경우에는 쉼표(,)가 포함되어 있을 수 있다. CSV 파일은 데이터의 행과 열을 구분하기 위해서 쉼표(,)를 자동 생성하기 때문에, Excel 문서 파일에 쉼표(,)가 포함되어 있으면 행과 열의 구분에 오류가 발생한다.

따라서 Excel 문서 파일에 포함된 쉼표(,)를 사전에 삭제해야 한다. 쉼표(,)를 제거하는 방법은 전체선택(Ctrl+A)을 한 이후에, 바꾸기 단축키(Ctrl+H)를 이용해서 찾을 내용은 쉼표(,)를 입력하고 바꿀 내용은 빈칸으로 그대로 둔 후에 [모두 바꾸기(A)]를 클릭한다.

[그림 2-14] 쉼표의 제거

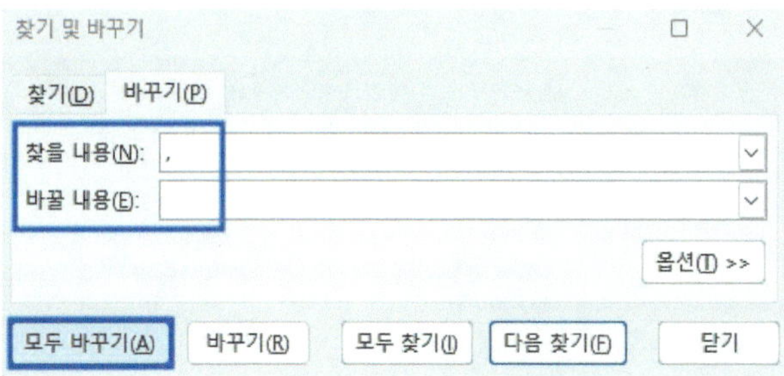

③ 결측치 처리

추출한 자료 중에서 값이 존재하지 않으면 결측치로 처리하여야 한다. 결측치로 처리하는 방법은 전체선택(Ctrl+A)을 한 이후에 바꾸기 단축키(Ctrl+H)를 이용해서 찾을 내용은 빈칸으로 두고 바꿀 내용은 마침표(.)를 입력한 후에 [모두 바꾸기(A)]를 클릭한다. 따라서 SAS에서 셀에 마침표(.)가 입력되면 결측치로 처리된다.

[그림 2-15] 결측치 처리

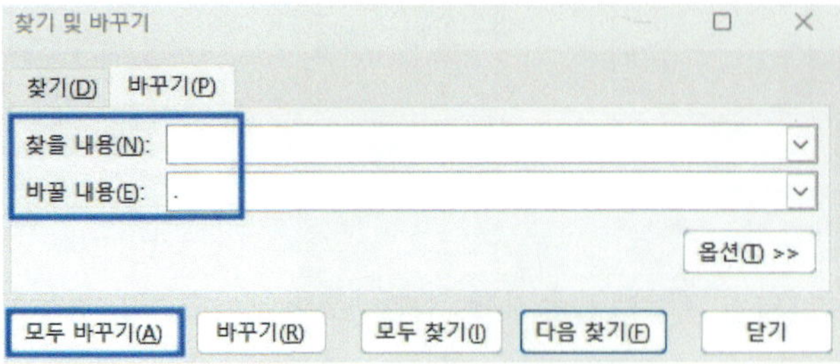

(2) CSV 파일로 저장하기

① CSV 파일 저장

편집이 완료된 Excel 문서 파일을 CSV 파일 형태로 저장하며, 이렇게 저장된 CSV 파일은 데이터 용량도 적고 SAS 프로그램에서 데이터 변환도 쉽다.

[그림 2-16] CSV 파일로 저장하기

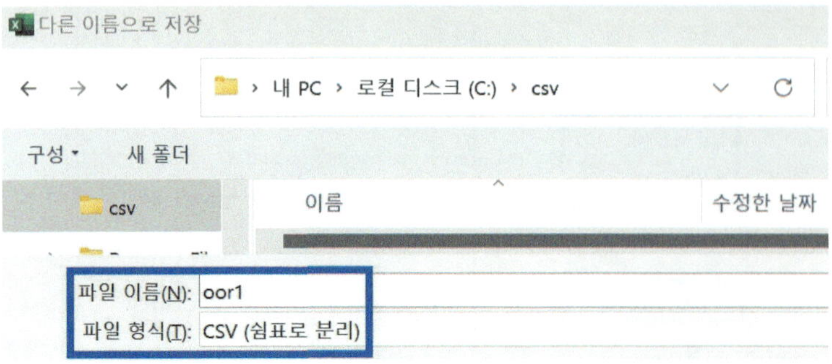

[그림 2−16]처럼 ‘다른 이름으로 저장’을 누른 후 ‘파일 형식’을 ‘CSV(쉼표로 분리)’를 선택한 후 파일명은 ‘oor1.csv’로 저장한다.

② CSV 파일 저장 시 유의 사항

CSV 파일로 저장할 때 주의할 사항은 SAS 프로그램은 한글 지원이 완벽히 이루어지지 않기 때문에 데이터를 불러올 때 오류가 생길 수 있으므로, 저장된 파일의 경로와 파일명은 반드시 영문으로 작성하여야 한다.

또한 CSV 파일을 실행시킨 상태일 때에, SAS 프로그램에서 파일을 불러오면 오류가 발생하므로 주의해야 한다.

Chapter 3

데이터셋의 편집

Chapter

03 데이터셋의 편집

1 데이터셋 불러오기

1.1 데이터셋과 데이터

데이터셋은 2장을 통해 수집된 자료의 형태로, 데이터 매트릭스에서 각 셀에 포함된 데이터의 집합을 의미한다. 본서에서는 데이터셋을 SAS 프로그램에서 사용하게 될 CSV 파일로 정의한다. 또한 본서의 분석에서 사용되는 데이터셋은 '나우퍼블리셔' 홈페이지 (http://nowpublisher.tistory.com) 자료실에서 받을 수 있다.

1.2 SAS 프로그램의 실행

SAS 프로그램을 실행시키거나 SAS 파일에 마우스 오른쪽을 클릭해서 [SAS 열기]를 실행시킨다.

[그림 3-1] SAS 프로그램의 실행

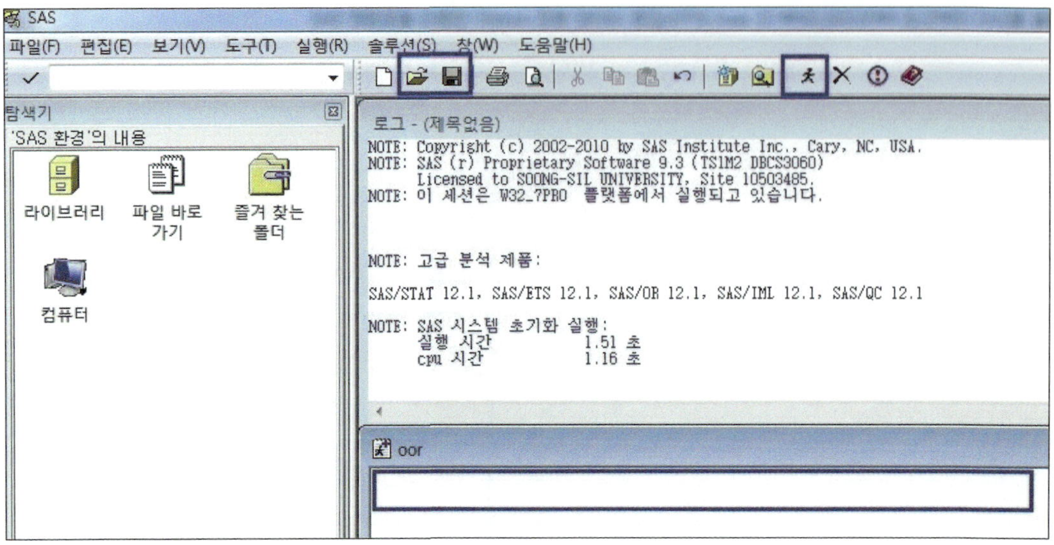

[그림 3－1]에서 상단 메뉴 바의 [열기] 아이콘( )을 통해서 파일을 열 수 있고, [저장] 아이콘( )을 통해서 파일을 저장할 수 있다.

저장을 클릭하여 ‘oor.sas’ 파일을 실습 파일로 사용한다.

가장 아래 위치한 [입력] 창(사각형)에 명령어를 입력하고, 상단 메뉴 바의 [실행] 아이콘( )을 클릭하면 [Results Viewer] 창에 분석결과가 나타난다. 또한 메뉴 바의 아래 [로그] 창을 통해서 명령어에 오류가 없는지를 확인할 수 있다.

1.3 SAS로 데이터셋 불러오기

(1) 입력

자료실에서 제공하는 ‘oor1.csv’ 파일을 [그림 3－2]와 같은 명령어를 통해서 SAS 프로그램으로 불러올 수 있다.

[그림 3-2] **[입력] 데이터셋 불러오기**

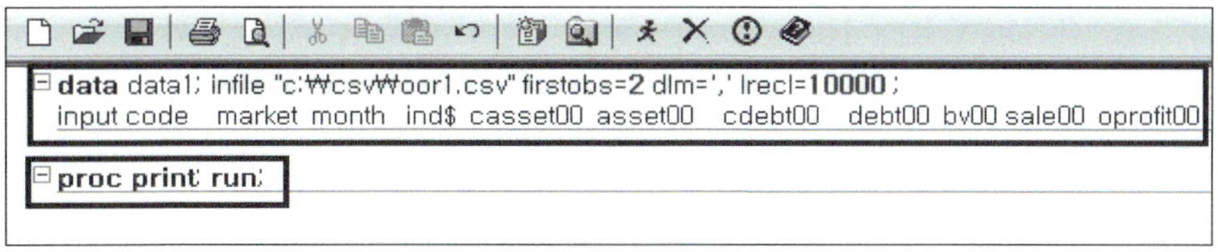

① 1행 : ‘oor1.csv’ 파일을 SAS 프로그램으로 불러오기

#data data1; infile "c :₩csv₩oor1.csv" firstobs = 2 dlm = ',' lrecl = 10000;	
data data1;	‘data1’이라는 데이터셋을 만든다.
infile "c :₩csv ₩oor1.csv"	‘c :₩csv₩’경로에 있는 ‘oor1.csv’파일을 불러온다.
firstobs = 2	1행은 변수명이고, 2행부터 값으로 인식한다.
dlm = ','	데이터의 구분기호는 쉼표(,)이다.
lrecl = 10000;	데이터 길이가 ‘10000 bytes’ 초과하면 데이터로 인식하지 않는다.

[data data1;]에서 세미콜론(;)을 명령문이 끝날 때마다 반드시 입력해야 한다.

[infile]을 실행할 때 주의할 사항은 불러올 파일을 실행시키지 않도록 해야 하고, 경로에 파일이 있어야 한다.

[lrecl]은 데이터의 길이를 정하는 명령어로 충분히 크지 않으면 데이터 일부를 불러오지 못한다. 따라서 '10000'으로 하여도 데이터를 모두 불러오지 못하면 숫자를 더 크게 입력한다.

② 2행 : 변수명의 정의

```
input code market month ind$ casset00 asset00 cdebt00 debt00 bv00 sale00
      oprofit00 income00 eps00 casset01 asset01 cdebt01 debt01 bv01 sale01
      oprofit01 income01 eps01 casset02 asset02 cdebt02 debt02 bv02 sale02
      oprofit02 income02 eps02 casset03 asset03 cdebt03 debt03 bv03 sale03
      oprofit03 income03 eps03 price00 price01 price02 price03;
```

input	변수명을 다음과 같이 지정한다.
code	2장에서 문자가 삭제되고 숫자만 표시된 변수이다.
market	시장구분으로, 코스피 = 0, 코스닥 = 1로 정의한다.
month	결산월로, 주가 자료를 사용하므로 12월로 한정한다.
ind$	표준산업분류(KSIC－9) 중에서 중분류 기준으로 한다.
casset00 ~ 03	00년도부터 03년도까지의 유동자산
asset00 ~ 03	00년도부터 03년도까지의 자산총계
cdebt00 ~ 03	00년도부터 03년도까지의 유동부채
debt00 ~ 03	00년도부터 03년도까지의 부채총계
bv00 ~ 03	00년도부터 03년도까지의 자본총계
sale00 ~ 03	00년도부터 03년도까지의 매출액
oprofit00 ~ 03	00년도부터 03년도까지의 영업이익
income00 ~ 03	00년도부터 03년도까지의 당기순이익
eps00 ~ 03	00년도부터 03년도까지의 기본주당순이익
price00 ~ 03	00년도부터 03년도까지의 기말주가

'ind$'는 문자와 숫자가 혼합된 변수로, '$' 표시 함으로써 모두 문자로 인식시킨다. 만약 '$'표시를 하지 않는다면, 해당 변수의 데이터는 모두 결측치(.)로 표시된다. 'ind$'를 구성하는 문자와 숫자 중에서 숫자만 분석에서 사용해야 한다. 따라서 추가적인 정의가 필요하며, 후술할 것이다.

'market'은 주식시장의 시장구분으로, '코스피(KOSPI), 코스닥(KOSDAQ)으로 구분된다. 코스피(KOSPI)는 유가증권시장 상장기업으로 '0'을 부여하고 코스닥(KOSDAQ)은 코스닥 시장 상장기업으로 '1'을 부여한다.

(2) 출력

SAS로 불러온 'oor1.csv' 파일을 출력하여 선행된 명령어에 대한 오류를 확인하는 과정이다.

```
proc print; run;
```

proc print;	모든 변수에 대한 데이터를 프린트한다.
run;	명령문을 실행한다.

[proc print]를 통해서 변수에 대한 데이터를 프린트할 수 있고, 이전까지의 명령문이 제대로 반영되었는지 확인하려면 꼭 필요한 과정이다. [var]라는 명령문을 사용하면 특정 변수만을 프린트하지만, 이를 생략하면 변수 전체를 프린트한다. 자세한 것은 후술한다.

[run]은 명령문을 실행시키기 위해서 반드시 명령문 뒤에 작성해야 한다.

[그림 3-3] [출력] 데이터셋 불러오기

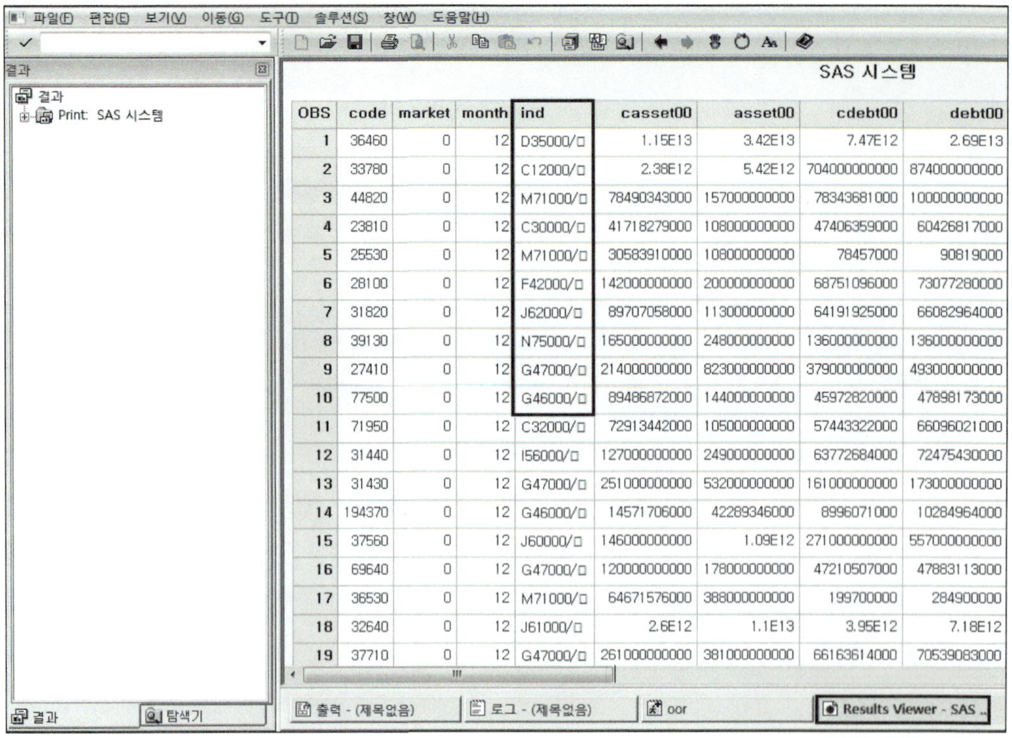

OBS	code	market	month	ind	casset00	asset00	cdebt00	debt00
1	36460	0	12	D35000/□	1.15E13	3.42E13	7.47E12	2.69E13
2	33780	0	12	C12000/□	2.38E12	5.42E12	704000000000	874000000000
3	44820	0	12	M71000/□	78490343000	157000000000	78343681000	100000000000
4	23810	0	12	C30000/□	41718279000	108000000000	47406359000	60426817000
5	25530	0	12	M71000/□	30583910000	108000000000	78457000	90819000
6	28100	0	12	F42000/□	142000000000	200000000000	68751096000	73077280000
7	31820	0	12	J62000/□	89707058000	113000000000	64191925000	66082964000
8	39130	0	12	N75000/□	165000000000	248000000000	136000000000	136000000000
9	27410	0	12	G47000/□	214000000000	823000000000	379000000000	493000000000
10	77500	0	12	G46000/□	89486872000	144000000000	45972820000	47898173000
11	71950	0	12	C32000/□	72913442000	105000000000	57443322000	66096021000
12	31440	0	12	I56000/□	127000000000	249000000000	63772684000	72475430000
13	31430	0	12	G47000/□	251000000000	532000000000	161000000000	173000000000
14	194370	0	12	G46000/□	14571706000	42289346000	8996071000	10284964000
15	37560	0	12	J60000/□	146000000000	1.09E12	271000000000	557000000000
16	69640	0	12	G47000/□	120000000000	178000000000	47210507000	47883113000
17	36530	0	12	M71000/□	64671576000	388000000000	199700000	284900000
18	32640	0	12	J61000/□	2.6E12	1.1E13	3.95E12	7.18E12
19	37710	0	12	G47000/□	261000000000	381000000000	66163614000	70539083000

[그림 3-3]은 [proc print]를 통해서 프린트한 결과물로, 명령문을 입력한 후에 [실행] 아이콘( )을 클릭하면 [Results Viewer] 창에 분석결과가 나타난다. 분석결과를 확인해 보면, 문자로 정의한 'ind$'는 '$'를 생략한 변수로 표시되고 그 결과물이 오류 없이 프린트되고 있다.

[출력]에서 자주 사용되는 기능들을 요약하면 다음과 같다.

① 출력결과에서 맨 위로 이동하려면 [Home] 키를 누르고, 맨 아래로 이동하려면 [End] 키를 누른다.

② 출력결과를 지우고자 할 때는 [Result Viewer]에서 지우기 단축키(Ctrl+E)를 실행하면 된다.

③ 출력 결과물이 많은 경우에 원하는 분석결과로 바로 가려면, 왼쪽의 [결과] 창에서 해당 항목을 클릭하면 된다.

2 데이터셋 아래로 합치기

2.1 데이터셋 연도별 분리

(1) 입력

'oor1.csv' 파일에서 'code'부터 'ind'까지의 변수는 모든 연도에 공통으로 사용되지만(공통변수), 'casset'부터 'price'까지의 변수는 연도별로 구분되어 있다(연도별변수). 기업의 재무제표자료에 대한 분석에서는 같은 기업일지라도 연도가 다르면 다른 표본이므로, 공통변수를 제외한 연도별변수를 연도별로 분리한다.

[표3-1] 공통변수와 연도별변수

구 분	변수명	연도별 데이터셋			
		00년도	01년도	02년도	03년도
공 통 변 수	code market month ind	code market month ind	code market month ind	code market month ind	code market month ind
연 도 별 변 수	casset00 ~ casset03 asset00 ~ asset03 cdebt00 ~ cdebt03 debt00 ~ debt03 bv00 ~ bv03 sale00 ~ sale03 oprofit00 ~ oprofit03 income00 ~ income03 eps00 ~ eps03 price00 ~ price03	casset00 asset00 cdebt00 debt00 bv00 sale00 oprofit00 income00 eps00 price00	casset01 asset01 cdebt01 debt01 bv01 sale01 oprofit01 income01 eps01 price01	casset02 asset02 cdebt02 debt02 bv02 sale02 oprofit02 income02 eps02 price02	casset03 asset03 cdebt03 debt03 bv03 sale03 oprofit03 income03 eps03 price03

[표 3-1]처럼 공통변수는 4개 연도(00년도~03년도)의 데이터셋에 공통으로 포함하고, 연도별변수는 연도별로 분리하여 연도별 데이터셋에 분배한다.

[그림 3-4] **[입력] 데이터셋 연도별 분리**

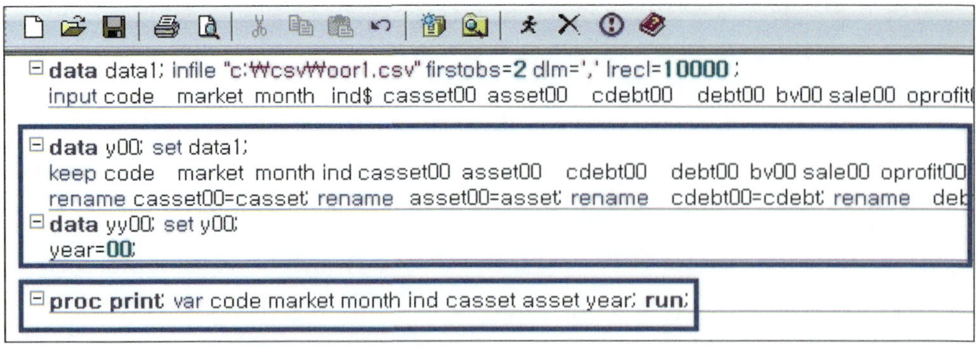

[그림 3－4]처럼 '00'년도의 데이터셋을 분리하는 명령문을 실행한다.

① 데이터셋 연도별 분리

```
data y00; set data1;
keep code market month ind casset00 asset00 cdebt00 debt00 bv00 sale00 oprofit00
income00 eps00 price00;
rename casset00=casset; rename asset00=asset; rename cdebt00=cdebt; rename
debt00=debt; rename bv00=bv; rename sale00=sale; rename oprofit00=oprofit;
rename income00=income; rename eps00=eps; rename price00=price;
```

data y00; set data1;	'data1'데이터셋을 불러와서 'y00'데이터셋을 만든다.
keep code ~ ind casset00 ~ price00;	공통변수와 '00'년도의 연도별변수로만 데이터셋을 구성한다.
rename casset00=casset;	'casset00'의 변수명을 'casset'으로 변경한다.

[keep]은 불러온 데이터셋(data1)의 변수를 모두 사용하지 않고 특정 변수만 선택해서 사용하고자 할 때 사용하는 명령어로, 공통변수는 다 사용하나 연도별변수는 '00'년도의 변수만 사용한다. 참고로 [drop]은 [keep]과 반대의 명령어로, [drop] 이후에 열거되는 특정 변수만 제외하고 데이터셋을 구성한다.

② 연도의 부여

```
data yy00; set y00;
year=00;
```

data yy00; set y00;	'y00'데이터셋을 불러와서 'yy00'데이터셋을 만든다.
year=00;	'year'변수를 만들고, 값은 모두 '00'으로 한다.

'y00' 데이터셋에 'year'라는 연도 변수를 만들고 값은 모두 '00'을 부여함으로써, 5행의 [rename]을 통해서 삭제된 연도 정보를 반영한 것이다. 또한 [keep]은 변수를 선택한 것으로만 제한하여 같은 데이터셋에서 변수를 추가할 수 없으므로, 'yy00'데이터셋을 새롭게 만들어서 'year' 변수를 추가한 것이다.

(2) 출력

'y00' 데이터셋은 공통변수(code ~ ind), 연도 정보가 생략된 연도별변수(casset ~ price)와 연도 변수인 'year'가 포함되어 있다. 이를 프린트하여 오류를 검증한다.

```
proc print; var code market month ind casset asset year; run;
```

proc print; var code ~ year; run;	var 이하의 변수에 대한 데이터를 프린트한다.

[proc print]를 통해서는 모든 변수에 대한 데이터를 프린트할 수 있으나, [var 변수]를 추가하면 원하는 변수만 선택해서 프린트할 수 있다.

[그림 3-5]를 통해서 연도별변수인 'casset'과 'asset'에서 연도 정보인 '00'이 생략되었음을 확인할 수 있다. 또한 연도 변수인 'year'의 값은 모두 '0'이 저장되어 있음을 확인할 수 있다. 여기서 '00'을 입력하여도 '0'으로 표시됨에도 불구하고 '00'으로 입력하는 이유는 후술할 것이다.

[그림 3-5] [출력] 데이터셋 연도별 분리

SAS 시스템

OBS	code	market	month	ind	casset	asset	year
1	36460	0	12	D35000/□	1.15E13	3.42E13	0
2	33780	0	12	C12000/□	2.38E12	5.42E12	0
3	44820	0	12	M71000/□	78490343000	157000000000	0
4	23810	0	12	C30000/□	41718279000	108000000000	0
5	25530	0	12	M71000/□	30583910000	108000000000	0
6	28100	0	12	F42000/□	142000000000	200000000000	0
7	31820	0	12	J62000/□	89707058000	113000000000	0
8	39130	0	12	N75000/□	165000000000	248000000000	0
9	27410	0	12	G47000/□	214000000000	823000000000	0
10	77500	0	12	G46000/□	89486872000	144000000000	0
11	71950	0	12	C32000/□	72913442000	105000000000	0
12	31440	0	12	I56000/□	127000000000	249000000000	0

'00'년도의 데이터셋이 'y00' 데이터셋에 저장되었으나, 연도별 변수의 연도 정보가 삭제되어 [표 3－2]처럼 연도별 데이터셋의 구분이 불가능하다. 따라서 이를 구분하기 위해서 연도 변수인 'year'를 추가하여 'yy00' 데이터셋에 저장하고, 다른 연도도 이와 같은 작업을 해야 한다.

[표3-2] 연도 변수의 추가

구 분	연도별 데이터셋			
	00년도	01년도	02년도	03년도
공 통 변 수	code … ind	code … ind	code … ind	code … ind
연 도 별 변 수	casset … price	casset … price	casset … price	casset … price
연 도(year)	year = 00	year = 01	year = 02	year = 03

9장에서는 'Array'를 이용하여, 더 간단히 데이터셋을 연도별로 분리하는 방법을 학습한다.

2.2 데이터셋 아래로 합치기

(1) 입력

① 연도별 데이터셋 만들기

‘00’년도의 데이터셋인 ‘yy00’ 데이터셋을 완성한 이후에는 다른 연도에 대한 데이터셋을 만들어야 한다.

[그림 3－6]은 ‘01’년도의 데이터셋을 만드는 과정이다. 첫째 ‘00’년도의 데이터셋을 만드는 명령어 전체를 복사(Ctrl＋C)해서 붙이기(Ctrl＋V)를 한 후에, 둘째 바꾸기 단축키(Ctrl＋H)를 이용해서 ‘00’을 ‘01’로 [선택영역내 바꾸기]를 실시한다. 이러한 과정을 통해서 데이터셋의 이름과 변수명에 포함된 ‘00’이 모두 ‘01’로 변경되므로, 변수명을 만들 때 이러한 부분을 고려해서 만들면 작업이 쉽다.

[그림 3-6] [입력] 연도별 데이터셋 만들기

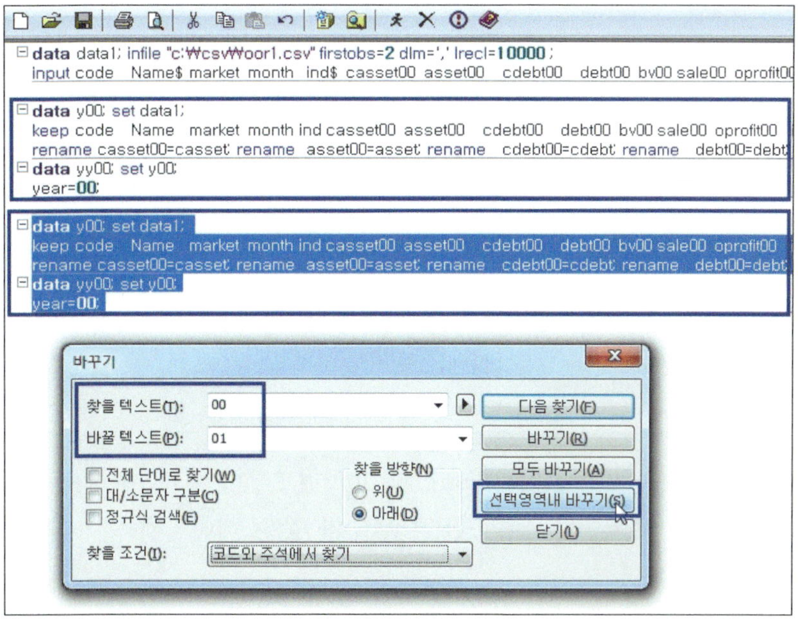

[그림 3－6]과 같은 방법으로 다른 연도에 대한 데이터셋을 [그림 3－7]처럼 완성한다. 즉, ‘00년도～03년도’의 데이터셋인 ‘yy00～yy03’을 완성한다.

[그림 3-7] **[입력] 데이터셋 아래로 붙이기**

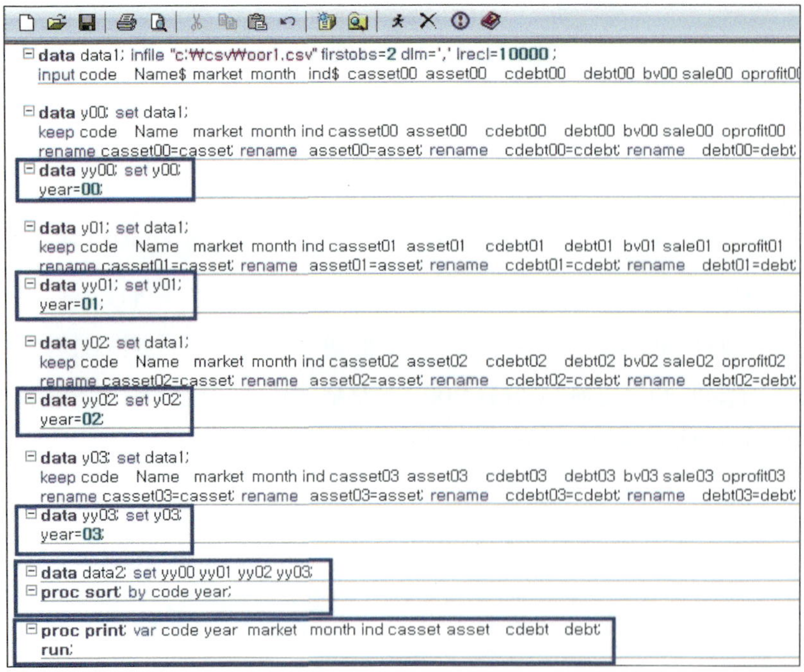

② Set을 이용한 자료 합치기

```
data data2; set yy00 yy01 yy02 yy03;
proc sort; by code year;
```

data data2; set yy00 yy01 yy02 yy03;	'yy00 ~ yy03'데이터셋을 순서대로 아래로 붙여서 'data2'데이터셋을 만든다.
proc sort; by code year;	'code' → 'year'의 순서대로 데이터셋을 오름차순으로 정렬한다.

연도별 데이터셋을 [set] 이후에 입력함으로써, '00'년도부터 '03'년도까지 연도별 데이터셋이 하나의 데이터셋으로 합쳐진다. 즉, [set]은 변수가 같은 데이터셋을 아래로 붙일 때 사용하는 명령어이다.

오류를 확인하고자 [proc print]를 실행한다. [proc sort]는 데이터를 정렬하라는 명령어이고, [by 변수]는 변수를 기준으로 오름차순 하라는 것이다. 따라서 'code'를 기준으로 먼저 오름차순으로 정렬하고, 동일 'code' 내에서는 'year'를 기준으로 오름차순으로 정렬하게 된다. 만약 내림차순으로 정렬하고자 한다면, 각 변수 앞에 [descending]을 입력하면 된다(예 : proc sort; by descending code descending year;).

(2) 출력

연도별 데이터셋이 합쳐진 'data2'를 'code' 및 'year'의 순서대로 정렬하여 프린트하면 [그림 3－8]과 같다. 출력 결과를 보면, 'code=20'인 기업의 'year' 값이 0부터 3까지 순서대로 배치되었음을 확인할 수 있다. 다른 기업도 같다.

[그림 3-8] [출력] 연도별 데이터셋을 아래로 붙이기

SAS 시스템

OBS	code	year	market	month	ind	casset	asset	cdebt	debt
1	20	0	0	12	C21000/□	132000000000	339000000000	87860192000	110000000000
2	20	1	0	12	C21000/□	121000000000	324000000000	82599853000	97290002000
3	20	2	0	12	C21000/□	117000000000	316000000000	73372612000	88934413000
4	20	3	0	12	C21000/□	121000000000	313000000000	68915135000	83347317000
5	40	0	0	12	C31000/□	79792677000	140000000000	50782520000	65188427000
6	40	1	0	12	C31000/□	69697488000	127000000000	44035066000	58801646000
7	40	2	0	12	C31000/□	59697762000	117000000000	45952706000	59616987000
8	40	3	0	12	C31000/□	69168467000	137000000000	70046458000	91017999000
9	50	0	0	12	C13000/□	124000000000	1.33E12	362000000000	655000000000
10	50	1	0	12	C13000/□	102000000000	1.3E12	121000000000	632000000000
11	50	2	0	12	C13000/□	79482802000	1.26E12	88576434000	576000000000
12	50	3	0	12	C13000/□	83665762000	1.28E12	389000000000	623000000000

3 Merge 배우기

다른 단원과 달리 'merge.sas' 파일을 실습 파일로 사용한다.

3.1 Set과 Merge의 비교

① Set과 기준변수가 1개인 Merge

[표 3－3]처럼 [set]은 데이터셋을 아래로 합치고자 할 때 사용하는 반면에, [merge]는 데이터셋을 옆으로 합치고자 할 때 사용한다.

[merge]는 [set]처럼 모든 변수가 일치할 필요가 없으며, 공통으로 있는 변수를 기준으로 자료를 합칠 때 사용하는 명령어이다. 이러한 옆으로 합칠 때 기준으로 사용하는 모든 공통변수(이하 기준변수)는 [merge]를 실행하기 전에 같은 방식으로 있어야 한다.

[표3-3] Set과 Merge의 비교

구 분	data1	data2	data3
Set	data data3; **set** data1 data2;		
	x y z **1 10 100** **2 20 200**	x y z **3 30 300** **4 40 400**	x y z **1 10 100** **2 20 200** **3 30 300** **4 40 400**
Merge	data data3; **merge** data1 data2; **by** x;		
	x y z 1 10 100 2 20 200 **3 30 300** **4 40 400** **5 50 500**	x y k **3 30 3000** **4 40 4000** **5 60 5000** 6 70 7000 7 80 8000	x y z k 1 10 100 . 2 20 200 . **3 30 300 3000** **4 40 400 4000** **5 60 500 5000** 6 70 . 7000 7 80 . 8000

첫째, [표 3－3]에서 [Set]을 사용하면 ‘data1’과 ‘data2’의 모든 변수명은 일치하기 때문에, ‘data2’의 데이터가 ‘data1’의 데이터 아래로 합쳐져서 ‘data3’을 구성하게 된다.

둘째, [표 3－3]에서 기준변수 ‘x’를 기준으로 [merge]를 실행하면 data2가 data1에 옆으로 합쳐지게 되는데, 기준변수가 아닌 ‘y, z, k’의 값이 없는 경우에는 결측치(.)로 표시된다. 실제 분석에서는 이러한 결측치를 제거하고 분석한다. 따라서 변수 ‘x = 1, 2, 6, 7’인 경우에는 결측치가 발생하므로 분석 표본에서 제거한다.

또한 ‘data1’에서 ‘x＝5’인 표본은 ‘y＝50’이지만 ‘data2’에서 ‘x＝5’인 표본은 ‘y＝60’이다. 이처럼 일부 변수의 값이 일치하지 않을 때는, [merge data1 data2]에서 뒤에 배치된 ‘data2’의 값으로 합쳐진다. 따라서 ‘data3’에서 ‘x＝5’인 표본은 ‘y＝60’으로 저장된다.

결론적으로 [표 3－3]에서 분석 표본으로 사용할 수 있는 표본은 ‘x＝3, 4, 5’인 경우이다.

② 기준변수가 2개인 경우

만약, 기준변수를 ‘x’가 아닌 ‘x, y’로 구성하였다면 어떻게 될까? 그 답은 [표 3－4]에 제시되었다.

[표 3－4]에서 기준변수 ‘x, y’를 기준으로 [merge]를 실행하면 data2가 data1에 옆으로 합쳐지게 되는데, 기준변수가 아닌 ‘z’와 ‘k’의 값이 없는 경우에는 결측치(.)로 표시된다. 따라서

변수 'x'가 '1, 2, 6, 7'인 경우에는 결측치가 발생하여 분석 표본에서 제거된다.

또한 'data1'에서 'x=5'인 표본은 'y=50'이지만 'data2'에서 'x=5'인 표본은 'y=60'이다. 따라서 'data3'에서 'x=5'인 표본은 'y=60'으로 저장되는데, 오류가 아니라면 기준변수(x, y)의 기준에서는 서로 다른 표본이므로 분석 표본에서 제거되어야 한다. [표 3-3]에서 'x=5'인 표본은 분석 표본이 될 수 있었지만, 기준변수에 'y'가 추가되면서 'data1'의 'x=5'인 표본과 'data2'의 'x=5'인 표본은 서로 다른 표본으로 분류되어 분석 표본에서 제거된 것이다.

결론적으로 [표 3-4]에서 분석 표본으로 사용할 수 있는 표본은 'x=3이고, y=30'인 것과 'x=4이고, y=40'인 경우이다.

[표3-4] 기준변수가 2개인 Merge

기준변수	data1			data2			data3			
x	data data3; **merge** data1 data2; **by** x;									
	x	y	z	x	y	k	x	y	z	k
	1	10	100				1	10	100	.
	2	20	200				2	20	200	.
	3	**30**	**300**	**3**	**30**	**3000**	**3**	**30**	**300**	**3000**
	4	**40**	**400**	**4**	**40**	**4000**	**4**	**40**	**400**	**4000**
	5	**50**	**500**	**5**	**60**	**5000**	**5**	**60**	**500**	**5000**
				6	70	7000	6	70	.	7000
				7	80	8000	7	80	.	8000
x, y	data data3; **merge** data1 data2; **by** x y;									
	x	y	z	x	y	k	x	y	z	k
	1	10	100				1	10	100	.
	2	20	200				2	20	200	.
	3	**30**	**300**	**3**	**30**	**3000**	**3**	**30**	**300**	**3000**
	4	**40**	**400**	**4**	**40**	**4000**	**4**	**40**	**400**	**4000**
	5	**50**	**500**	**5**	**60**	**5000**	5	50	500	.
				6	70	7000	5	60	.	5000
				7	80	8000	6	70	.	7000
							7	80	.	8000

3.2 기준변수의 표본크기가 같은 경우

(1) Merge할 데이터셋 불러오기

① 입력

모든 CSV 파일을 SAS로 불러온 이후에, 기준변수에 대해 오름차순으로 정렬하는 과정이다. 우선, [그림 3－9]처럼 'merge11.csv' 파일을 SAS로 불러와서 'data11' 데이터셋을 만들었고, 'merge12.csv' 파일을 SAS로 불러와서 'data12' 데이터셋을 만들었다.

옆으로 합칠 'data11'과 'data12'는 기준변수인 'code' 및 'year'와 기준변수가 아닌 'casset' 및 'asset'을 갖고 있다. [merge]를 실행하기 위해서는 두 데이터셋 모두 오름차순으로 정렬해야 하며, 그 기준은 두 데이터셋 모두 공통으로 갖는 기준변수인 'code' 및 'year'이다.

[그림 3-9] [입력] Merge 할 데이터셋 불러오기

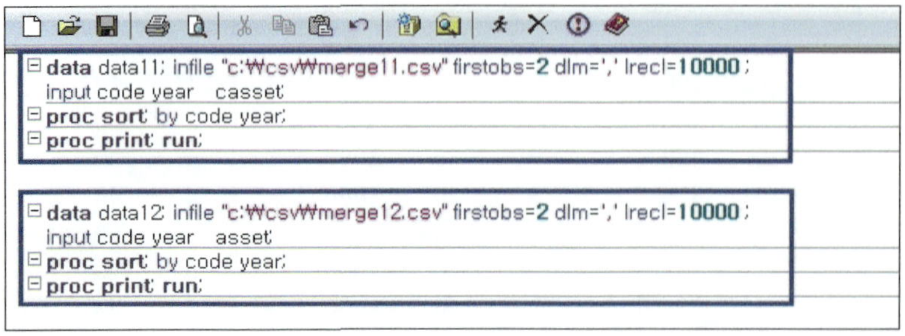


```
data data11; infile "c :₩csv₩merge11. csv" firstobs = 2 dlm = ', ' lrecl = 10000;
input code year casset;
proc sort; by code year;
data data12; infile "c :₩csv₩merge12. csv" firstobs = 2 dlm = ', ' lrecl = 10000;
input code year asset;
proc sort; by code year;
```

data data11; infile "c :₩csv₩merge11.csv" ~ ;	'merge11.csv' 파일을 불러와서 'data11'데이터셋을 만든다.
input code year casset;	변수명을 'code, year, casset'으로 지정한다.
proc sort; by code year;	'code, year'를 기준으로 오름차순 정렬한다.
data data12; infile "c :₩csv₩merge12.csv" ~ ;	'merge12.csv' 파일을 불러와서 'data12'데이터셋을 만든다.
input code year asset;	변수명을 'code, year, asset'으로 지정한다.
proc sort; by code year;	'code, year'를 기준으로 오름차순 정렬한다.

② 출력

기준변수인 'code' 및 'year'를 통해서 오름차순으로 정렬된 'data11'과 'data12'를 프린트하면 [그림 3－10]과 같다.

[그림 3-10] [출력] Merge 할 데이터셋 불러오기

[data11]

OBS	code	year	casset
1	20	0	132000000000
2	20	1	121000000000
3	20	2	117000000000
4	20	3	121000000000
5	40	0	79792677000
6	40	1	69697488000
7	40	2	59697762000
8	40	3	69168467000
9	50	0	124000000000
10	50	1	102000000000
11	50	2	79482802000
12	50	3	83665762000

[data12]

OBS	code	year	asset
1	20	0	339000000000
2	20	1	324000000000
3	20	2	316000000000
4	20	3	313000000000
5	40	0	140000000000
6	40	1	127000000000
7	40	2	117000000000
8	40	3	137000000000
9	50	0	1.33E12
10	50	1	1.3E12
11	50	2	1.26E12
12	50	3	1.28E12

[그림 3－10]에서 두 데이터셋 모두 기준변수인 'code' 및 'year'를 기준으로 오름차순 정렬이 되어 있음을 확인할 수 있다.

(2) 기준변수를 기준으로 Merge

① 입력

'data11'과 'data12'를 [merge]하려면 [그림 3－11]과 같은 입력 과정이 필요하다.

'data11'과 'data12'에서 [proc sort; by code year;]를 통해서 오름차순으로 정렬하는 과정이 필요했다면, [merge]를 실행하기 위해서는 [by code year;]를 통해서 이를 확인하는 과정이 필요하다. 이 두 개의 명령어는 하나의 셋처럼 반드시 함께 입력되어야 한다.

[그림 3-11] [입력] 표본크기가 같은 기준변수를 기준으로 Merge

```
data data11; infile "c:₩csv₩merge11.csv" firstobs=2 dlm=',' lrecl=10000;
 input code year  casset;
proc sort; by code year;
proc print; run;

data data12; infile "c:₩csv₩merge12.csv" firstobs=2 dlm=',' lrecl=10000;
 input code year  asset;
proc sort; by code year;
proc print; run;

data data1; merge data11 data12; by code year;
proc print; run;
```

data data1; merge data11 data12; by code year;	
data data1; merge data11 data12; by code year;	'code, year'를 기준으로 하여, 'data11'과 'data12'를 옆으로 합쳐서 'data1'을 만든다.

② 출력

[그림 3－12]는 'data11'과 'data12'를 기준변수인 'code' 및 'year'를 통해서 옆으로 합친 출력 결과이다. 'code=20'인 기업들의 'year' 값이 '0'부터 '3'까지 모두 나타나고 있으며, 이는 다른 'code'의 기업도 같은 패턴을 보인다. 따라서 'data11'과 'data12'에 대한 옆으로 합치기는 오류가 없음을 확인할 수 있다.

[그림 3-12] [출력] Merge 할 데이터셋 불러오기

SAS 시스템

OBS	code	year	casset	asset
1	20	0	132000000000	339000000000
2	20	1	121000000000	324000000000
3	20	2	117000000000	316000000000
4	20	3	121000000000	313000000000
5	40	0	79792677000	140000000000
6	40	1	69697488000	127000000000
7	40	2	59697762000	117000000000
8	40	3	69168467000	137000000000
9	50	0	124000000000	1.33E12
10	50	1	102000000000	1.3E12
11	50	2	79482802000	1.26E12
12	50	3	83665762000	1.28E12

3.3 기준변수의 표본크기가 다른 경우

(1) 기준변수의 표본크기가 다른 데이터셋 불러오기

① 입력

'data1'은 'code' 및 'year'를 기준으로 오름차순으로 정렬된 데이터셋이다. 'data2'는 두 개의 변수(code, ks)를 포함하고 있으므로, 'data1'과 'code'라는 공통변수를 공유하고 있다. 따라서 'data1'과 'data2'는 공통변수인 'code'를 기준으로 하여 [merge]를 실행할 수 있다. [merge]를 실행하기 위해서는 두 데이터셋 모두 'code'를 기준으로 오름차순으로 정렬되어 있어야 한다. 'data1'은 이미 정렬이 되어 있으므로 'data2'에 대해서만 'code'를 기준으로 오름차순으로 정렬하면 된다.

[그림 3-13] [입력] 공통변수의 표본크기가 다른 데이터셋 불러오기

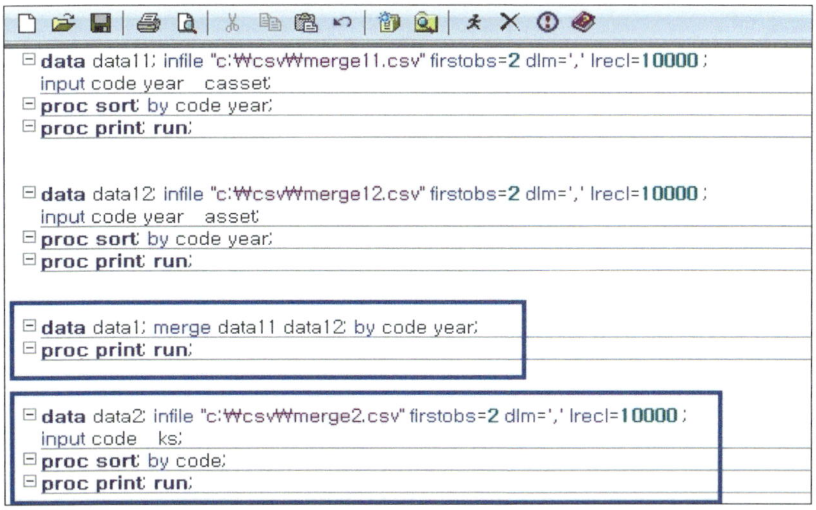

```
data data11; infile "c:₩csv₩merge11.csv" firstobs=2 dlm=',' lrecl=10000;
input code year   casset;
proc sort; by code year;
proc print; run;

data data12; infile "c:₩csv₩merge12.csv" firstobs=2 dlm=',' lrecl=10000;
input code year   asset;
proc sort; by code year;
proc print; run;

data data1; merge data11 data12; by code year;
proc print; run;

data data2; infile "c:₩csv₩merge2.csv" firstobs=2 dlm=',' lrecl=10000;
input code   ks;
proc sort; by code;
proc print; run;
```

```
data data2; infile "c :₩csv₩merge2.csv" firstobs=2 dlm=',' lrecl=10000;
input code ks;
proc sort; by code;
```

data data2; infile "c :₩csv₩merge2.csv" ~ ;	'merge2.csv' 파일을 불러와서 'data2'데이터셋을 만든다.
input code ks;	변수명을 'code, ks'로 지정한다.
proc sort; by code;	'code'를 기준으로 오름차순 정렬한다.

변수명이 'code, ks'인 데이터셋 'data2'를 만들고, [merge]를 실행하기 위해서 [proc

sort; by code]를 통해서 기준변수인 'code'를 오름차순으로 정렬하였다.

② 출력

기준변수인 'code'를 통해서 오름차순으로 정렬된 'data1'과 'data2'를 프린트하면 [그림 3－14]와 같다.

[그림 3-14] [출력] 기준변수의 표본크기가 다른 데이터셋 불러오기

[data1]

OBS	code	year	casset	asset
1	20	0	132000000000	339000000000
2	20	1	121000000000	324000000000
3	20	2	117000000000	316000000000
4	20	3	121000000000	313000000000
5	40	0	79792677000	140000000000
6	40	1	69697488000	127000000000
7	40	2	59697762000	117000000000
8	40	3	69168467000	137000000000
9	50	0	124000000000	1.33E12
10	50	1	102000000000	1.3E12
11	50	2	79482802000	1.26E12
12	50	3	83665762000	1.28E12

[data2]

OBS	code	ks
1	20	1
2	40	0
3	50	1
4	70	0
5	80	0
6	100	1
7	140	0
8	150	0
9	180	0
10	220	1
11	230	0
12	240	1

[그림 3－14]를 통해서 'data1'과 'data2'의 기준변수인 'code'의 표본크기가 다르다는 것을 확인할 수 있다. 'data1'에서 'code'가 '20'인 표본은 4개이지만 'data2'는 1개이다. 따라서 [merge]를 실행하면 'data1'의 'code'가 '20'인 표본은 'ks' 값이 모두 '1'로 부여된다.

(2) 기준변수를 기준으로 Merge

① 입력

'data1'과 'data2'를 [merge] 하려면 [그림 3－15]와 같은 입력 과정이 필요하다.

[그림 3-15] [입력] 표본크기가 다른 기준변수를 기준으로 Merge

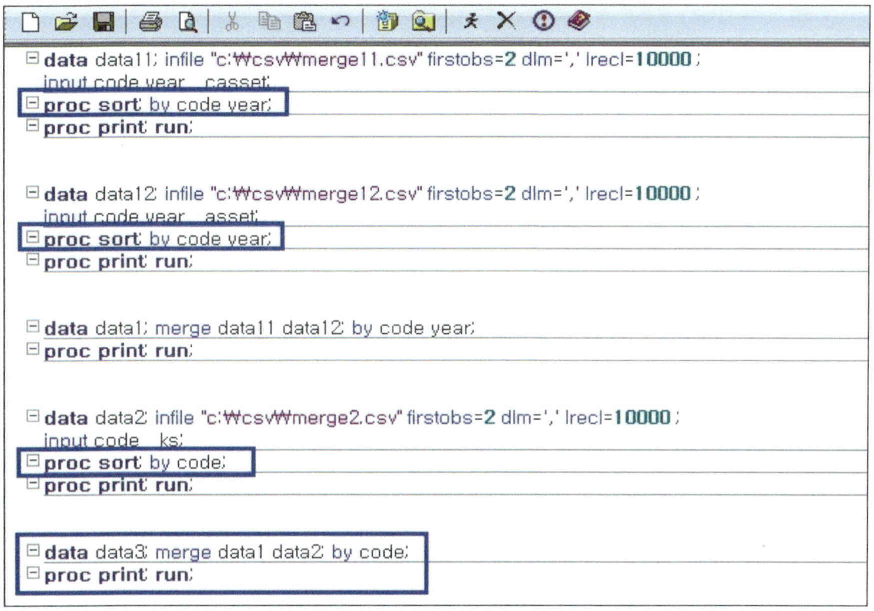

data data3; **merge** data1 data2; **by** code;	
data data3; merge data1 data2; by code;	'code'를 기준으로 하여, 'data1'과 'data2'를 옆으로 합쳐서 'data3'을 만든다.

'data1'과 'data2'에서 [proc sort; by code;]를 통해서 오름차순으로 정렬하는 과정이 필요했다면, [merge]를 실행하기 위해서는 [by code;]를 통해서 이를 확인하는 과정이 필요하다. 이 두 개의 명령어는 하나의 셋처럼 반드시 함께 입력되어야 한다.

② 출력

[그림 3－16]은 'data1'과 'data2'를 기준변수인 'code'를 통해서 옆으로 합친 출력 결과이다.

'code'의 값이 '20'인 기업들의 'ks' 값이 모두 '1'로 나타나고 있으며, 이는 다른 'code'의 기업도 같은 패턴을 보인다. 따라서 'data1'과 'data2'에 대한 옆으로 합치기는 오류가 없음을 확인할 수 있다.

[그림 3-16] **[출력] 기준변수의 표본크기가 다른 데이터셋 불러오기**

SAS 시스템

OBS	code	year	casset	asset	ks
1	20	0	132000000000	339000000000	1
2	20	1	121000000000	324000000000	1
3	20	2	117000000000	316000000000	1
4	20	3	121000000000	313000000000	1
5	40	0	79792677000	140000000000	0
6	40	1	69697488000	127000000000	0
7	40	2	59697762000	117000000000	0
8	40	3	69168467000	137000000000	0
9	50	0	124000000000	1.33E12	1
10	50	1	102000000000	1.3E12	1
11	50	2	79482802000	1.26E12	1
12	50	3	83665762000	1.28E12	1

4 데이터셋 옆으로 합치기

※ Section 3에서 배운 [merge]를 활용하여, 본 단원은 Section 2에서 [set]을 통해서 연도별 자료가 아래로 합쳐진 'data2'와 'oor2.csv' 파일을 옆으로 합치는 과정을 배울 것이다.

여기부터는 다시 'oor.sas' 파일을 실습 파일로 사용한다.

4.1 연도 정보 없는 데이터셋 불러오기

(1) 입력

자료실에서 제공하는 'oor2.csv' 파일을 [그림 3－17]처럼 SAS에서 불러온다. 이 파일은 'code, 'year' 변수가 포함된 'data2'와 달리 'year' 변수가 없다. 또한 size는 기업규모를 나타내는 변수로, 규모가 크면 '0'을 부여하고 작으면 '1'을 부여하였다. VALUESearch에서 기업규모를 대기업, 중견기업, 중소기업으로 분류하고 있으며, 중소기업을 '1'로 부여하고 나머지 기업을 '0'으로 부여할 수 있다. 그러나 이 방법은 정확한 기업규모를 구분하는 데 한계가 있으므로, 총자산 또는 매출액 등을 통해 연구자가 구분하는 것이 더 적절하다.

[그림 3-17] [입력] 'year' 변수가 없는 데이터셋 불러오기

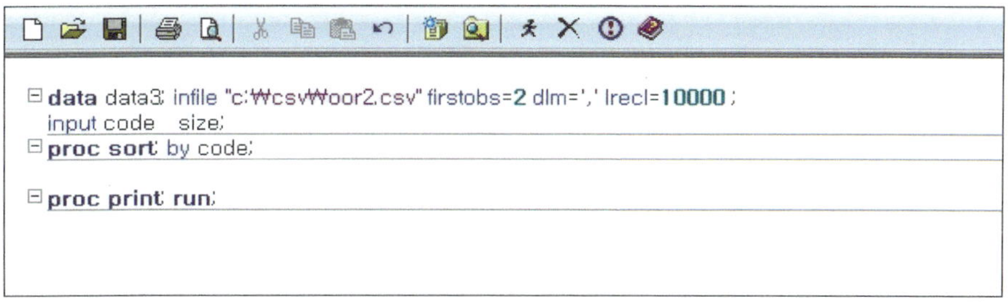


```
data data3; infile "c :₩csv₩oor2. csv" firstobs=2 dlm=',' lrecl=10000;
input code size;
proc sort; by code;
```

data data3; infile "c :₩csv₩oor2.csv" ~ ;	'oor2.csv' 파일을 불러와서 'data3'데이터셋을 만든다.
input code size;	변수명을 'code, size'로 지정한다.
proc sort; by code;	'code'를 기준으로 오름차순 정렬한다.

'data3'과 옆으로 합칠 'data2'는 'code' 및 'year'를 기준으로 오름차순 정렬되어 있으나, 'data3'은 'year' 변수가 없이 두 개의 변수(code, size)만 포함하고 있다. 따라서 'data2'와 'data3'은 'code'라는 공통변수를 공유하고 있으므로, 'code'를 기준으로 하여 [merge]를 실행할 수 있다.

[merge]를 실행하기 위해서는 두 데이터셋 모두 'code'를 기준으로 오름차순 정렬되어야 하는데, 'data2'는 이미 정렬되어 있으므로 'data3'에 대해서만 'code'를 기준으로 오름차순으로 정렬하였다.

(2) 출력

[그림 3－18]은 'code'를 기준으로 오름차순 정렬한 'data3'을 프린트한 결과이다.

[그림 3-18] [출력] 연도 정보 없는 데이터셋 불러오기

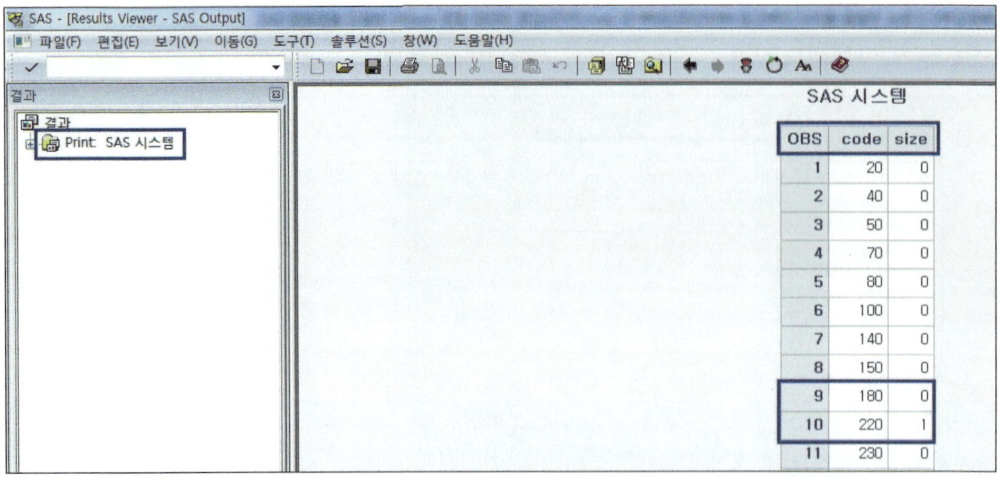

[그림 3－18]에서 'code'가 '180'면 'size'는 '0'이고, 'code'가 '220'면 'size'는 '1'임을 기억해 두자.

4.2 데이터셋 옆으로 합치기

(1) 입력

'data2'와 'data3'를 [merge] 하려면 [그림 3－19]와 같은 입력 과정이 필요하다.

[그림 3-19] [입력] 데이터셋 옆으로 붙이기

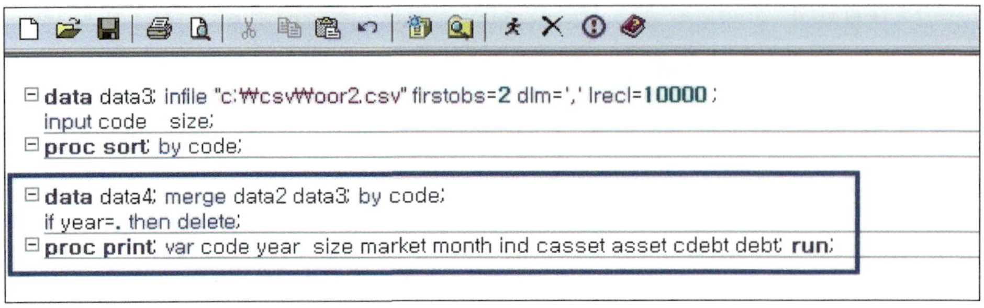

data data4; merge data2 data3; by code;	
data data4; merge data2 data3; by code;	'code'를 기준으로 하여, 'data2'와 'data3'을 옆으로 합쳐서 'data4'를 만든다.

'data2'와 'data3'에서 [proc sort; by code;]를 통해서 오름차순으로 정렬하는 과정이 필요했다면, [merge]를 실행하기 위해서는 [by code;]를 통해서 이를 확인하는 과정이 필요하다. 이 두 개의 명령어는 하나의 셋처럼 반드시 함께 입력되어야 한다.

(2) 출력

SAS로 불러온 'oor1.csv' 파일을 출력하여 선행된 명령어에 대한 오류를 확인하는 과정이다.

[그림 3-20]은 'data2'와 'data3'을 기준변수인 'code'를 통해서 옆으로 합친 출력 결과이다.

[그림 3-20] [출력] 데이터셋 옆으로 붙이기

OBS	code	year	size	market	month	ind	casset	asset	cdebt	debt
1	20	0	0	0	12	C21000/□	132000000000	339000000000	87860192000	110000000000
2	20	1	0	0	12	C21000/□	121000000000	324000000000	82599853000	97290002000
3	20	2	0	0	12	C21000/□	117000000000	316000000000	73372612000	88934413000
4	20	3	0	0	12	C21000/□	121000000000	313000000000	68915135000	83347317000
5	40	0	0	0	12	C31000/□	79792677000	140000000000	50782520000	65188427000
6	40	1	0	0	12	C31000/□	69697488000	127000000000	44035066000	58801646000
7	40	2	0	0	12	C31000/□	59697762000	117000000000	45952706000	59616987000
8	40	3	0	0	12	C31000/□	69168467000	137000000000	70046458000	91017999000
33	180	0	0	0	12	M71000/□	17289020000	85888946000	975069000	3472180000
34	180	1	0	0	12	M71000/□	17672576000	87598361000	1627006000	2308849000
35	180	2	0	0	12	M71000/□	17667439000	87495016000	741177000	983399000
36	180	3	0	0	12	M71000/□	19809716000	89758433000	924817000	1507676000
37	220	0	1	0	3	C21000/□	36216969000	92877640000	17029947000	22235463000
38	220	1	1	0	3	C21000/□	31393604000	85913910000	14185219000	18664534000
39	220	2	1	0	3	C21000/□	30928855000	85197350000	10573519000	16126854000
40	220	3	1	0	3	C21000/□	41955060000	92253472000	13417842000	21506539000

'data3'이 출력된 [그림 3-18]에서 'code = 180'이면 'size = 0'이고, 'code = 220'이면 'size = 1'이었는데, 'data2'와 'data3'이 옆으로 합쳐진 'data4'에서도 모두 같은 값을 보여주므로, 옆으로 합치기는 오류가 없음을 확인할 수 있다.

4.3 결측치 삭제하기

(1) 결측치 찾기

[그림 3－20]을 아래로 더 연장해서 살펴보면, [그림 3－21]처럼 ‘code = 1000’인 표본에서 결측치가 발견됨을 확인할 수 있다.

[그림 3-21] [출력] 결측치의 확인

OBS	code	year	size	market	month	ind	casset	asset	cdebt	debt
1	20	0	0	0	12	C21000/□	132000000000	339000000000	87860192000	110000000000
2	20	1	0	0	12	C21000/□	121000000000	324000000000	82599853000	97290002000
3	20	2	0	0	12	C21000/□	117000000000	316000000000	73372612000	88934413000
4	20	3	0	0	12	C21000/□	121000000000	313000000000	68915135000	83347317000
5	40	0	0	0	12	C31000/□	79792677000	140000000000	50782520000	65188427000
6	40	1	0	0	12	C31000/□	69697488000	127000000000	44035066000	58801646000
7	40	2	0	0	12	C31000/□	59697762000	117000000000	45952706000	59616987000
8	40	3	0	0	12	C31000/□	69168467000	137000000000	70046458000	91017999000
92	950	3	0	0	12	C13000/□	93181359000	499000000000	275000000000	327000000000
93	990	0	0	0	12	C26000/□	266000000000	1.18E12	797000000000	892000000000
94	990	1	0	0	12	C26000/□	303000000000	1.15E12	563000000000	875000000000
95	990	2	0	0	12	C26000/□	222000000000	1.05E12	477000000000	852000000000
96	990	3	0	0	12	C26000/□	246000000000	1E12	376000000000	866000000000
97	1000	.	1	.	.		.	.	.	.
98	1020	0	0	0	12	C17000/□	116000000000	401000000000	184000000000	278000000000
99	1020	1	0	0	12	C17000/□	111000000000	404000000000	259000000000	277000000000
100	1020	2	0	0	12	C17000/□	112000000000	423000000000	271000000000	306000000000

[그림 3－21]에서 ‘code = 1000’인 표본은 ‘size’를 제외한 모든 변수의 값이 결측치를 갖는 것으로 나타났는데, 이는 [merge]를 실행했을 때 ‘code = 1000’인 표본이 ‘data3’에는 있으나 ‘data2’에는 없기 때문이다. 참고로 ‘data2’의 변수는 ‘code, year, market, month’ 등이고 ‘data3’의 변수는 ‘code, size’ 뿐이다.

(2) 결측치 제거

```
if year=. then delete;
```

if year =. then delete;	변수 ‘year’가 결측치(.)이면 삭제한다.

이처럼 [merge]를 실행했을 때, 두 데이터셋의 표본들이 기준변수를 기준으로 서로 일치하지 않으면 결측치가 발생한다. 따라서 [merge]를 완성하기 위해서는 결측치의 삭제 과정이 필요하다.

SAS 명령어

명령어	해 석
infile "경로명₩파일명.csv" ;	경로에 있는 csv 파일을 SAS로 불러온다.
data A; set B;	데이터셋 B를 불러와서 데이터셋 A를 만든다.
input X Y;	변수명을 *X*, *Y*로 지정한다.
keep X Y;	변수 *X*, *Y*만 선택하여 데이터셋을 만든다.
drop X Y;	변수 *X*, *Y*만 제거하여 데이터셋을 만든다.
rename X = Y;	변수 *X*를 *Y*로 변경한다.
proc print; var X Y; run;	변수 *X*, *Y*에 대한 데이터를 프린트한다.
data A; set B C;	데이터셋 B, C를 순서대로 아래로 붙여서 데이터셋 A를 만든다.
proc sort; by X Y;	변수 *X*, *Y*의 순서대로 데이터셋을 오름차순으로 정렬한다.
proc sort; by X descending Y;	변수 *X*는 오름차순으로, 변수 *Y*는 내림차순으로 정렬한다.
data A; merge B C; by X Y;	변수 *X*, *Y*를 기준으로 하여, 데이터셋 B, C를 옆으로 합쳐서 데이터셋 A를 만든다.

Chapter 4

기술통계 분석

Chapter

04 기술통계 분석

1 변수정의

본 단원은 실증분석에 사용되는 변수들을 정의하는 단원으로, [그림 4－1]처럼 정의할 것이다.

[그림 4-1] [입력] 변수정의

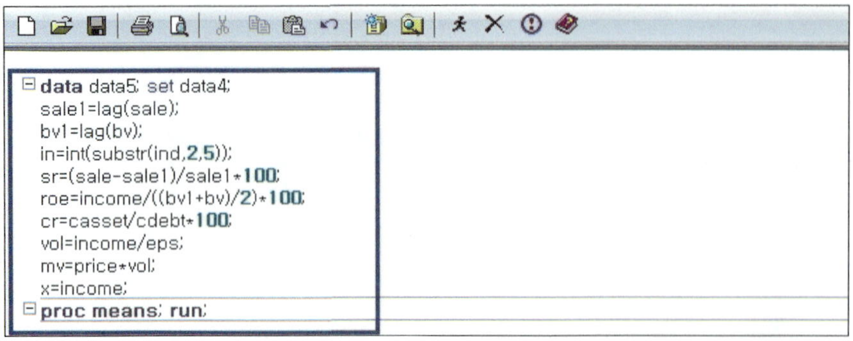

1.1 Lag 문을 이용한 전년도 변수정의

```
data data5; set data4;
sale1 = lag(sale);
bv1 = lag(bv);
```

data data5; set data4;	'data4'를 불러와 데이터셋 'data5'를 만든다.
sale1 = lag(sale);	변수 'sale1'은 'sale'의 직전 행의 데이터 값으로 정의한다.
bv1 = lag(bv);	변수 'bv1'은 'bv'의 직전 행의 데이터 값으로 정의한다.

[lag]는 행을 기준으로 바로 직전의 값을 불러올 때 사용하는 명령어로, 여기서는 전년도의 값을 정의할 때 사용하였다. 즉, [sale1 = lag(sale)]은 sale1이 전년도의 매출액(sale)임을 정의하는 것이고, [bv1 = lag(bv)]은 bv1이 전년도의 자본총계(bv)임을 정의하는 것이다.

이처럼 [lag(변수)]의 값이 '전년도의 변수'가 되기 위해서는 [그림 3－20]처럼 동일 기업(code) 내에서 연도(year) 기준 오름차순 정렬이 되어 있어야 한다. 만약 이처럼 정렬이 되어 있지 않았다면, [lag]를 사용하기 전에 [proc sort; by code year; run;]을 입력해서 오름차순으로 정렬해 두어야 한다.

특히 주의할 사항은 [lag] 이전에 표본을 정리하는 작업을 하면, 일부 연도 자료가 삭제되어 전년도 값을 불러오지 못할 수 있다.

표본을 정리하는 작업은 반드시 [lag] 이후에 사용되어야 한다.

그러나 원자료에 처음부터 일부 연도 자료가 없을 수 있는데, 이 경우에는 Lag 문을 이용하여 전년도 변수를 정의하는 것은 불가능하다. 이 부분에 대해서는 '1.5 Keep 문을 이용한 전년도 변수정의'에서 자세히 다룬다.

[그림 4-2]는 [proc print; var code year sale sale1 bv bv1; run;]을 통해서 그 변화를 비교해 보았다.

[그림 4-2] [출력] Lag 문을 이용한 변수정의

SAS 시스템

OBS	code	year	sale	sale1	bv	bv1
1	20	0	235000000000	.	230000000000	.
2	20	1	223000000000	235000000000	227000000000	230000000000
3	20	2	220000000000	223000000000	227000000000	227000000000
4	20	3	213000000000	220000000000	230000000000	227000000000
5	40	0	124000000000	213000000000	74428028000	230000000000
6	40	1	96940269000	124000000000	68104422000	74428028000
7	40	2	97370568000	96940269000	57314659000	68104422000
8	40	3	80671099000	97370568000	45813640000	57314659000

[그림 4-2]에서 'year'가 '0 ~ 2'일 때의 'sale'의 값이 'year'가 '1 ~ 3'일 때의 'sale1'의 값과 일치함을 확인할 수 있다. 'bv'와 'bv1'의 경우에도 같은 결과를 보여주고 있다. 이처럼 [lag]를 이용하면 전기 변수를 정의할 수 있으나, 반드시 'code, year'의 순으로 오름차순 정렬이 되어 있어야 한다.

1.2 Substr 문을 이용한 변수정의

in = int(substr(ind, 2, 5));	
in = int(~);	(　)안의 데이터를 숫자로 인식한다.
substr(ind, 2, 5)	'ind' 변수에서 2번째 자릿수부터 5칸의 자릿수만큼 추출한다.

'ind'는 문자와 숫자가 혼합되어 있으므로 '$'를 이용해서 문자로 인식하였다. 이러한 'ind'는 2번째 자릿수부터 시작하여 6번째 자릿수까지가 숫자이므로, 이를 추출하기 위해서 [substr]를 이용하였다. [substr]의 괄호(변수, 숫자, 숫자) 안에서 변수는 추출하고자 하는 원본 변수이고, 첫 번째 숫자는 추출하고자 하는 첫 번째 자릿수이고, 두 번째 숫자는 추출하고자 하는 숫자의 개수이다.

이렇게 추출된 다섯 자리의 숫자는 아직 문자변수이기 때문에 숫자로 인식되지 못한다. 따라서 [int]를 이용해서 문자변수를 숫자 변수로 변환한다.

[그림 4－3]은 [proc print; var code year ind in; run;]을 통해서 그 변화를 비교해 보았다. 'in'이 'ind'에서 숫자만 추출하여 만들어졌음을 확인할 수 있다.

[그림 4-3] [출력] Substr 문을 이용한 변수정의

SAS 시스템

OBS	code	year	ind	in
1	20	0	C21000/□	21000
2	20	1	C21000/□	21000
3	20	2	C21000/□	21000
4	20	3	C21000/□	21000
5	40	0	C31000/□	31000
6	40	1	C31000/□	31000
7	40	2	C31000/□	31000
8	40	3	C31000/□	31000

1.3 수식을 이용한 변수정의

```
sr = (sale - sale1) / sale1*100;
roe = income / ((bv1 + bv)/2)*100;
cr = casset / cdebt*100;
vol = income / eps;
mv = price*vol;
x = income;
```

sr = (sale − sale1)/sale1*100;	
roe = income/((bv1 + bv)/2)*100;	각 변수에서 사용한 수식은 다음처럼 정의된다. '+' : 더하기 '−' : 빼기 '*' : 곱하기 '/' : 나누기
cr = casset/cdebt*100;	
vol = income/eps;	
mv = price*vol;	
x = income;	'x'는 'income'으로 정의한다.

각 변수는 등식과 사칙연산(+, − , * , /)을 통해서 [표 4−1]처럼 정의된다.

[표4-1] 수식을 이용한 변수정의

변수정의		SAS 프로그램	
변수명	산 식	변수명	산 식
매출액증가율	$\frac{\text{당기매출액} - \text{전기매출액}}{\text{전기매출액}} \times 100$	sr	(sale − sale1) / sale1*100
자기자본순이익률	$\frac{\text{당기순이익}}{\frac{\text{전기자기자본} + \text{당기자기자본}}{2}} \times 100$	roe	income / ((bv1 + bv) / 2)*100
유동비율	$\frac{\text{유동자산}}{\text{유동부채}} \times 100$	cr	casset / cdebt*100
유통보통주식수	$\frac{\text{당기순이익}}{\text{주당순이익}}$	vol	income / eps
주가총액(기말)	주당주가(기말) × 유통보통주식수	mv	price*vol

[표 4－1]에서 매출액증가율, 자기자본순이익률, 유동비율은 한국은행의 경제통계시스템에서 정의하는 수식대로 정의하였다. 수식에서 당기는 당해 연도의 기말(연말)을 의미하고, 전기는 전년도의 기말(연말)을 의미한다.

또한 주가총액(기말)은 기말 주당주가에 유통보통주식수를 곱하여 산출되는데, 여기서 유통보통주식수는 당기순이익을 주당순이익으로 나누어 산출된다. 그 이유는 주당순이익이 당기순이익을 유통보통주식수로 나누어 산출되기 때문이다.

1.4 평균값

(1) 입력

```
proc means; run;
```

proc means; run;	모든 변수의 평균값을 프린트한다.

[proc means; run;]은 데이터셋에 있는 모든 변수의 평균값을 프린트하는데, 평균값 이외에도 표본크기(N), 표준편차, 최솟값, 최댓값을 함께 보여준다.

(2) 출력

'data5'에 저장된 모든 변수의 평균값을 프린트하면, [그림 4－4]처럼 보여준다.

[그림 4－4]에서 첫 번째 행은 '변수(명), N(표본크기), 평균값, 표준편차, 최솟값, 최댓값'을 표시하고 있다. 여기서 N은 표본크기를 의미하는데, 이를 표본수로 표현하는 것은 통계적으로 적절하지 않다. 또한 평균값을 보여주는 모든 변수는 숫자 변수에만 해당이 된다.

[lag]를 이용해서 정의했던 'sale1'과 'bv1'도 표시되고 있으며, 산업구분인 'ind'에서 산업코드만 추출한 변수인 'in'도 평균값을 보여주고 있다. 특히, 'in'은 [int]를 이용해서 문자변수를 숫자 변수로 변환하였기 때문에, 평균값을 보여주는 것이다. 만약 [int]를 이용해서 숫자 변수로 변환하지 않았다면, 평균값을 보여주지 못했을 것이다.

[그림 4-4] **[출력] 평균값**

SAS 시스템

MEANS 프로시저

변수	N	평균	표준편차	최솟값	최댓값
code	3908	56966.62	46711.20	20.0000000	226350.00
market	3908	0.6612078	0.4733597	0	1.0000000
month	3908	11.8945752	0.8844944	3.0000000	12.0000000
casset	3906	172450141225	718030102636	24542000.00	1.3E13
asset	3906	466535115106	1.953763E12	1436117000	4.51E13
cdebt	3906	138214034423	616888424490	37146000.00	1E13
debt	3906	229105386953	1.322889E12	55215000.00	3.61E13
bv	3906	237421491958	781738473104	-4.72E11	1.16E13
sale	3902	416627051617	2.1326759E12	100120000	3.74E13
oprofit	3906	20794778747	100037736496	-4.54E11	2.52E12
income	3906	14359575160	102937455184	-1.33E12	3.28E12
eps	3883	1353.49	11266.75	-450009.00	267217.00
price	3635	26490.70	107231.98	91.0000000	1912000.00
year	3908	1.5000000	1.1181771	0	3.0000000
size	3868	0.5294726	0.4991951	0	1.0000000
sale1	3901	416721917997	2.132941E12	100120000	3.74E13
bv1	3905	237477521354	781830743016	-4.72E11	1.16E13
in	3908	33614.12	18800.74	3000.00	91000.00
sr	3896	372.3210936	13025.39	-99.9634677	804919.19
roe	3903	1.7510244	47.9871761	-1431.46	812.7076092
cr	3906	367.8868490	1754.15	0.2182760	74366.25
vol	3883	20799351.48	33430961.79	19999.98	446219111
mv	3630	364674174233	1.420491E12	166599529	2.7342338E13
x	3906	14359575160	102937455184	-1.33E12	3.28E12

1.5 Keep 문을 이용한 전년도 변수정의

(1) 전년도 변수 생성

```
data data50; set data4;
keep code year sale bv;
year=year+1;
rename sale=sale1; rename bv=bv1;
if year=04 then delete;
proc sort; by code year;
```

keep code year sale bv;	'code, year'와 전년도 값이 필요한 변수로 데이터셋을 구성한다.
year=year+1;	'year+1'을 통해 모두 전년도 자료로 정의한다.
rename sale=sale1; rename bv=bv1;	전년도 자료로 변경된 'sale, bv'의 변수명을 전년도 변수명인 'sale1, bv1'으로 변경한다.
if year=04 then delete;	'year+1'을 통해 생성된 04년도 자료를 삭제한다.
proc sort; by code year;	data4와 data50을 [merge] 하기 위해서 정렬한다.

원자료에 일부 연도 자료가 존재하지 않으면, 1.1처럼 Lag 문을 이용하여 전년도 변수를

정의하는 것은 어렵다. 이때에는 Keep 문을 이용하면 된다.

우선 Keep 문을 이용해서 표본을 구분할 수 있는 변수(year, code)와 전년도 값이 필요한 변수(sale, bv)로 데이터셋 'data50'을 만든 후에, [year=year+1]을 통해서 모든 자료를 전년도 자료로 정의한다. 그리고 변수명(sale, bv)도 전년도 변수명(sale1, bv1)으로 변경하면, 변수명과 자료가 모두 전년도 값으로 변경된다. 'sale'을 이용하여 예를 들면 [표 4-2]와 같다.

[표4-2] 'year=year+1'을 통해 변경된 변수

변경 전(당년도)		변경 후(전년도)	
year	sale(당년도 변수)	year(=year+1)	sale1(전년도 변수)
00	1000	01	1000
01	2000	02	2000
02	3000	03	3000
03	4000	04	4000

즉, '00'년도 'sale(당년도 매출액)' 값이 '01'년도 'sale1(전년도 매출액)' 값이 된다. 여기서 불필요한 04년도 자료를 삭제하면, 전년도 변수 정의는 마무리된다. 또한 이렇게 완성된 전년도 변수를 당년도 변수와 [merge] 하기 위해서는 [proc sort; by code year;]를 입력해서 오름차순으로 정렬해야 한다.

(2) 당년도와 전년도 변수 합치기

```
data data5; merge data4 data50; by code year;
in = int(substr(ind, 2, 5));
        :
        :
x = income;
```

data data5; merge data4 data50; by code year;	'code, year'를 기준으로 당년도 변수 등이 포함된 'data4'와 전년도 변수가 포함된 'data50'을 옆으로 합쳐서 'data5'를 만든다.

당년도 변수가 포함된 데이터셋 'data4'와 전년도 변수가 포함된 데이터셋 'data50'을 합침으로써, 1.1부터 1.3까지 과정을 통해 완성된 'data5'와 같은 데이터셋을 완성할 수 있다.

> 1.5 과정은 1.1부터 1.3까지의 과정을 대체하는 것이다.

2 표본의 선정

본 단원은 실증분석을 실행하기 위한 마지막 준비 단계이다.

2.1 결측치의 제거

분석제외 연도 및 결측치를 제거하기 위해서 [그림 4−5]처럼 명령어를 입력한다.

[그림 4-5] **[입력] 결측치의 제거**

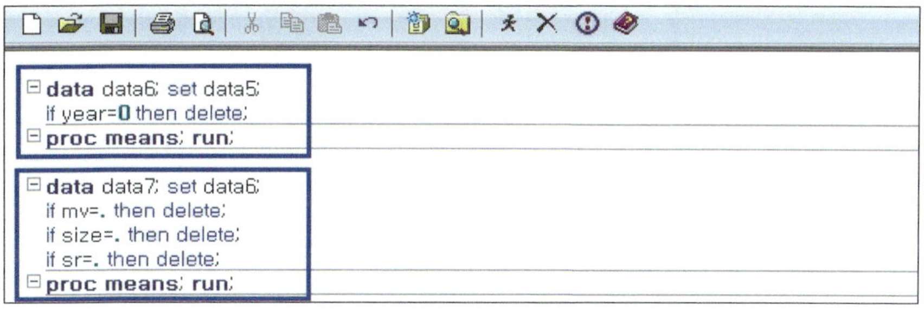

(1) 분석제외 연도의 제거

```
data data6; set data5;
if year=0 then delete;
proc means; run;
```

data data6; set data5;	'data5'를 불러와서 데이터셋 'data6'을 만든다.
if year=0 then delete;	'year'가 '0'인 표본을 삭제한다.
proc means; run;	모든 변수의 평균값을 프린트한다.

전기 재무제표를 이용하기 위해서 추출했던 'year'가 '0'인 표본을 제거함으로써, 분석에 사용할 표본은 'year'가 '1, 2, 3'인 기업만 해당한다.

그림 [4−6]은 [proc means; run;]을 통해 프린트한 결과이다.

[그림 4-6] [출력] 분석 제외 연도의 제거

MEANS 프로시저

변수	N	평균	표준편차	최솟값	최댓값
code	2931	56966.62	46713.19	20.0000000	226350.00
market	2931	0.6612078	0.4733799	0	1.0000000
month	2931	11.8945752	0.8845322	3.0000000	12.0000000
casset	2931	173098549747	723369024007	24542000.00	1.3E13
asset	2931	474426150691	2.0057938E12	2207681000	4.51E13
cdebt	2931	137560158397	618503369018	37146000.00	1E13
debt	2931	231932926777	1.3689359E12	55215000.00	3.61E13
bv	2931	242447923855	795032452219	-4.72E11	1.16E13
sale	2927	420702409148	2.1685425E12	153794000	3.74E13
oprofit	2931	18985787081	87223282090	-4.54E11	1.73E12
income	2931	12990236382	103750678927	-1.33E12	3.28E12
eps	2918	1130.72	11103.34	-450009.00	118892.00
price	2754	27222.22	109232.74	151.0000000	1912000.00
year	2931	2.0000000	0.8166359	1.0000000	3.0000000
size	2901	0.5294726	0.4992167	0	1.0000000
sale1	2926	413670260357	2.1127663E12	100120000	3.74E13
bv1	2929	231737722445	769289524433	-4.72E11	1.11E13
in	2931	33614.12	18801.54	3000.00	91000.00
sr	2923	9.2352888	63.7661948	-99.9182161	1771.39
roe	2929	0.7207797	54.4554266	-1431.46	812.7076092
cr	2931	372.8405872	1774.68	0.2182760	74366.25
vol	2918	21095070.02	33074738.41	30000.06	437106918
mv	2751	366734340235	1.4185924E12	166599529	2.7342338E13
x	2931	12990236382	103750678927	-1.33E12	3.28E12

그림 [4－6]에서 표본크기는 '2751'부터 '2931'까지 다양하게 나타나고 있다. 이는 변수별로 결측치가 포함되어 있기 때문이므로, 표본크기를 일치시켜야 한다.

(2) 결측치의 제거

'data6'은 [그림 4－6]처럼 구성되어 있다. 따라서 표본크기가 다양하므로 이를 일치시켜줘야 한다. 즉, 각 변수에 포함된 결측치(.)를 제거해야 한다.

```
data data7; set data6;
if mv=. then delete;
if size=. then delete;
if sr=. then delete;
proc means; run;
```

data data7; set data6;	'data6'을 불러와서 'data7'을 만든다.
if mv=. then delete;	'mv'가 '.'인 표본을 삭제한다.
if size=. then delete;	'size'가 '.'인 표본을 삭제한다.
if sr=. then delete;	'sr'가 '.'인 표본을 삭제한다.
proc means; run;	모든 변수의 평균값을 프린트한다.

결측치를 제거하는 방법은 표본크기가 가장 작은 변수부터 차례로 결측치를 제거하는 방법이다. [그림 4－6]에서 'mv'의 표본크기는 '2751'로 가장 작다. 따라서 'mv'의 결측치를 [표 4－3]처럼 가장 먼저 제거한 후에 평균값을 확인한다. 이와 같은 방법으로 하면 그다음은 'size'이고 마지막은 'sr'이다.

[표4-3] 결측치의 제거

순 서	INPUT
①	data data7; set data6; **if mv=. then delete;** proc means; run;
②	data data7; set data6; if mv=. then delete; **if size=. then delete;** proc means; run;
③	data data7; set data6; if mv=. then delete; if size=. then delete; **if sr=. then delete;** proc means; run;

[표 4－3]과 같은 방법을 통해서 최종적으로 산출되는 표본크기는 '2717'로, 모든 변수가 같게 나타남을 [그림 4－7]에서 확인할 수 있다. 위와 같은 순서가 아닐지라도 표본크기가 작은 변수의 결측치를 계속 제거하면 표본크기가 같게 된다.

[그림 4-7] [출력] 결측치의 제거

MEANS 프로시저

변수	N	평균	표준편차	최솟값	최댓값
code	2717	51189.28	38748.61	20.0000000	200780.00
market	2717	0.6521899	0.4763630	0	1.0000000
month	2717	11.8873758	0.9165346	3.0000000	12.0000000
casset	2717	165067880999	633000701048	24542000.00	1.12E13
asset	2717	445831077233	1.53237E12	5543023000	2.63E13
cdebt	2717	132315227722	565386077417	37146000.00	1E13
debt	2717	204547119673	875556548998	55215000.00	1.68E13
bv	2717	241259414946	759324338393	-4.72E11	1.16E13
sale	2717	400488419890	1.904515E12	153794000	3.47E13
oprofit	2717	17382187570	75221695983	-4.54E11	1.73E12
income	2717	12114270317	101961941716	-1.33E12	3.28E12
eps	2717	805.2745675	10590.16	-450009.00	83271.00
price	2717	27169.51	109902.25	151.0000000	1912000.00
year	2717	2.0172985	0.8163884	1.0000000	3.0000000
size	2717	0.5182186	0.4997599	0	1.0000000
sale1	2717	395134962605	1.8888549E12	186190000	3.47E13
bv1	2717	230544990742	737771868172	-4.72E11	1.11E13
in	2717	33683.47	18981.81	3000.00	91000.00
sr	2717	7.3259130	57.7105553	-99.9182161	1771.39
roe	2717	-0.4373112	44.2582803	-1431.46	678.5388128
cr	2717	383.8725757	1840.60	0.2182760	74366.25
vol	2717	21870404.23	33721150.56	379846.63	437106918
mv	2717	352187470562	1.383989E12	166599529	2.7342338E13
x	2717	12114270317	101961941716	-1.33E12	3.28E12

2.2 분석표본의 선정

적절한 분석을 위해서 표본에 대한 제한조건을 제시할 수 있다. [그림 4-8]은 [if month = 12]와 [if bv > 0, if bv1 > 0]라는 두 개의 제한조건을 제시하고 있다.

[그림 4-8] [입력] 분석표본의 선정

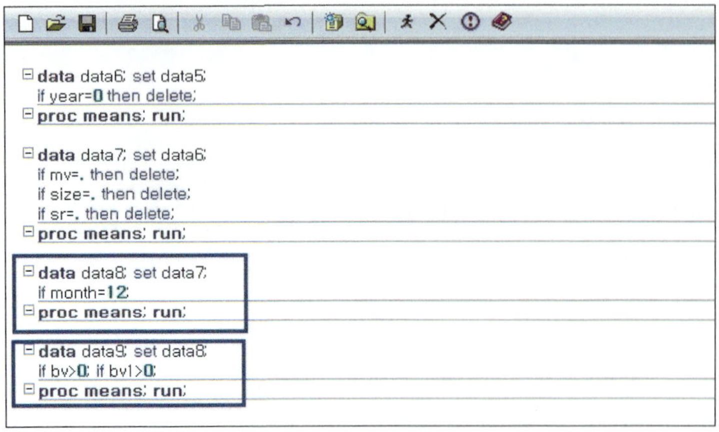

(1) 12월말 결산법인

```
data data8; set data7;
if month = 12;
proc means; run;
```

data data8; set data7;	'data7'을 불러와서 데이터셋 'data8'을 만든다.
if month = 12;	'month(결산월)'가 '12'인 표본만 선택한다.
proc means; run;	모든 변수의 평균값을 프린트한다.

상장기업의 90% 이상은 재무제표를 1월 1일부터 12월 31일까지의 기간을 기준으로 작성하며, 이러한 기업을 '12월말 결산법인'이라고 한다. 일반적으로 자본시장 연구들은 결산월을 일치시키는 것이 적절하므로, 표본을 결산월이 12월인 기업으로 한정하였다.

[그림 4-9] [출력] 12월말 결산법인

MEANS 프로시저

변수	N	평균	표준편차	최솟값	최댓값
code	2670	51473.76	38799.53	20.0000000	200780.00
market	2670	0.6550562	0.4754390	0	1.0000000
month	2670	12.0000000	0	12.0000000	12.0000000
casset	2670	166882739500	638350357613	24542000.00	1.12E13
asset	2670	451059145290	1.545112E12	5543023000	2.63E13
cdebt	2670	133843880052	570160428284	37146000.00	1E13
debt	2670	206964669697	882925470927	55215000.00	1.68E13
bv	2670	244069860102	765614736408	-4.72E11	1.16E13
sale	2670	405396933044	1.9206417E12	153794000	3.47E13
oprofit	2670	17638399837	75850738503	-4.54E11	1.73E12
income	2670	12319686576	102839389377	-1.33E12	3.28E12
eps	2670	815.0157303	10682.41	-450009.00	83271.00
price	2670	27503.64	110831.75	151.0000000	1912000.00
year	2670	2.0172285	0.8164677	1.0000000	3.0000000
size	2670	0.5153558	0.4998578	0	1.0000000
sale1	2670	399772343453	1.9048359E12	186190000	3.47E13
bv1	2670	233217026017	743889146568	-4.72E11	1.11E13
in	2670	33835.58	19050.32	3000.00	91000.00
sr	2670	7.4992034	58.1373500	-99.9182161	1771.39
roe	2670	-0.3632824	44.3752493	-1431.46	678.5388128
cr	2670	386.1734678	1856.43	0.2182760	74366.25
vol	2670	21968432.20	33957514.46	379846.63	437106918
mv	2670	356119830813	1.3955856E12	166599529	2.7342338E13
x	2670	12319686576	102839389377	-1.33E12	3.28E12

[그림 4-7]에서 결측치를 제거한 표본의 표본크기는 '2717'이었으나, 12월말 결산법인으로 제한할 때 표본크기가 '2670'으로 나타났다. 따라서 '12월말 결산법인'이라는 제한조건을 통해서 표본크기는 '47'만큼 감소하였다.

(2) 자본잠식이 아닌 기업

다음 제한조건은 '자본잠식이 아닌 기업'으로, 자본잠식인 기업은 심각한 누적적자로 인하여 자본이 음(−)이 된 비정상적인 기업이다. 따라서 자본잠식인 기업은 표본에서 제거하는 것이 적절하므로, 다음처럼 bv(당기 자본)와 bv1(전기 자본)이 모두 양(+)인 기업으로만 표본을 한정하였다.

```
data data9; set data8;
if bv > 0; if bv1 > 0;
proc means; run;
```

data data9; set data8;	'data8'을 불러와서 데이터셋 'data9'를 만든다.
if bv > 0; if bv1 > 0;	'bv'가 '0'보다 크고 'bv1'도 '0'보다 큰 표본만 선택한다.
proc means; run;	모든 변수의 평균값을 프린트한다.

[그림 4－10]에서 자본잠식인 기업을 제거한 후에 표본크기는 '2658'로 나타나므로, 12월말 결산법인의 표본크기인 '2670'보다 '12'만큼 감소하였음을 확인하였다.

[그림 4-10] [출력] 자본잠식이 아닌 기업

MEANS 프로시저

변수	N	평균	표준편차	최솟값	최댓값
code	2658	51606.38	38792.96	20.0000000	200780.00
market	2658	0.6568849	0.4748389	0	1.0000000
month	2658	12.0000000	0	12.0000000	12.0000000
casset	2658	166607902061	639417311951	24542000.00	1.12E13
asset	2658	450999438106	1.5482655E12	5543023000	2.63E13
cdebt	2658	132722557944	569841537316	37146000.00	1E13
debt	2658	205604048163	883752860284	55215000.00	1.68E13
bv	2658	245372002594	766923835729	1486777000	1.16E13
sale	2658	406436550815	1.9248804E12	153794000	3.47E13
oprofit	2658	17728226713	75978358818	-4.54E11	1.73E12
income	2658	12824911991	97211686163	-7.44E11	3.28E12
eps	2658	1036.82	5519.86	-65471.00	83271.00
price	2658	27610.78	111069.79	151.0000000	1912000.00
year	2658	2.0176825	0.8166891	1.0000000	3.0000000
size	2658	0.5161776	0.4998323	0	1.0000000
sale1	2658	400382921112	1.9090359E12	186190000	3.47E13
bv1	2658	234286677756	745060517954	1352255000	1.11E13
in	2658	33846.50	19054.60	3000.00	91000.00
sr	2658	7.6231556	58.1630378	-99.9182161	1771.39
roe	2658	0.4427521	25.7201820	-590.2676830	182.4756606
cr	2658	387.5016484	1860.50	0.2182760	74366.25
vol	2658	21906455.54	33865291.65	379846.63	437106918
mv	2658	357453158456	1.3985876E12	1872299939	2.7342338E13
x	2658	12824911991	97211686163	-7.44E11	3.28E12

3 기술통계 분석

본 단원은 기술통계 분석을 함으로써, 전체 표본에 대한 주요 변수의 기술통계량과 빈도를 확인하고자 한다.

[그림 4-11] [입력] 기술통계 분석

```
data data10; set data9;
proc means n mean median std p1 p25 p75 p99 ; var mv x bv ;
proc freq; tables size market size*market; run;
```

3.1 분석표본의 기술통계량

(1) 입력

분석표본에 대한 평균값 등의 기술통계량을 확인함으로써 이전 명령문에 대한 오류 등을 확인할 수 있고, 선행연구들과 기술통계량을 비교함으로써 자료의 추출이 적절했는지도 검토할 수 있다. 이 밖에도 분석에서는 생략되어 있으나, 최솟값(min) 및 최댓값(max) 등을 통해서 자료의 입력과정에 발생할 수 있는 오류들도 확인할 수 있다.

```
data data10; set data9;
proc means n mean median std p1 p25 p75 p99; var mv x bv;
```

data data10; set data9;	'data9'를 불러와서 데이터셋 'data10'을 만든다.
proc means n mean median std p1 p25 p75 p99; var mv x bv;	변수 'mv, x, bv'에 대한 '표본크기, 평균값, 중위수, 표준편차, 1%, 25%, 75%, 99%'를 프린트한다.

따라서 이러한 기술통계량에 대한 확인은 여러 가지의 오류들을 사전에 검토할 수 있다는 측면에서 필요한 과정이다.

(2) 출력

평균값을 프린트하라는 명령어(proc means)에 대한 옵션으로 'n, mean, median, std, p1, p25, p75, p99'를 사용하였고, 그 결과가 [그림 4-12]에 나타나고 있다.

[그림 4-12] [출력] 분석표본의 기술통계량

MEANS 프로시저

변수	N	평균	중위수	표준편차	제1 백분위수	제25 백분위수	제75 백분위수	제99 백분위수
mv	2658	357453158456	72879713601	1.3985876E12	6670393727	34482307153	183136944212	5.9460986E12
x	2658	12824911991	2985393500	97211686163	-6281882300	-988558000	9726516000	252000000000
bv	2658	245372002594	65638672000	766923835729	5960142000	35903519000	150000000000	3.51E12

[means]에는 다양한 기술통계량 옵션들이 있으며, 이를 [표 4-3]에 정리하였다.

[표4-4] 평균값의 옵션

옵 션	내 용	옵 션	내 용
n	표본크기	min	최솟값
mean	평균값(= 합계 / 표본크기)	p1	제1 백분위수
var	분산	p25(= q1)	제25 백분위수(= 제1 사분위수)
std	표준편차(= $\sqrt{분산}$)	p50(= median)	제50 백분위수(= 중위수)
stderr	표준오차 (= $\frac{표준편차}{\sqrt{표본크기}}$)	p75(= q3)	제75 백분위수(= 제3 사분위수)
cv	변동계수 (= $\frac{표준편차}{평균}$ × 100)	p99	제99 백분위수
sum	합계	max	최댓값
maxdec = a	소수점 a자리까지 표시	range	범위(= 최댓값－최솟값)

[표 4－4]에서 표준편차는 한 번 추출한 표본들이 평균값에서 떨어진 정도이고, 표준오차는 여러 번 추출한 값들의 평균(표본평균)이 모집단의 평균값에서 떨어진 정도를 의미한다. 또한 변동계수는 평균값이 큰 집단이 표준편차가 큰 것을 방지하기 위해서 표준편차를 평균값으로 표준화시킨 것이다. 마지막으로 [maxdec＝a]는 소수점 자릿수를 조정하는 옵션으로, [maxdec＝2]이면 소수점 둘째 자리까지 표시하라는 것이다.

3.2 통계적 분포

(1) 자료의 형태

① 이산형 변수

이산형 변수는 정수처럼 분리하여 셀 수 있는 자료로 구성된 변수이며, 명목척도와 서열척도에 의해 측정된다. 여기서 명목척도는 대기업이면 0, 중소기업이면 1과 같은 코드를 부여하는 방식이며, 서열척도는 설문지 답안처럼 각 등급에 따라 서열을 부여하는 방식이다.

② 연속형 변수

연속형 변수는 일정 구간 내에서 어떤 값이라도 가질 수 있는 자료로 구성된 변수이며, 구간척도와 비율척도에 의해 측정된다. 여기서 구간척도는 종합주가지수처럼 숫자 간의 간격이 산술적 의미를 갖지만, 배수의 의미는 갖지 못한다. 반면에 비율척도는 모든 척도의 특성을 포괄하고 모든 산술적 연산이 가능하다.

(2) 분포

① 정규분포

모양은 종모양의 단봉 형태의 대칭형이다. 따라서 평균값, 중위수, 최빈값(도수가 가장 많은 값)이 모두 일치하게 된다. 정규분포에 사용하는 통계량을 Z값이라고 하며, Z값의 평균이 0이고 분산이 1인 정규분포를 표준정규분포라고 한다.

다음은 Z값의 정의와 이를 이용한 표본 집단의 평균값인 X의 정의이다.

$$Z = \frac{X - \mu}{\sigma} \rightarrow X = \mu + Z \times \sigma$$

X : 표본의 평균, μ : 모집단의 평균, σ : 모집단의 표준편차

② t분포

모양은 눌린 종모양으로 정규분포와 유사하나 양 끝이 더 두꺼우며, 표본크기가 크면 표준정규분포에 근접하게 된다.

일반적으로 모집단의 표준편차(σ)를 모르는 경우가 많으므로, 모집단의 표준편차 대신 표본의 표준편차를 이용해서 대체하여 사용한다. 이러한 분포를 t분포라고 하며, t분포에서 사용하는 통계량을 t값이라고 한다. t값과 표본의 평균인 X는 다음과 같이 정의한다.

$$t = \frac{X - \mu}{\frac{S}{\sqrt{n}}} \rightarrow X = \mu + t \times \frac{S}{\sqrt{n}}$$

X : 표본의 평균, μ : 모집단의 평균, S : 표본의 표준편차, n : 표본크기

t분포를 이용하는 통계분석으로는 t검정, 상관관계분석, 회귀분석 등이 있다.

③ 카이자승분포

모양은 왼쪽으로 치우친 종모양(오른쪽 꼬리)으로 자유도가 증가하면 정규분포에 근접하는 특징을 갖고 있다. 여기서, 자유도는 표본의 크기에서 제한조건인 '1'을 뺀 것이므로, 표본크기가 크면 정규분포에 근접한다고 볼 수 있다. 이러한 카이자승분포는 항상 양의 값을 갖게 되며, 단일모집단에 대한 분산을 검정할 때 주로 사용한다.

카이자승분포를 이용하는 통계분석으로는 크루스칼-왈리스 검정, 카이검정 등이 있다.

④ *F* 분포

모양은 카이자승분포처럼 왼쪽으로 치우친 종모양이며, 항상 양의 값을 갖게 된다. 이러한 *F* 분포는 두 집단 이상에 대한 분산을 검정할 때 사용한다.

F 분포를 이용하는 통계분석으로는 회귀분석의 유의성검정(적합도), 분산분석(ANOVA) 등이 있다.

3.3 분석 표본의 빈도분석

(1) 입력

정수처럼 셀 수 있는 이산형 변수일 경우에는 값의 차이에 따른 구분을 할 수 있다. 즉, 기업규모의 차이에 따라 대기업과 중소기업으로 구분할 수 있고, 두 집단의 표본크기도 셀 수 있는데, 이것을 빈도분석이라고 한다. 참고로 앞에서 평균값을 확인했던 'mv, x, bv' 등은 연속형 변수이다.

proc freq; tables size market size*market; run;	
proc freq; tables size market size*market; run;	변수 'size', 'market', 'size × market'에 대한 빈도분석을 실시한다.

[proc freq]를 통해서 빈도분석을 실시할 때, [tables] 뒤에 이산형 변수들을 열거하면 된다. 분석에 사용된 이산형 변수들은 'size(대기업, 중견기업=0, 중소기업=1)', 'market(코스피=0, 코스닥=1)'이며, 'size*market'은 각각 경우의 수가 2개씩이므로 '2 × 2'의 행렬을 이루어 빈도를 분석한다.

(2) 출력

[그림 4－13]은 'size', 'market', 'size×market'에 대한 빈도분석 결과이다.

분석 결과 'size=0'인 대기업과 중견기업의 표본크기는 '1286'으로 전체 표본의 48.38%'이고, 'size=1'인 중소기업의 표본크기는 '1372'로 전체 표본의 '51.62%'로 나타나고 있다. 따라서 분석 표본에서 대기업/중견기업과 중소기업의 비중은 큰 차이가 없다고 해석할 수 있다.

또한 'market=0'인 코스피(KOSPI)의 표본크기는 '912'로 전체 표본의 '34.31%'이고, 'market=1'인 코스닥(KOSDAQ)의 표본크기는 '1746'으로 전체 표본의 '65.69%'로 나타나고 있다. 따라서 분석 표본에서 코스닥의 표본크기가 코스피의 표본크기보다 2배 정도 크다는 것을 확인할 수 있다.

마지막으로 'size × market'에 대한 빈도분석에서 'size = 1이고, market = 1'인 기업(중소기업 중 코스닥인 경우)은 표본크기가 '1216'으로, 전체 표본의 '45.75%'로 나타났다. 따라서 가장 높은 비중을 차지하고 있다.

반면에, 'size = 1이고 market = 0'인 기업(중소기업 중 코스피인 경우)은 표본크기가 '156'으로, 전체 표본의 '5.87%'로 나타났다. 따라서 가장 낮은 비중을 차지하고 있다.

[그림 4-13] [출력] 분석표본의 빈도분석

FREQ 프로시저

size	빈도	백분율	누적 빈도	누적 백분율
0	1286	48.38	1286	48.38
1	1372	51.62	2658	100.00

market	빈도	백분율	누적 빈도	누적 백분율
0	912	34.31	912	34.31
1	1746	65.69	2658	100.00

빈도
백분율
행 백분율
칼럼 백분율

테이블:size by market

size	market 0	market 1	합계
0	756 28.44 58.79 82.89	530 19.94 41.21 30.36	1286 48.38
1	156 5.87 11.37 17.11	1216 45.75 88.63 69.64	1372 51.62
합계	912 34.31	1746 65.69	2658 100.00

SAS 명령어

명령어	해 석
Y = lag(X);	변수 *Y*는 변수 *X*의 직전 행의 데이터 값으로 정의한다.
X = int( );	변수 *X*는 (　　)안의 데이터를 문자에서 숫자로 변경한다.
substr(X, a , b)	변수 *X*에서 a번째 자릿수부터 시작하여 b 칸의 자릿수만큼 추출한다.
+, -, *, /	더하기, 빼기, 곱하기, 나누기
if X=a then delete;	변수 *X*가 'a'인 표본을 삭제한다.
if X=a;	변수 *X*가 'a'인 표본만 선택한다.
if X > a;	변수 *X*가 'a'보다 큰 표본만 선택한다.
proc means;	모든 변수의 평균값을 프린트한다.
proc means n mean median std min p1 p25 p75 p99 max; var X;	변수 *X*에 대한 '표본크기, 평균, 중위수, 표준편차, 최솟값, 1%, 25%, 75%, 99%, 최댓값'을 프린트한다.
proc freq; tables X Y X*Y;	변수 '*X*', '*Y*', '*X*×*Y*'에 대한 빈도분석을 실시한다.

Chapter 5

차이분석

Chapter

05 차이분석

1 가설검정

차이분석을 설명하기 전에 가설을 검증하는 방법을 설명하고자 한다. 또한 양측검정과 단측검정의 차이에 따라서 결과가 달라지는지 확인할 것이다.

1.1 양측검정

다른 집단과의 차이를 검증하고자 하는 검증표본의 평균(μ_a)이 이와 비교되는 대응표본의 평균(μ_b)과 차이가 있는지를 검증하고자, 다음과 같이 양측검정을 설정하였다.

① H_0(귀무가설) : μ_a와 μ_b는 차이가 없다.

② H_1(대립가설) : μ_a와 μ_b는 차이가 있다.

만약 SAS를 통해서 산출된 차이분석의 t값이 '1.8'이라면, 검증표본의 평균(μ_a)은 다음과 같이 정의될 수 있다. 또한 연구가설을 양측으로 설정하였기 때문에, [그림 5-1]처럼 검증표본의 평균(μ_a)은 왼쪽과 오른쪽에 모두 위치할 수 있게 된다.

$$\mu_a = \mu_b + 1.8 \times \frac{S}{\sqrt{n}}$$ [1)]

μ_a : 검증표본의 평균, μ_b : 대응표본의 평균, S : 표본의 표준편차, n : 표본크기

이러한 검증표본의 평균은 [표 5-1]과 같은 t분포표에 따라서 유의수준별로 귀무가설의 기각과 채택의 기준이 되는 임계값(Critical Value)이 달라진다. 여기서, 유의수준(significance level)이란 오차 가능성으로, 분석 표본이 귀무가설을 기각하는 영역 안에 들어갈 확률을 의미한다.

1) 4장의 'Section 3. 기술통계 분석'을 참조하여 표본의 평균 대신에 검증표본의 평균으로, 모집단의 평균 대신에 대응표본의 평균으로 대체한 것이다.

[표5-1] t분포표(N ≥ 30)

구 분	유의수준					
	10%	5%	2%	2.5%	1%	0.5%
양측 검정	**1.645**	**1.960**	2.326	–	2.576	–
단측 검정	1.282	**1.645**	–	1.960	2.326	2.576

[그림 5－1]처럼 검증표본과 대응표본의 평균이 같은지 다른지를 판단하는 기준인 유의수준을 10%로 가정하면, 양측검정 하에 t값의 임계값은 '1.645'가 된다. 따라서 't값＝1.645'를 기준으로 하여, 귀무가설이 채택되는 영역인 색칠된 부분의 면적이 0.9이고 기각하는 영역은 0.1이 된다.

[그림 5-1] **10%의 유의수준에서 양측검정**

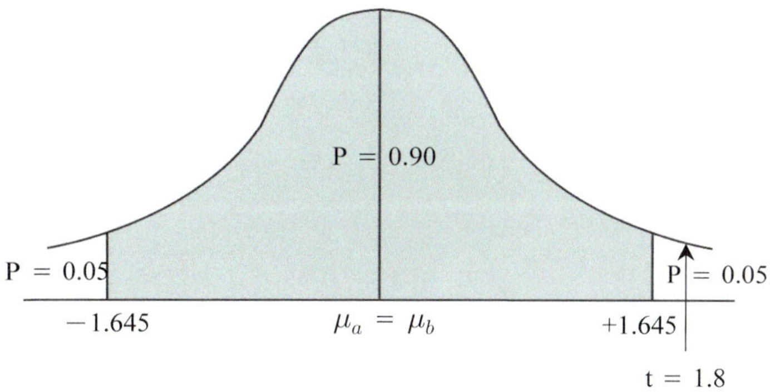

[그림 5－1]에서 전체 면적은 확률분포이기 때문에 '1'이 되고, 표본크기가 30개 이상일 경우에 't값＝－1.645'와 't값＝＋1.645'사이에 색칠된 부분은 '$P=0.9$'가 된다. 만약 귀무가설을 기각하는 영역인 10%의 유의수준에서 색칠된 부분 안에 t값이 위치하게 되면, '$\mu_a = \mu_b$'이므로 'μ_a와 μ_b는 차이가 없다.'는 귀무가설을 채택하게 된다.

또한 't값＝－1.645'보다 작거나 't값＝＋1.645'보다 큰 부분은 각각 '$P=0.05$'이므로 이 두 부분을 합산하면 '$P=0.1$'이 된다. 만약 귀무가설을 기각하는 영역인 10%의 유의수준에서 색칠된 부분 밖에 t값이 위치하게 되면, '$\mu_a \neq \mu_b$'이므로 'μ_a와 μ_b는 차이가 없다.'는 귀무가설을 기각한다. 따라서 귀무가설을 기각함으로써 'μ_a와 μ_b는 차이가 있다.'는 대립가설을 채택하게 된다.

예를 들어, 분석 표본에 대한 차이분석 결과에서 't값＝1.8'이라면, 't값＝＋1.645'보다 오른쪽에 위치하게 된다. 따라서 10%의 유의수준에서 t값은 색칠된 영역(귀무가설을 채택하는 영역)의 바깥에 위치하기 때문에, 귀무가설을 기각하여 대립가설을 채택하게 된다. 따라서 '유의수준 = 10%'이고 't값 = 1.8'이라면 다음과 같이 가설을 검증할 수 있다.

> 10%의 유의수준에서 μ_a와 μ_b는 유의한 차이가 있다.

1.2 단측검정

검증집단의 평균(μ_a)이 대응집단의 평균(μ_b)보다 큰지 검증하고자, 다음과 같이 단측검정을 설정한다.

① H_0(귀무가설) : μ_a와 μ_b는 차이가 없다.

② H_1(대립가설) : μ_a가 μ_b보다 크다.

연구가설을 양(+)의 단측으로 설정하였기 때문에 [그림 5-2]처럼 검증표본의 평균(μ_b)은 오른쪽 부분에 위치할 것이다.

검증표본과 대응표본의 평균이 같은지 다른지를 판단하는 기준인 유의수준을 5%로 가정하면, 단측검정 하에 t값의 임계값은 '1.645'가 된다. 따라서 't값 = 1.645'를 기준으로 하여, 귀무가설이 채택되는 영역인 색칠된 부분의 면적이 0.95이고 기각하는 영역은 0.05가 된다.

[그림 5-2] 5%의 유의수준에서 단측검정

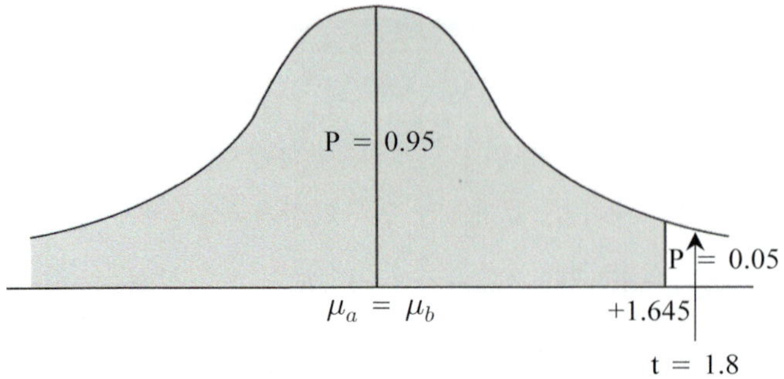

[그림 5-2]에서 't값 = +1.645' 이하에 해당하는 색칠된 부분은 'P = 0.95'가 된다. 만약 5%의 유의수준에서 색칠된 부분 안에 t값이 위치하게 되면, '$\mu_a = \mu_b$'이므로 'μ_a와 μ_b는 차이가 없다.'는 귀무가설을 채택하게 된다.

또한 't값 = +1.645'보다 큰 부분은 'P = 0.05'이므로 만약 귀무가설을 기각하는 영역인

5%의 유의수준에서 색칠된 부분 밖에 t값이 위치하게 되면, '$\mu_a > \mu_b$'이므로 'μ_a와 μ_b는 차이가 없다.'는 귀무가설을 기각한다. 따라서 귀무가설을 기각함으로써 'μ_a와 μ_b보다 크다.'는 대립가설을 채택하게 된다.

만약 차이분석 결과에서 't값$=1.8$'이라면, 't값$=+1.645$'보다 오른쪽에 있다. 따라서 5%의 유의수준에서 t값은 색칠된 영역(귀무가설을 채택하는 영역)의 바깥에 위치하기 때문에, 귀무가설을 기각하여 대립가설을 채택하게 된다. 따라서 '유의수준=5%'이고 't값=1.8'이라면 다음과 같이 가설을 검증할 수 있다.

5%의 유의수준에서 μ_a가 μ_b보다 유의하게 크다.

1.3 양측검정과 단측검정의 비교

지금까지의 분석결과를 통해서, 같은 't값$=1.8$'을 갖는 경우에도 연구가설을 양측으로 설정하면 10%의 유의수준에서 μ_a와 μ_b는 유의한 차이가 있지만(귀무가설 기각), 단측으로 설정하면 5%의 유의수준에서 μ_a가 μ_b보다 유의하게 큰 것으로 나타났다(귀무가설 기각). 즉, 양측검정과 단측검정은 같은 t값을 가질지라도 기각의 기준이 되는 유의수준이 달라짐을 확인할 수 있다.

또한 5% 유의수준의 단측검정 하에 t값의 임계값은 '1.645'이지만, 양측검정 하에 t값의 임계값은 '1.96'이 된다. 따라서 두 가설 모두 유의수준을 5%로 설정할 때 't값$=1.8$'이면 단측검정은 귀무가설이 기각되지만, 양측검정의 경우에는 [그림 5-3]처럼 색칠된 부분 안에 t값이 위치하므로 귀무가설은 채택된다.

[그림 5-3] **5%의 유의수준에서 양측검정**

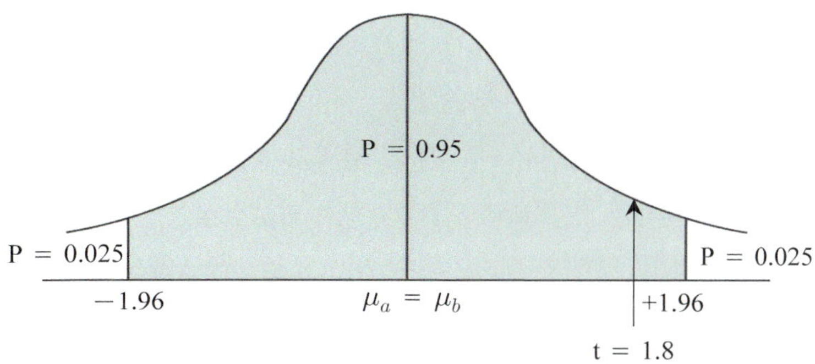

이처럼 유의수준의 선택은 가설검정에 전혀 다른 결과를 도출하게 되므로, 중요한 선택 사항이 된다. 보수적으로는 5% 이하로 유의수준을 설정하는 것이 바람직하지만, 일반적으로는 10%까지 용인하고 있다.

2 2집단 간의 차이분석

우리는 1장의 'Section 4'에서 차이분석에는 집단의 개수 및 쌍체(paired) 여부 등에 따라서 다양하게 나누어짐을 확인하였다. 본 단원에서는 2집단 간의 동일 변수에 대한 차이분석을 모수통계 및 비모수통계로 구분하여 설명할 것이다.

2.1 모수통계와 비모수통계

모수통계(Parametric Statistics)는 표본이 추출되는 모집단의 분포 특성을 이용하여 추론하기 때문에, '정규분포'와 '등분산성'의 가정을 포함하고 있다. 따라서 표본크기가 충분히 크면 대부분 정규분포를 갖게 되고, 비모수통계보다 상대적으로 강력한 결과를 도출하기 때문에 보편적으로 많이 사용되는 방법이다. 여기서 등분산성(Homoscedasticity)이란 서로 다른 집단 간의 분산이 통계학적으로 같음을 의미하고, 이분산성(Heteroscedasticity)이란 차이가 있음을 의미한다.

반면에, 비모수통계(Non-Parametric Statistics)는 분포의 특성을 고려하지 않는 순수한 통계학적 추론을 사용하므로, '정규분포'를 만족하지 못하거나 '이분산성'이 심각할 때 사용한다. 또한 모수통계는 평균을 이용하지만, 비모수통계는 중위수와 순위 값을 이용하므로 극단치 영향을 배제한다. 여기서 '극단치(outlier)'란 분포에서 정상적 범위를 벗어나 동떨어짐으로써 통계적 분석결과를 왜곡시키는 값이다.

사회과학에서 자료들은 표본크기가 충분하므로 '정규분포'의 가정은 판단 대상이 아니지만, '이분산성'의 경우에는 대부분 표본에서 발생하므로 종합적으로 판단한다. 따라서 이분산성이 발생할 때 모수통계와 비모수통계를 모두 사용하여 판단한 결과가 같다면 이분산성 문제는 심각하지 않은 것이다. 반면에 두 검정 결과가 다르다면 이분산성 문제가 심각한 것이므로, 비모수통계의 결과를 신뢰하면 된다. 다만 이분산성은 극단치의 영향을 받을 수 있고 비모수통계는 극단치의 영향을 배제할 수 있으므로, 극단치를 제거한 후에 분석하면 모수통계와 비모수통계의 검정 결과는 같게 나타날 확률이 높다. 만약, 극단치를 제거한 후에도 검정 결과가 다르다면 비모수통계의 검정 결과를 신뢰하면 된다. 지금까지의 모수통계와 비모수통계의 비교 내용을 요약하면 [표 5－2]와 같다.

[표5-2] 차이분석에서 모수통계와 비모수통계

구 분	조 건	차이분석 기준 값	등분산성 검정 결과		
			등분산성	이분산성(등분산성 기각)	
				검정 결과 동일	검정 결과 다름
모 수 통 계	정규분포, 등분산성	평균값	모수통계 선택	두 결과 모두 제시	극단치를 제거 후 두 결과 모두 제시*
비모수통계	이분산성, 극단치	중위수			

* 극단치를 제거한 후에도 결과가 다르면, 비모수통계 검정 결과를 선택

2.2 차이분석

[그림 5－4]는 4장에서 표본선정 과정을 통해서 정리된 분석 표본인 ‘data10’을 불러와서, 모수통계분석인 ‘T검정(T－test)’과 비모수통계 분석인 ‘윌콕슨 순위합 검정(Wilcoxon Scores Rank Sums Test)’을 실행하기 위한 입력 과정이다.

[그림 5-4] [입력] 차이분석

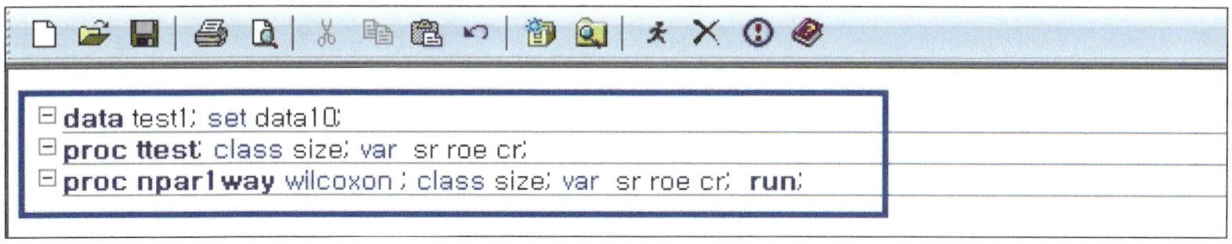

(1) T검정

```
data test1; set data10;
proc ttest; class size; var sr roe cr;
```

proc ttest; class size; var sr roe cr;	변수 ‘sr, roe, cr’을 ‘size’ 기준으로 집단을 구분하여 ‘T검정’을 한다.

분석 표본인 ‘test1’에 대해서 [proc ttest]를 실행함으로써 T검정을 하였다. T검정은 ‘size’를 기준으로 하여 변수 ‘sr, roe, cr’에 대해서 실행하였다.

T검정의 분석결과를 해석하는 방법을 정리하면 [표 5－3]과 같다. T검정은 ‘등분산성’

여부를 확인하는 F검정(①)과 두 집단 간의 차이를 검정하는 T검정(②, ③)으로 구분되며, t값과 F값보다는 p값을 통해서 가설검정을 한다.

예를 들어 유의수준을 10%로 가정할 때, 'p값 > 0.1'이면 귀무가설을 채택하고 'p값 ≤ 0.1'이면 귀무가설을 기각한다. 즉, 이를 정리하면 다음과 같다.

't값'에서 'p값 > 0.1'이면 차이가 없고, 'p값 ≤ 0.1'이면 차이가 있다.

[표5-3] T검정 결과의 해석방법

순 서	내 용	SAS 분석결과
①	Equality of Variance (등분산성 여부에 대한 F검정)	F값(*1)의 p값(*2)이 '0.1' 초과 → ② 등분산성 선택 F값의 p값이 '0.1' 이하 → ③ 이분산성 선택
②	Variance = Equal (등분산성)	t값(*3)의 p값(*4)이 '0.1' 초과 → 차이가 없다. t값의 p값이 '0.1' 이하 → 차이가 있다.
③	Variance = Unequal (이분산성)	

(*1) F값 : F Value
(*2) p값 : $Pr>F$, F값의 유의수준
(*3) t값 : t Value
(*4) p값 : $Pr>|t|$, t값의 유의수준

① 변수 'sr'에 대한 T검정

[그림 5-5]는 변수 'sr'에 대해서 'size'의 차이에 따른 T검정을 실시한 결과로, 'size = 0'인 표본은 표본크기가 '1286'이고 'size = 1'인 표본은 표본크기가 '1372'로 큰 차이가 없었다. 또한 'size = 0'인 표본의 평균은 '8.7094'이고 'size = 1'인 표본의 평균은 '6.6050'으로, 그 차이는 '2.1044'로 나타났다.

[그림 5-5] **[출력] T검정(변수 = sr)**

The TTEST Procedure

Variable: sr

size	N	Mean	Std Dev	Std Err	Minimum	Maximum
0	1286	8.7094	62.1275	1.7325	-99.9182	1771.4
1	1372	6.6050	54.1875	1.4629	-87.3676	997.0
Diff (1-2)		2.1044	58.1645	2.2576		

size	Method	Mean	95% CL Mean		Std Dev	95% CL Std Dev	
0		8.7094	5.3106	12.1082	62.1275	59.8158	64.6264
1		6.6050	3.7352	9.4748	54.1875	52.2332	56.2949
Diff (1-2)	Pooled	2.1044	-2.3223	6.5311	58.1645	56.6417	59.7720
Diff (1-2)	Satterthwaite	2.1044	-2.3419	6.5507			

Method	Variances	DF	t Value	Pr > |t|
Pooled	Equal	2656	0.93	0.3513
Satterthwaite	Unequal	2553.9	0.93	0.3535

Equality of Variances

Method	Num DF	Den DF	F Value	Pr > F
Folded F	1285	1371	1.31	<.0001

[그림 5－5]에서 'size＝0'인 표본의 'sr'에 대한 평균값은 'size＝1'인 경우보다 '2.1044'가 더 큰 것으로 나타났는데, 이에 대한 통계적 차이를 보여주는 T검정은 [그림 5－5] 하단부에 나타나 있다.

두 집단 간의 차이를 검정하기 전에, '등분산성' 여부를 보여주는 [Equality of Variances]를 확인한다. 분석결과 F값(F Value)은 '1.31'이고 유의수준인 p값($Pr> F$)은 '0.0001 이하'이므로, 1%의 유의수준에서 '등분산성'은 기각되었다. 따라서 '이분산성'이 존재한다고 해석할 수 있으므로, [Variance]가 'Unequal'일 때의 분석결과를 선택한다. 'Unequal'일 때의 t값(t Value)은 '0.93'이고 유의수준은 '0.3535'로 나타나므로, ['size＝0'인 집단의 'sr'과 'size＝1'인 집단의 'sr'은 차이가 없다]는 연구가설은 채택되었다. 따라서 다음과 같이 해석한다.

'size = 0'인 집단의 'sr'은 'size = 1'인 집단의 'sr'과 차이가 없다.

② 변수 'roe'에 대한 T검정

[그림 5-6]은 'roe'에 대해서 'size'의 차이에 따른 T검정을 실시한 결과이다.

[그림 5-6] [출력] T검정(변수 = roe)

Variable: roe

size	N	Mean	Std Dev	Std Err	Minimum	Maximum
0	1286	4.4581	18.3475	0.5116	-171.1	182.5
1	1372	-3.3209	30.6142	0.8265	-590.3	86.1082
Diff (1-2)		7.7791	25.4294	0.9870		

size	Method	Mean	95% CL Mean		Std Dev	95% CL Std Dev	
0		4.4581	3.4544	5.4618	18.3475	17.6648	19.0855
1		-3.3209	-4.9423	-1.6996	30.6142	29.5100	31.8048
Diff (1-2)	Pooled	7.7791	5.8437	9.7144	25.4294	24.7636	26.1322
Diff (1-2)	Satterthwaite	7.7791	5.8729	9.6853			

Method	Variances	DF	t Value	Pr > |t|
Pooled	Equal	2656	7.88	<.0001
Satterthwaite	Unequal	2267.8	8.00	<.0001

Equality of Variances				
Method	Num DF	Den DF	F Value	Pr > F
Folded F	1371	1285	2.78	<.0001

'등분산성' 여부를 확인한 결과 F값은 '2.78'이고 유의수준인 p값은 '0.0001 이하'로 나타나므로, 1%의 유의수준에서 '등분산성'은 기각되었다. 따라서 '이분산성'이 존재하므로, 'Variance = Unequal'일 때의 분석결과를 선택한다. 'Unequal'일 때의 t값은 '8.00'이고 유의수준은 '0.0001 이하'로 나타나므로, 다음과 같이 해석한다.

> 1%의 유의수준에서 'size = 0'인 집단의 'roe'는 'size = 1'인 집단의 'roe'보다 유의하게 크다.

③ 변수 'cr'에 대한 T검정

[그림 5-7]은 'cr'에 대해서 'size'의 차이에 따른 T검정을 한 결과이다.

[그림 5-7] [출력] T검정(변수 = cr)

Variable: cr

size	N	Mean	Std Dev	Std Err	Minimum	Maximum
0	1286	260.6	650.5	18.1390	0.2183	15698.7
1	1372	506.4	2506.5	67.6689	0.3960	74366.2
Diff (1-2)		-245.8	1856.8	72.0681		

size	Method	Mean	95% CL Mean		Std Dev	95% CL Std Dev	
0		260.6	225.0	296.2	650.5	626.3	676.6
1		506.4	373.7	639.2	2506.5	2416.1	2604.0
Diff (1-2)	Pooled	-245.8	-387.2	-104.5	1856.8	1808.2	1908.1
Diff (1-2)	Satterthwaite	-245.8	-383.3	-108.4			

Method	Variances	DF	t Value	Pr > |t|
Pooled	Equal	2656	-3.41	0.0007
Satterthwaite	Unequal	1566.5	-3.51	0.0005

Equality of Variances				
Method	Num DF	Den DF	F Value	Pr > F
Folded F	1371	1285	14.85	<.0001

'등분산성' 여부를 확인한 결과 F값의 p값은 '0.0001 이하'로 나타나 '이분산성'이 존재하므로, 'Variance = Unequal'일 때의 분석결과를 선택한다. 'Unequal'일 때의 t값은 '-3.51(음)'이고 유의수준은 '0.0005 이하'로 나타나므로, 다음과 같이 해석한다.

> 1%의 유의수준에서 'size = 0'인 집단의 'cr'은 'size = 1'인 집단의 'cr'보다 유의하게 작다.

(1) 윌콕슨 순위합 검정

분석 표본인 'test1'에 대해서 [proc npar1way]를 실행함으로써 비모수통계 분석인 '윌콕슨 순위합 검정'을 하였다. 윌콕슨 순위합 검정은 'size'를 기준으로 하여 변수 'sr, roe, cr'에 대해서 실행하였다. 비모수통계 분석을 하는 이유는 T검정에서 '이분산성'이 발생하는 것으로 나타났기 때문이다.

```
proc npar1way wilcoxon; class size; var sr roe cr; run;
```

proc npar1way wilcoxon; class size; var sr roe cr; run;	변수 'sr, roe, cr'을 'size' 기준으로 집단을 구분하여 '윌콕슨 순위합 검정'을 한다.

윌콕슨 순위합 검정은 두 집단을 혼합한 표본을 추출하여 순위를 부여한다. 즉, 혼합표본의 값이 작을수록 작은 번호를 부여하고, 혼합표본의 값이 클수록 큰 번호를 부여한다. 이러한 번호를 집단별로 합산한 값이 순위합인 [Sum of Scores]이고, 순위합을 집단별 표본크기로 나눈 값이 [Mean Score]이다.

윌콕슨 순위합 검정은 이와 같은 순위 정보를 이용하기 때문에, 평균값보다는 중위수에 더 큰 영향을 받게 된다. 이처럼 변수의 원래(Original) 값이 아닌 순위 값을 이용하게 되면, 극단치 및 이분산성 문제의 영향도 적게 받게 된다.

윌콕슨 순위합 검정은 순위 값을 이용하므로, T검정보다 극단치 및 이분산성 문제로부터 영향을 적게 받는다.

[표 5−4]는 'Sum of Scores' 및 'Mean Score'의 산출 과정을 설명함으로써, 비모수통계 분석의 이해를 돕고자 한다.

[표5-4] 'Sum of Scores'와 'Mean Score'

집 단	원래 값	순위 값	집 단	원래 값	순위 값
A	11	1	B	15	3.5
A	12	2	B	20	6
A	15	3.5	B	27	8
A	18	5	B	30	9
A	22	7	B	42	12
A	35	10	B	45	13
A	40	11	B	50	14
표본크기		7	표본크기		7
Sum of Scores		39.5	Sum of Scores		65.5
Mean Score		5.64	Mean Score		9.36

[표 5−4]에서 전체표본을 집단 A와 집단 B로 구분한 후에, 표본별로 원래 값들이 부여되었다. 이러한 원래 값을 기준으로 순위 값을 부여하는데, 전체표본 중에서 가장 작은 값

인 '11'에 순위 값 '1'을 부여하고 가장 큰 값인 '50'에 '14'를 부여하는 방식이다. 즉 원래 값이 클수록 순위 값도 큰 값을 부여하는 방식이므로, 원래 값의 순위는 그대로 유지되나 값 간의 차이는 같게 된다. 다만, 원래 값이 '15'일 때처럼 같은 값이 존재하면 순위 값의 평균인 '3.5'를 부여한다.

이렇게 산출된 순위 값을 집단별로 합산하면 'Sum of Scores'이며, 이를 다시 집단별 표본크기로 나누면 'Mean Score'가 된다. 즉 원래 값을 대체하여 순위 값(=score)이 부여될 뿐, 값들의 합과 평균을 구하는 방식은 같은 것이다.

이처럼 원래 값 대신에 순위를 이용하는 비모수통계는 값 간의 차이가 같게 되므로, 분포 및 이분산성에서 자유롭게 되는 것이다. 또한 극단치의 영향도 배제할 수 있는 분석 방법이 된다.

① 변수 'sr'에 대한 윌콕슨 순위합 검정

변수 'sr'에 대해서 'size'의 차이에 따른 윌콕슨 순위합 검정을 하였다.

[그림 5-8] [출력] 극단치 제거 이전 윌콕슨 순위합 검정(변수=sr)

The NPAR1WAY Procedure

Wilcoxon Scores (Rank Sums) for Variable sr Classified by Variable size

size	N	Sum of Scores	Expected Under H0	Std Dev Under H0	Mean Score
0	1286	1785621.50	1709737.0	19772.6974	1388.50816
1	1372	1748189.50	1824074.0	19772.6974	1274.19060

Average scores were used for ties.

Wilcoxon Two-Sample Test	
Statistic	1785621.5000
Normal Approximation	
Z	3.8378
One-Sided Pr > Z	<.0001
Two-Sided Pr > |Z|	0.0001
t Approximation	
One-Sided Pr > Z	<.0001
Two-Sided Pr > |Z|	0.0001

Z includes a continuity correction of 0.5.

[그림 5−8]을 통해서 윌콕슨 순위합 검정 결과를 확인한다. 표본크기가 크므로 정규분포를 가정하고, [Normal Approximation]의 'Z값'을 확인한다. 양측검정으로 가정하면, [Two−Sided $Pr > |Z|$]를 선택한다. 'Z값'은 '3.8378'이고 'p값'은 '0.0001'로 나타나므로, 다음처럼 해석할 수 있다. 다만 T검정 결과와 다르므로 극단치 제거를 통해 재분석한다.

> 1%의 유의수준에서 'size = 0'인 집단의 'sr'은 'size = 1'인 집단의 'sr'보다 유의하게 크다.

② 변수 'roe'에 대한 윌콕슨 순위합 검정

변수 'roe'에 대해서 'size'의 차이에 따른 윌콕슨 순위합 검정을 하였다.

[그림 5-9] [출력] 극단치 제거 이전 윌콕슨 순위합 검정(변수 = roe)

The NPAR1WAY Procedure

Wilcoxon Scores (Rank Sums) for Variable roe Classified by Variable size

size	N	Sum of Scores	Expected Under H0	Std Dev Under H0	Mean Score
0	1286	1866172.0	1709737.0	19772.7049	1451.14463
1	1372	1667639.0	1824074.0	19772.7049	1215.48032

Wilcoxon Two-Sample Test	
Statistic	1866172.0000
Normal Approximation	
Z	7.9116
One-Sided Pr > Z	<.0001
Two-Sided Pr > |Z|	<.0001
t Approximation	
One-Sided Pr > Z	<.0001
Two-Sided Pr > |Z|	<.0001
Z includes a continuity correction of 0.5.	

[그림 5−9]에서 윌콕슨 순위합 검정의 'Z값'을 확인한 결과 'Z값'은 '7.9116'이고 'p값'은 '0.0001 이하'로 나타났다. 따라서 다음과 같이 해석할 수 있고, 이는 T검정 결과와 같다.

> 1%의 유의수준에서 'size = 0'인 집단의 'roe'는 'size = 1'인 집단의 'roe'보다 유의하게 크다.

③ 변수 'cr'에 대한 윌콕슨 순위합 검정

변수 'cr'에 대해서 'size'의 차이에 따른 윌콕슨 순위합 검정을 하였다.

[그림 5-10] [출력] 극단치 제거 이전 윌콕슨 순위합 검정(변수=cr)

The NPAR1WAY Procedure

Wilcoxon Scores (Rank Sums) for Variable cr
Classified by Variable size

size	N	Sum of Scores	Expected Under H0	Std Dev Under H0	Mean Score
0	1286	1529704.0	1709737.0	19772.7049	1189.50544
1	1372	2004107.0	1824074.0	19772.7049	1460.71939

Average scores were used for ties.

Wilcoxon Two-Sample Test	
Statistic	1529704.0000
Normal Approximation	
Z	-9.1051
One-Sided Pr < Z	<.0001
Two-Sided Pr > |Z|	<.0001
t Approximation	
One-Sided Pr < Z	<.0001
Two-Sided Pr > |Z|	<.0001

Z includes a continuity correction of 0.5.

[그림 5-10]에서 윌콕슨 순위합 검정의 'Z값'을 확인한 결과 'Z값'은 '-9.1051'이고 'p값'은 '0.0001 이하'로 나타났고, 이는 T검정 결과와 같다.

> 1%의 유의수준에서 'size=0'인 집단의 'cr'은 'size=1'인 집단의 'cr'보다 유의하게 작다.

2.3 극단치의 제거

변수 'sr'에 대한 'T검정'을 실시한 [그림 5-5]와 '윌콕슨 순위합 검정'을 한 [그림 5-8]의 분석결과는 다르다. 'T검정'에서 'size=0'인 집단과 'size=1'인 집단의 'sr'은 차이가 없는 것으로 나타났으나, '윌콕슨 순위합 검정'에서 'size=0'인 집단의 'sr'은 'size=1'인 집단의 'sr'보다 1%의 유의수준에서 유의하게 큰 것으로 나타났다. 이러한 결과의 차이는 이분산성 문제가 심각하거나 극단치의 영향이 클 때 발생한다. 따라서 상 · 하위 1%를 극단치로 정의하고 이를 제거하는 방법을 통해서 표본크기를 조정하였다. 극단치의 제거 방법에 대해서는 본 단원의 후반부에 기술할 것이다.

[그림 5-11] [입력] 극단치의 제거

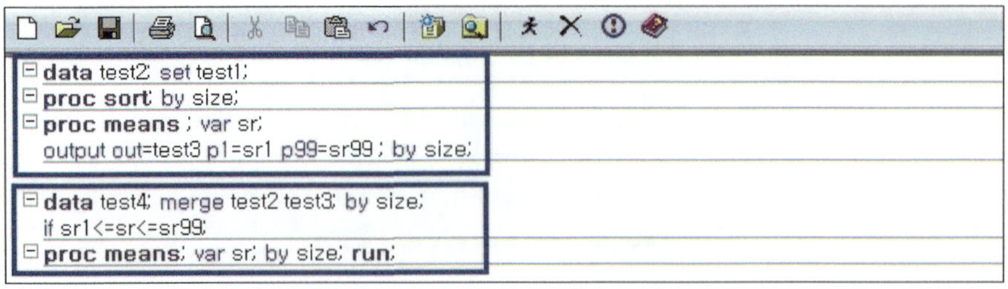

[그림 5－11]은 극단치를 상·하위 1%로 정의하는 부분과 극단치를 원래의 자료에 [merge]한 후에 극단치를 제거하는 부분으로 나누어진다.

(1) 극단치의 제거 이전

```
data test2; set test1;
proc sort; by size;
proc means ; var sr;
output out=test3 p1=sr1 p99=sr99 ; by size;
```

proc sort; by size;	'size'를 기준으로 오름차순 정렬한다.
proc means; var sr;	변수 'sr'의 평균값 등의 통계량을 구한다.
output out = test3	위에서 산출한 통계량을 데이터셋 'test3'에 저장한다.
p1 = sr1 p99 = sr99; by size;	'size'별로 변수 'sr'의 '1%'는 'sr1'로, '99%'는 'sr99'로 저장한다.

① 첫째, 극단치를 조정하기 전에 [proc sort; by size;]를 통해서 오름차순 정렬을 하였다. 그 이유는 집단별로 극단치를 조정하기 위해서이다. ② 둘째, [proc means; var sr;]과 [p1＝sr1 p99＝sr99; by size;]를 통해서, 극단치 '1%(＝p1), 99%(＝p99)'를 'size'별로 정의하여 각각 'sr1, sr99'로 정의한다. ③ 셋째, [output out = test3]을 통해서 극단치 값을 'test3'데이터셋에 저장한다.

이러한 과정을 통해 저장된 'test3'에 대한 자료의 형태를 확인하고자 프린트한다.

```
data ex1; set test3; proc print; run;
```

[그림 5-12] **[출력] Output을 통해 저장된 극단치**

SAS 시스템

OBS	size	_TYPE_	_FREQ_	sr1	sr99
1	0	0	1286	-62.0185	149.039
2	1	0	1372	-72.9818	206.806

[그림 5-12]는 극단치 값이 저장된 'test3'을 프린트한 결과로, 'size'별로 극단치가 다르게 저장되었음을 확인할 수 있다. 이렇게 저장된 'test3'을 원래의 데이터셋인 'test2'에 [merge]를 실행함으로써, 극단치가 포함된 분석 표본을 완성할 수 있다. 예를 들어, 다음과 같은 'ex2'데이터셋을 입력해 보자.

```
data ex2; merge test2 test3; by size;
proc print; var code year size sr sr1 sr99; run;
```

[그림 5-13] **[출력] 극단치를 원래 데이터셋에 Merge**

SAS 시스템

OBS	code	year	size	sr	sr1	sr99
1	20	1	0	-5.11	-62.0185	149.039
2	20	2	0	-1.35	-62.0185	149.039
3	20	3	0	-3.18	-62.0185	149.039
4	40	1	0	-21.82	-62.0185	149.039
5	40	2	0	0.44	-62.0185	149.039
6	40	3	0	-17.15	-62.0185	149.039
1455	23430	1	1	11.70	-72.9818	206.806
1456	23430	2	1	65.72	-72.9818	206.806
1457	23430	3	1	252.86	-72.9818	206.806
1458	23450	1	1	3.65	-72.9818	206.806
1459	23450	2	1	-2.26	-72.9818	206.806
1460	23450	3	1	25.68	-72.9818	206.806

[그림 5-13]은 극단치 값이 저장된 'test3'이 원래 데이터셋인 'test2'에 옆으로 붙은 결과이다. 프린트한 결과 'size=0'일 때 'sr1=-62.0185, sr99=149.039'로 나타났고, 'size

=1'일 때 'sr1=-72.9818, sr99=206.806'으로 나타났다. 이는 [그림 5-12]의 결과와 같으므로, [merge]는 적절하게 실행되었다고 볼 수 있다.

또한 'code=23430'이고 'year=3'인 표본은 'sr=252.86'으로 나타났는데, 이는 'sr1=-72.9818, sr99=206.806'의 범위를 벗어나 극단치로 판정되었다.

[그림 5-14]는 [proc means; var sr; output out=test3 p1=sr1 p99=sr99; by size;]를 통해서 출력된 결과이다.

[그림 5-14] [출력] 극단치의 제거 이전 평균값

MEANS 프로시저

size=0

분석 변수 : sr				
N	평균	표준편차	최솟값	최댓값
1286	8.7093985	62.1274957	-99.9182161	1771.39

size=1

분석 변수 : sr				
N	평균	표준편차	최솟값	최댓값
1372	6.6050007	54.1875415	-87.3675704	997.0044943

[그림 5-14]는 'size'별로 변수 'sr'에 대한 평균값을 프린트한 것으로, 'size=0'인 집단의 평균값은 약 '8.71'이고 'size=1'인 집단의 평균값은 약 '6.61'이다. 또한 'size=0'일 때의 표본크기는 '1286'이고 'size=1'일 때의 표본크기는 '1372'이다. 따라서 'size'별로 극단치인 1%(=sr1) 미만이거나 99%(=sr99) 초과인 표본을 제거한 후에 표본크기가 얼마나 줄어드는지 확인할 것이다.

(2) 극단치의 제거 이후

```
data test4; merge test2 test3; by size;
if sr1<=sr<=sr99;
proc means; var sr; by size; run;
```

data test4; merge test2 test3; by size;	'size'를 기준으로 데이터셋 'test2'와 'test3'을 옆으로 합쳐서 데이터셋 'test4'에 저장한다.
if sr1 < = sr < = sr99;	'sr'이 'sr1' 이상이거나 'sr99' 이하인 표본만 선택한다.
proc means; var sr; by size; run;	'size'별로 변수 'sr'의 평균값을 프린트한다.

극단치가 Merge된 'test4'는 [그림 5－13]과 같은 모습을 갖고 있었다. 즉, 변수 'sr'의 옆에 극단치의 기준 값인 'sr1(= 1%)'과 'sr99(= 99%)'가 나열되어 있다. 따라서 조건식인 [if sr1 < = sr < = sr99;]를 실행시킴으로써, 'sr'의 값이 'size'별로 1% 이상이고 99% 이하인 표본만 분석 대상으로 저장한다. 즉, 'sr'의 값이 'size'별로 1% 미만이거나 99%를 초과하는 표본은 분석 표본에서 제거한 것이다.

[그림 5－15]는 극단치 제거를 통해 산출된 표본의 평균값을 출력한 것이다.

[그림 5-15] [출력] 극단치의 제거 이후 평균값

MEANS 프로시저

size=0

분석 변수 : sr				
N	평균	표준편차	최솟값	최댓값
1262	5.6262935	22.8099367	-62.0184936	149.0388367

size=1

분석 변수 : sr				
N	평균	표준편차	최솟값	최댓값
1346	3.7560488	32.8169649	-72.9818483	206.8062152

[그림 5－15]는 극단치를 제거한 이후의 표본으로, 'size＝0'일 때의 표본크기는 '1262'이고 'size＝1'일 때의 표본크기는 '1346'이다. 따라서 극단치를 제거하기 이전과 비교하면, 약 2%의 표본이 집단별로 제거되었음을 확인할 수 있다.

(3) 극단치 처리 방법

① 극단치 기준값

극단치를 처리하기 위해서는 극단치의 판단 기준이 되는 기준값이 필요하다. 이러한 기준값은 단순하게 양극단 값인 상·하위 1%(=99%, 1%) 등으로 정의하는 방법이 있고, 표준편차의 3배수인 $\pm 3\sigma$(=3 × 표준편차) 등을 이용하는 방법이 있다. 물론 상·하위 값이나 표준편차 배수는 상황에 따라서 조정이 가능하다. 일반적으로 $\pm 3\sigma$는 전체표본의 1%p이다.

② Truncation과 Winsorization

극단치를 처리하는 방법에는 제거(Truncation)와 조정(Winsorization)의 두 가지 방법이 있다. Truncation은 기준값을 벗어나면 제거하는 방법이고 Winsorization은 기준값을 벗어나는 값을 기준값으로 정의하는 방법이다.

[표5-5] Truncation과 Winsorization

극단치 처리방법	기준 값		SAS 명령어(X=변수)
	1%, 99%	-3σ, $+3\sigma$	
Truncation	1%미만 →제거 99%초과→제거	-3σ미만→제거 $+3\sigma$초과→제거	if 1% <= X <= 99%; if -3σ <= X < = $+3\sigma$;
Winsorization	1%미만→ 1% 99%초과→99%	-3σ미만→-3σ $+3\sigma$초과→$+3\sigma$	if X < 1% then X = 1%; if X > 99% then X = 99%; if X <-3σ then X = -3σ; if X > $+3\sigma$ then X = $+3\sigma$;

만약 기준값이 ±10이고 변숫값이 +20이라면, Truncation은 변숫값을 극단치로 보고 제거하고, Winsorization은 변숫값을 +10으로 정의한다. 이처럼 Truncation은 표본이 삭제되어 Winsorization보다 표본크기가 작아진다. 따라서 표본크기가 크면 Truncation을 적용하고, 아니라면 Winsorization을 사용한다.

③ ±3σ을 기준으로 Winsorization

±3σ을 기준값으로 하여 Winsorization을 통해서 극단치를 조정한다면, 다음과 같이 SAS 명령어를 입력하면 된다.

```
data ex3; set test1;
proc sort; by size;
proc means; var sr;
output out=ex4 std=st; by size;
```

proc sort; by size;	'size'를 기준으로 오름차순 정렬한다.
proc means; var sr;	'size'별로 변수 'sr'의 평균값 등의 통계량을 구한다.
output out = ex4	위에서 산출한 통계량을 데이터셋 'ex4'에 저장한다.
std = st; by size;	변수 'sr'의 '표준편차'는 'st'로 저장한다.

```
data ex5; merge ex3 ex4; by size;
m3=-3*st;
p3=3*st;
if sr<m3 then sr=m3;
if sr>p3 then sr=p3;
```

data ex5; merge ex3 ex4; by size;	'size'를 기준으로 데이터셋 'ex3'과 'ex4'를 옆으로 합쳐서 데이터셋 'ex5'에 저장한다.
m3 = −3*st;	'−3 × 표준편차'는 'm3'로 정의한다.
p3 = 3*st;	'+3 × 표준편차'는 'p3'로 정의한다.
if sr < m3 then sr = m3;	'sr < m3'이면 'sr'은 'm3'로 정의한다.
if sr > p3 then sr = p3;	'sr > p3'이면 'sr'은 'p3'로 정의한다.

'ex4'에는 표준편차인 'st'가 'size'별로 저장이 된다. 이를 원래의 데이터셋인 'ex3'과 'ex4'에 [merge]를 함으로써, 'ex3'에 'st'가 추가된 'ex5'를 만든다.

'ex5'에서 기준값인 ±3σ를 정의하기 위해서, [m3 = −3*st;]와 [p3 = 3*st;]를 실행시킴으로써 기준값인 'm3'와 'p3'를 얻는다. 그리고 이를 기준으로 [if sr < m3 then sr = m3;]과 [if sr > p3 then sr = p3;]을 실행시킴으로써, 양 극단치는 각각 'm3'와 'p3'로 대체된다.

2.4 극단치 제거 이후 차이분석

극단치를 제거한 이후에, ‘T검정’과 ‘윌콕슨 순위합 검정’을 실행한다.

[그림 5-16] **[입력] 극단치 제거 이후 차이분석**

```
data test4; merge test2 test3; by size;
if sr1<=sr<=sr99;
proc means; var sr; by size; run;
proc ttest; class size; var  sr roe cr;
proc npar1way wilcoxon ; class size; var  sr roe cr;  run;
```

(1) T검정

proc ttest; **class** size; **var** sr roe cr;	
proc ttest; class size; var sr roe cr;	변수 ‘sr, roe, cr’을 ‘size’를 기준으로 집단을 구분하여 ‘T검정’을 한다.

극단치를 제거한 이후의 표본인 ‘test4’에 대해서 [proc ttest]를 실행하였다.

① 변수 ‘sr’에 대한 T검정

[그림 5-17] **[출력] 극단치 제거 이후 T검정(변수 = sr)**

The TTEST Procedure

Variable: sr

size	N	Mean	Std Dev	Std Err	Minimum	Maximum
0	1262	5.6263	22.8099	0.6421	-62.0185	149.0
1	1346	3.7560	32.8170	0.8945	-72.9818	206.8
Diff (1-2)		1.8702	28.4182	1.1135		

size	Method	Mean	95% CL Mean		Std Dev	95% CL Std Dev	
0		5.6263	4.3666	6.8860	22.8099	21.9535	23.7364
1		3.7560	2.0013	5.5108	32.8170	31.6224	34.1060
Diff (1-2)	Pooled	1.8702	-0.3132	4.0537	28.4182	27.6673	29.2114
Diff (1-2)	Satterthwaite	1.8702	-0.2889	4.0294			

Method	Variances	DF	t Value	Pr > |t|
Pooled	Equal	2606	1.68	0.0932
Satterthwaite	Unequal	2406.6	1.70	0.0895

Equality of Variances

Method	Num DF	Den DF	F Value	Pr > F
Folded F	1345	1261	2.07	<.0001

'등분산성' 여부를 확인한 결과 F값은 '2.07'로, 1%의 유의수준에서 '등분산성'은 기각되었다. 따라서 '이분산성'이 존재하므로, 'Unequal'일 때의 t값은 '1.70'이고 유의수준은 '0.0895'로 나타나므로, 다음과 같이 해석한다.

10%의 유의수준에서 'size = 0'인 집단의 'sr'은 'size = 1'인 집단의 'sr'보다 유의하게 크다.

따라서 극단치를 제거하기 이전의 분석결과와 달리, 극단치를 제거한 이후에는 유의한 차이가 있는 것으로 나타났다.

② 변수 'roe'에 대한 T검정

[그림 5-18] [출력] 극단치 제거 이후 T검정(변수 = roe)

Variable: roe

size	N	Mean	Std Dev	Std Err	Minimum	Maximum
0	1262	4.1697	17.0707	0.4805	-171.1	147.8
1	1346	-3.0629	30.2667	0.8250	-590.3	86.1082
Diff (1-2)		7.2325	24.7752	0.9708		

size	Method	Mean	95% CL Mean		Std Dev	95% CL Std Dev	
0		4.1697	3.2269	5.1124	17.0707	16.4298	17.7641
1		-3.0629	-4.6813	-1.4445	30.2667	29.1650	31.4555
Diff (1-2)	Pooled	7.2325	5.3290	9.1361	24.7752	24.1205	25.4666
Diff (1-2)	Satterthwaite	7.2325	5.3603	9.1048			

Method	Variances	DF	t Value	Pr > |t|
Pooled	Equal	2606	7.45	<.0001
Satterthwaite	Unequal	2148.7	7.58	<.0001

Equality of Variances				
Method	Num DF	Den DF	F Value	Pr > F
Folded F	1345	1261	3.14	<.0001

'등분산성' 여부를 확인한 결과 F값은 '3.14'로, 1%의 유의수준에서 '등분산성'은 기각되었다. 따라서 '이분산성'이 존재하므로, 'Unequal'일 때의 t값은 '7.58'이고 유의수준은 '0.0001 이하'로 나타나므로, 다음과 같이 해석한다.

1%의 유의수준에서 'size = 0'인 집단의 'roe'는 'size = 1'인 집단의 'roe'보다 유의하게 크다.

③ 변수 'cr'에 대한 T검정

[그림 5-19] [출력] 극단치 제거 이후 T검정(변수=cr)

Variable: cr

size	N	Mean	Std Dev	Std Err	Minimum	Maximum
0	1262	251.7	635.6	17.8930	0.2183	15698.7
1	1346	436.5	1402.2	38.2192	0.3960	29866.5
Diff (1-2)		-184.8	1100.1	43.1062		

size	Method	Mean	95% CL Mean		Std Dev	95% CL Std Dev	
0		251.7	216.6	286.8	635.6	611.8	661.5
1		436.5	361.5	511.5	1402.2	1351.1	1457.3
Diff (1-2)	Pooled	-184.8	-269.4	-100.3	1100.1	1071.0	1130.8
Diff (1-2)	Satterthwaite	-184.8	-267.6	-102.1			

Method	Variances	DF	t Value	Pr > |t|
Pooled	Equal	2606	-4.29	<.0001
Satterthwaite	Unequal	1901.8	-4.38	<.0001

Equality of Variances				
Method	Num DF	Den DF	F Value	Pr > F
Folded F	1345	1261	4.87	<.0001

'등분산성' 여부를 확인한 결과 F값은 '4.87'로, 1%의 유의수준에서 '등분산성'은 기각되었다. 따라서 '이분산성'이 존재하므로, 'Unequal'일 때의 t값은 '-4.38'이고 유의수준은 '0.0001 이하'로 나타나므로, 다음과 같이 해석한다.

> 1%의 유의수준에서 'size=0'인 집단의 'cr'은 'size=1'인 집단의 'cr'보다 유의하게 작다.

(2) 윌콕슨 순위합 검정

```
proc npar1way wilcoxon; class size; var  sr roe cr; run;
```

proc npar1way wilcoxon; class size; var sr roe cr; run;	변수 'sr, roe, cr'을 'size'를 기준으로 집단을 구분하여 '윌콕슨 순위합 검정'을 한다.

① 변수 'sr'에 대한 윌콕슨 순위합 검정

[그림 5-20] [출력] 극단치 제거 이후 윌콕슨 순위합 검정(변수 = sr)

The NPAR1WAY Procedure

Wilcoxon Scores (Rank Sums) for Variable sr Classified by Variable size					
size	N	Sum of Scores	Expected Under H0	Std Dev Under H0	Mean Score
0	1262	1722177.50	1646279.0	19217.5690	1364.64144
1	1346	1679958.50	1755857.0	19217.5690	1248.11181
Average scores were used for ties.					

Wilcoxon Two-Sample Test	
Statistic	1722177.5000
Normal Approximation	
Z	3.9494
One-Sided Pr > Z	<.0001
Two-Sided Pr > |Z|	<.0001
t Approximation	
One-Sided Pr > Z	<.0001
Two-Sided Pr > |Z|	<.0001
Z includes a continuity correction of 0.5.	

[그림 5-20]에서 윌콕슨 순위합 검정의 'Z값'은 '3.9494'이고 'p값'은 '0.0001 이하'로 나타났다. 따라서 다음과 같이 해석하고, 이는 T검정 결과와 같으므로 극단치의 제거를 통해서 모수통계 및 비모수통계 분석이 일치함을 보여준다.

> 1%의 유의수준에서 'size = 0'인 집단의 'sr'은 'size = 1'인 집단의 'sr'보다 유의하게 크다.

② 변수 'roe'에 대한 윌콕슨 순위합 검정

[그림 5-21] [출력] 극단치 제거 이후 윌콕슨 순위합 검정(변수 = roe)

The NPAR1WAY Procedure

Wilcoxon Scores (Rank Sums) for Variable roe Classified by Variable size

size	N	Sum of Scores	Expected Under H0	Std Dev Under H0	Mean Score
0	1262	1795340.0	1646279.0	19217.5767	1422.61490
1	1346	1606796.0	1755857.0	19217.5767	1193.75632

Wilcoxon Two-Sample Test	
Statistic	1795340.0000
Normal Approximation	
Z	7.7565
One-Sided Pr > Z	<.0001
Two-Sided Pr > |Z|	<.0001
t Approximation	
One-Sided Pr > Z	<.0001
Two-Sided Pr > |Z|	<.0001
Z includes a continuity correction of 0.5.	

[그림 5−21]에서 윌콕슨 순위합 검정의 'Z값'은 '7.7565'이고 'p값'은 '0.0001 이하'로 나타났다. 따라서 다음과 같이 해석하고, 이는 T검정 결과와 같다.

> 1%의 유의수준에서 'size = 0'인 집단의 'roe'는 'size = 1'인 집단의 'roe'보다 유의하게 크다.

③ 변수 'cr'에 대한 윌콕슨 순위합 검정

[그림 5-22] [출력] 극단치 제거 이후 윌콕슨 순위합 검정(변수 = cr)

The NPAR1WAY Procedure

Wilcoxon Scores (Rank Sums) for Variable cr Classified by Variable size					
size	N	Sum of Scores	Expected Under H0	Std Dev Under H0	Mean Score
0	1262	1465807.0	1646279.0	19217.5767	1161.49525
1	1346	1936329.0	1755857.0	19217.5767	1438.58024
Average scores were used for ties.					

<table>
<tr><th colspan="2">Wilcoxon Two-Sample Test</th></tr>
<tr><td>Statistic</td><td>1465807.0000</td></tr>
<tr><td></td><td></td></tr>
<tr><td>Normal Approximation</td><td></td></tr>
<tr><td>Z</td><td>-9.3910</td></tr>
<tr><td>One-Sided Pr < Z</td><td><.0001</td></tr>
<tr><td>Two-Sided Pr > |Z|</td><td><.0001</td></tr>
<tr><td></td><td></td></tr>
<tr><td>t Approximation</td><td></td></tr>
<tr><td>One-Sided Pr < Z</td><td><.0001</td></tr>
<tr><td>Two-Sided Pr > |Z|</td><td><.0001</td></tr>
<tr><td colspan="2">Z includes a continuity correction of 0.5.</td></tr>
</table>

[그림 5-22]에서 윌콕슨 순위합 검정의 '*Z*값'은 '−9.3910'이고 '*p*값'은 '0.0001 이하'로 나타났다. 따라서 다음과 같이 해석할 수 있고, 이는 T검정 결과와 같다.

> 1%의 유의수준에서 'size = 0'인 집단의 'cr'은 'size = 1'인 집단의 'cr'보다 유의하게 작다.

2.5 차이분석 결과의 종합

[표 5－6]은 지금까지의 차이분석 결과를 종합하여 정리한 것이다.

[표5-6] 극단치의 제거 전후의 차이분석 결과

변수명	극단치 제거 이전		극단치 제거 이후	
	T검정	윌콕슨 순위합 검정	T검정	윌콕슨 순위합 검정
sr	**'size = 0' = 'size = 1'**	**'size = 0' > 'size = 1'**	**'size = 0' > 'size = 1'**	**'size = 0' > 'size = 1'**
roe	'size = 0' > 'size = 1'	'size = 0' > 'size = 1'	'size = 0' > 'size = 1'	'size = 0' > 'size = 1'
cr	'size = 0' < 'size = 1'	'size = 0' < 'size = 1'	'size = 0' < 'size = 1'	'size = 0' < 'size = 1'

[표 5－6]에서처럼 변수 'sr'은 극단치 제거 이전에는 모수통계분석인 'T검정'과 비모수통계 분석인 '윌콕슨 순위합 검정'의 결과가 다르나, 극단치를 제거한 이후에는 두 검정 모두 같은 결과를 보여주고 있다. 따라서 다음과 같은 결론을 낼 수 있다.

T검정에서 이분산성이 발생하면 윌콕슨 순위합 검정을 병행하고, 두 검정 결과에 차이가 있다면 극단치를 제거함으로써 해결할 수 있다.

극단치를 제거한 이후에도 두 검정 결과에 차이가 발생한다면, 이분산성 문제가 심각한 것이므로 윌콕슨 순위합 검정 결과를 선택하면 된다.

3 쌍체 검정

쌍체 검정(paired test)은 모수통계분석인 '쌍체 T검정'과 비모수통계 분석인 '윌콕슨 부호순위 검정(Wilcoxon Signed Rank Test)'으로 구분된다.

3.1 2집단 간의 차이분석과 쌍체 검정

'쌍체 검정'은 앞 단원에서 살펴본 '2집단 간의 차이분석'과 전혀 다른 분석방법이다. '2집단 간의 차이분석'이 동일 변수에 대한 다른 집단 간의 차이분석이라면, '쌍체 검정'은 동일 집단에 대한 다른 변수 간의 차이분석이다.

[표5-7] 2집단 간의 차이분석과 쌍체 검정

구 분	2집단 간의 차이분석			쌍체 검정	
집 단	1반		2반	1반	2반
변 수	수학성적	↔	수학성적	수학성적	수학성적
				↕	↕
	영어성적	↔	영어성적	영어성적	영어성적

[표 5－7]처럼 '2집단 간의 차이분석'은 동일 변수인 '수학성적'에 대한 서로 다른 집단인 '1반'과 '2반'의 차이를 비교하고, '쌍체 검정'은 동일 집단인 '2반'에 대한 서로 다른 변수인 '수학성적'과 '영어성적'의 차이를 비교한다. 따라서 '쌍체 검정'은 동일 학생의 '수학성적'과 '영어성적'을 비교하는 것, 즉 두 과목 성적의 차이 값(＝수학성적 － 영어성적)이 '0'인지를 검증하는 것이다.

2집단 간의 차이분석은 동일 변수에 대한 다른 집단 간의 차이분석이고, 쌍체 검정은 동일 집단에 대한 다른 변수 간의 차이분석이다.

쌍체 검정은 두 변수 간의 차이 값이 '0'인지를 검정하는 것이다.

3.2 쌍체 T검정

(1) 입력

[그림 5－23]은 'sale'과 'sale'의 전년도 값인 'sale1'에 대한 '쌍체 T검정'과 '윌콕슨 부호순위 검정'을 실행하기 위해 SAS에 입력한 것이다.

[그림 5-23] [입력] 쌍체 T검정과 윌콕슨 부호순위 검정

```
data test5; set test4;
  saled=sale-sale1;
proc means; var sale sale1 saled;
proc ttest; var saled;
proc univariate; var saled;run;
```

(2) 출력

① 'saled'의 평균값

```
data test5; set test4;
saled = sale - sale1;
proc means; var sale sale1 saled;
```

saled = sale－sale1;	변수 'saled'는 'sale'에서 'sale1'을 차감한 값이다.
proc means; var sale sale1 saled;	'sale, sale1, saled'의 평균값을 프린트한다.

'sale'과 'sale'의 전년도 값인 'sale1'의 차이를 분석하기 위해서 두 변수의 차이인 'saled'를 정의한다. 차이분석을 하기 이전에 'sale, sale1, saled'의 평균값을 확인하고자 한다.

[그림 5-24] [출력] 'saled'의 평균값

SAS 시스템

MEANS 프로시저

변수	N	평균	표준편차	최솟값	최댓값
sale	2608	413311292220	1.9425799E12	153794000	3.47E13
sale1	2608	404617431442	1.9253471E12	186190000	3.47E13
saled	2608	8693860779	193910205934	-3.5E12	3.3E12

'sale'과 'sale1'의 차이인 'saled'의 평균값은 '8693860779'로 나타났다. 따라서 'saled'의 평균값은 '8693860779'가 '0'인지 아닌지를 검정하는 것이 쌍체 T검정이다.

② 쌍체 T검정

```
proc ttest; var saled;
```

proc ttest; var saled;	변수 'saled'에 대한 T검정을 한다.

'saled'에 대한 쌍체 T검정을 하라는 것은 결국 ['saled'와 '0'은 차이가 없다.]라는 귀무가설을 검정하는 것이다. 여기서 'saled'는 'sale – sale1'이므로, 귀무가설의 채택 또는 기각 여부에 따라 다음과 같이 해석할 수 있다.

[표5-8] 쌍체 T검정 결과의 해석

구분	채택	기각	
		양(+)	음(-)
쌍체 T검정 결과	'saled' = '0'	'saled' > '0'	'saled' < '0'
검정 결과의 해석	'sale' = 'sale1'	'sale' > 'sale1'	'sale' < 'sale1'

[표 5–8]처럼 쌍체 T검정 결과 p값이 유의하지 않으면, 'sale'과 'sale1'은 유의한 차이가 없다고 해석한다. 또한 'saled'가 유의한 양(+) 또는 음(-)의 값을 보인다면 'sale'은 'sale1'보다 유의하게 크다 또는 작다고 해석한다.

[그림 5-25] [출력] 쌍체 T검정의 결과

SAS 시스템

The TTEST Procedure

Variable: saled

N	Mean	Std Dev	Std Err	Minimum	Maximum
2608	8.6939E9	1.939E11	3.7971E9	-3.5E12	3.3E12

Mean	95% CL Mean		Std Dev	95% CL Std Dev	
8.6939E9	1.2483E9	1.614E10	1.939E11	1.888E11	1.993E11

DF	t Value	Pr > |t|
2607	2.29	0.0221

[그림 5–25]에서 t값은 2.29이고 p값은 0.0221이므로 'saled'는 5%의 유의수준에서 유의한 양(+)의 값을 갖는다고 볼 수 있다. 즉 'sale'은 'sale1'보다 5%의 유의수준에서 유의하게 크다고 해석한다.

3.3 윌콕슨 부호순위 검정

(1) 입력

```
proc univariate; var saled; run;
```

proc univariate; var saled; run;	'saled'에 대한 윌콕슨 부호순위 검정을 한다.

'saled'에 대해 비모수통계분석인 '윌콕슨 부호순위 검정'을 실시하였다. 이러한 '윌콕슨 부호순위 검정'을 실시하기 위해서는 [proc univariate] 명령어를 사용하면 되는데, 이 경우에 '윌콕슨 부호순위 검정'은 물론 '쌍체 T검정'도 함께 출력된다.

(2) 출력

[그림 5-26] [출력] 윌콕슨 부호순위 검정의 결과

UNIVARIATE 프로시저
변수: saled

적률			
N	2608	가중합	2608
평균	8693860779	관측치 합	2.26736E13
표준 편차	1.9391E11	분산	3.76012E22
왜도	2.0862225	첨도	168.972251
제곱합	9.82234E25	수정 제곱합	9.80262E25
변동계수	2230.42686	평균의 표준 오차	3797054879

기본 통계 측도			
위치측도		변이측도	
평균	8.6939E9	표준 편차	1.9391E11
중위수	1.0459E9	분산	3.76012E22
최빈값	0	범위	6.8E12
		사분위 범위	1.75081E10

위치모수 검정: Mu0=0				
검정	통계량		p 값	
스튜던트의 t	t	2.289633	Pr > |t|	0.0221
부호	M	140	Pr >= |M|	<.0001
부호 순위	S	232034	Pr >= |S|	<.0001

[그림 5-26]에서 '스튜던트의 t'는 '쌍체 T검정'으로 [그림 5-25]와 같은 결과를 보여준다. 또한 '부호순위'는 '윌콕슨 부호순위 검정'을 의미하며, 분석결과 p값은 '0.0001' 이하로 나타나므로 1%의 유의수준에서 유의한 양(+)의 값을 보인다고 해석할 수 있다. 따라서 두 검정 모두 같은 결과를 보여준다.

4 3집단 이상 간의 차이분석

3집단 이상 간의 차이분석은 ANOVA(ANalysis Of VAriance) 또는 크루스칼-왈리스 검정(Kruskal-Wallis test)을 통해서 분석된다.

4.1 집단의 구분

(1) 입력

[그림 5-27] [입력] 3집단의 구분

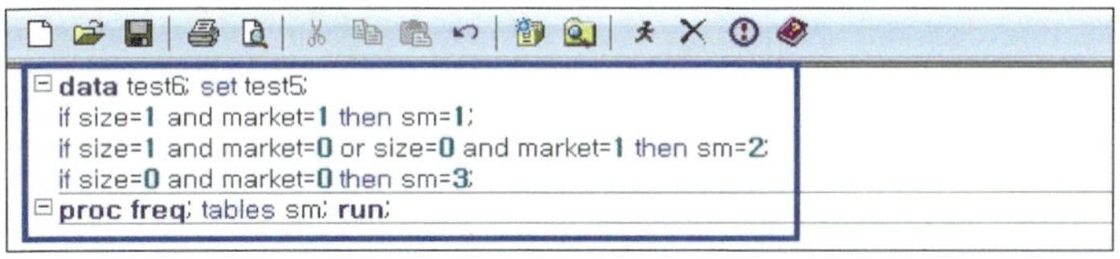


```
data test6; set test5;
if size=1 and market=1 then sm=1;
if size=1 and market=0 or size=0 and market=1 then sm=2;
if size=0 and market=0 then sm=3;
proc freq; tables sm; run;
```

if size=1 and market=1 then sm=1;	'size=1'이고 'market=1'이면 'sm=1'이다.
if size=1 and market=0 or size=0 and market=1 then sm=2;	'size=1'이고 'market=0' 또는 'size=0'이고 'market=1'이면 'sm=2'이다.
if size=0 and market=0 then sm=3;	'size=0'이고 'market=0'이면 'sm=3'이다.
proc freq; tables sm; run;	'sm'에 대한 빈도분석을 한다.

3집단 이상 간의 차이분석을 하기 위해서 'size(0 또는 1)'와 'market(0 또는 1)'을 조합하여 3개의 집단을 만들어 'sm'이라는 변수를 만들었다. 따라서 'sm'은 3개의 집단(1, 2, 3)으로 구분되며, [proc freq;]를 통해서 빈도분석을 실시하였다.

(2) 출력

[그림 5-28]에서 'sm=1'일 때의 표본크기는 '1193'으로 '45.74%'의 비중을 보인다. 또한 'sm=2 또는 3'일 때의 표본크기는 각각 '671 또는 744'로 나타나므로, 'sm=1'일 때의 표본크기가 가장 큰 것으로 분석되었다.

[그림 5-28] **[출력] 'sm'의 빈도분석**

SAS 시스템

FREQ 프로시저

sm	빈도	백분율	누적 빈도	누적 백분율
1	1193	45.74	1193	45.74
2	671	25.73	1864	71.47
3	744	28.53	2608	100.00

4.2 ANOVA

(1) 입력

분산분석인 ANOVA는 3개 이상의 집단 간의 분산 및 평균값의 차이가 있는지를 검증하는 방법으로, F분포를 이용하기 때문에 F값을 갖는다. 2개 집단 간의 차이분석은 T검정을 이용하기 때문에, 일반적으로 3개 이상의 집단에 대한 차이분석은 ANOVA를 이용한다.

다만, ANOVA의 경우에는 집단 간의 차이가 있는지만 확인할 뿐, 어떤 집단이 더 크거나 작은지는 확인할 수 없다. 따라서 이를 확인할 수 있는 사후검정인 'tukey, scheffe, duncan'을 이용해서 추가 분석한다. 또한 ANOVA에 대응되는 비모수통계 분석은 '크루스칼-왈리스 검정'이다.

[그림 5−29]는 ANOVA, 사후검정 및 '크루스칼-왈리스 검정'을 실행하기 위한 SAS 명령어를 입력한 것이다.

[그림 5-29] **[입력] 3집단 이상 간의 차이분석**

```
data test6; set test5;
  if size=1 and market=1 then sm=1;
  if size=1 and market=0 or size=0 and market=1 then sm=2;
  if size=0 and market=0 then sm=3;
proc freq; tables sm; run;

data test7; set test6;
proc sort; by sm;
proc means; var roe ; by sm;
proc anova; class sm; model roe=sm; means sm;means sm/scheffe duncan;
proc npar1way wilcoxon ; class sm; var roe ; run;
```

(2) 집단별 'roe'의 평균값

```
data test7; set test6;
proc sort; by sm;
proc means; var roe; by sm;
```

proc sort; by sm;	'sm'을 기준으로 오름차순 정렬한다.
proc means; var roe; by sm;	집단 'sm'별로 변수 'roe'의 평균값을 구한다.

[proc means; var roe; by sm;] 문을 통해서 집단인 'sm(1, 2, 3)'별로 변수 'roe'의 평균값을 산출한다. By 문을 사용하기 위해서 [proc sort; by sm;] 문을 사전에 입력하였다.

이처럼 ANOVA를 실행하기 전에 집단별 'roe'의 평균값을 검토함으로써 사전적으로 집단별 표본크기 및 평균값의 차이를 예측할 수 있다. 그러나 통계적 차이를 보여주는 것이 아니고, ANOVA에서도 옵션으로 평균값을 프린트할 수 있기 때문에 생략해도 무방하다.

[그림 5-30] [출력] 집단별 'roe'의 평균값

SAS 시스템

MEANS 프로시저

sm=1

분석 변수 : roe				
N	평균	표준편차	최솟값	최댓값
1193	-2.2933967	30.0980129	-590.2676830	86.1082256

sm=2

분석 변수 : roe				
N	평균	표준편차	최솟값	최댓값
671	1.3794678	22.5082017	-194.1356689	70.3143190

sm=3

분석 변수 : roe				
N	평균	표준편차	최솟값	최댓값
744	3.9648707	6.2272610	-139.3827259	147.7739363

[그림 5-30]에서 'sm=1'인 집단의 평균값은 '-2.29'로 음(-)으로 나타났으나, 'sm=2, 3'인 집단의 평균값은 각각 '1.38'과 '3.96'으로 모두 양(+)으로 나타났다.

(3) 'roe'에 대한 ANOVA

```
proc anova; class sm; model roe=sm; means sm; means sm
/scheffe duncan;
```

proc anova; class sm; model roe=sm;	집단 'sm'을 기준으로 변수 'roe'에 대한 ANOVA를 실시한다.
means sm;	집단 'sm'별로 roe의 평균값을 프린트한다. (생략 가능)
means sm/scheffe duncan;	사후검정인 'scheffe, duncan'을 실시한다.

[proc anova;]을 통해서 3집단 이상에 대한 차이분석을 할 수 있다. 주의 사항은 [model] 뒤에만 변수인 'roe'가 오고, 나머지는 모두 집단을 구분하는 변수인 'sm'을 입력하면 된다.

ANOVA의 경우에는 집단 중에서 한 개 이상만 다른 집단과 유의한 차이가 있으면 F값은 유의한 것으로 나타나며, 집단들의 순위는 확인할 수 없다. 따라서 사후검정을 통해서 이를 확인한다. 사후검정 중 Tukey는 표본크기가 유사할 때 사용하고, Scheffe는 표본크기가 다를 때 사용하며, Duncan은 순위를 보여준다.

[그림 5-31] [출력] 'roe'에 대한 ANOVA

SAS 시스템

The ANOVA Procedure

Source	DF	Sum of Squares	Mean Square	F Value	Pr > F
Model	2	18749.635	9374.818	15.12	<.0001
Error	2605	1614905.890	619.925		
Corrected Total	2607	1633655.525			

R-Square	Coeff Var	Root MSE	roe Mean
0.011477	5698.710	24.89830	0.436911

Source	DF	Anova SS	Mean Square	F Value	Pr > F
sm	2	18749.63525	9374.81762	15.12	<.0001

[그림 5−31]은 변수 'roe'에 대한 ANOVA를 실행한 결과로, 분산분석이므로 가장 아래 위치한 F값에 대한 유의성만 확인하면 된다. 분석결과 F값은 15.12로 1%의 유의수준에서 유의한 양(+)의 값을 보인다. 따라서 'roe'는 'sm(1, 2, 3)'의 차이에 따라 1%의 유의수준에서 유의한 차이가 있다고 해석할 수 있다.

[그림 5－32]에서 [model roe＝sm;]의 뒤에 입력한 [means sm;]은 ANOVA의 옵션으로 평균값을 프린트하며, 생략해도 무방하다.

[그림 5-32] [출력] ANOVA 옵션의 평균값

Level of sm	N	roe Mean	roe Std Dev
1	1193	-2.29339674	30.0980129
2	671	1.37946782	22.5082017
3	744	3.96487066	16.2272610

(4) ANOVA 사후검정

[그림 5－32]에서 'roe'의 표본크기는 집단(＝sm)별로 다르다. [그림 5－33]은 ANOVA의 옵션 중 사후검정으로 Scheffe 검정만 선택했을 때 결과이다.

[그림 5-33] [출력] Scheffe

Alpha	0.05
Error Degrees of Freedom	2605
Error Mean Square	619.9255
Critical Value of F	2.99918

Comparisons significant at the 0.05 level are indicated by ***.

sm Comparison	Difference Between Means	Simultaneous 95% Confidence Limits		
3 - 2	2.585	-0.661	5.832	
3 - 1	6.258	3.410	9.107	***
2 - 3	-2.585	-5.832	0.661	
2 - 1	3.673	0.730	6.615	***
1 - 3	-6.258	-9.107	-3.410	***
1 - 2	-3.673	-6.615	-0.730	***

[그림 5－33]에서 Scheffe 검정 결과, '3－1'과 '2－1'은 유의한 양(＋)이나 '2－3'은 유의하지 않았다. 따라서 'sm＝1'인 집단의 평균값은 나머지 집단보다 유의하게 작고 'sm＝2, 3'인 집단의 평균값은 유의한 차이가 없다고 해석된다.

다음은 Scheffe와 Duncan을 병행한 분석으로, 두 분석 모두 순위를 보여준다.

[그림 5-34] [출력] Duncan과 Scheffe

Duncan's Multiple Range Test for roe

ontrols the Type I comparisonwise error rate, not the experime

Alpha	0.05
Error Degrees of Freedom	2605
Error Mean Square	619.9255
Harmonic Mean of Cell Sizes	816.8551

Note: Cell sizes are not equal.

Number of Means	2	3
Critical Range	2.416	2.544

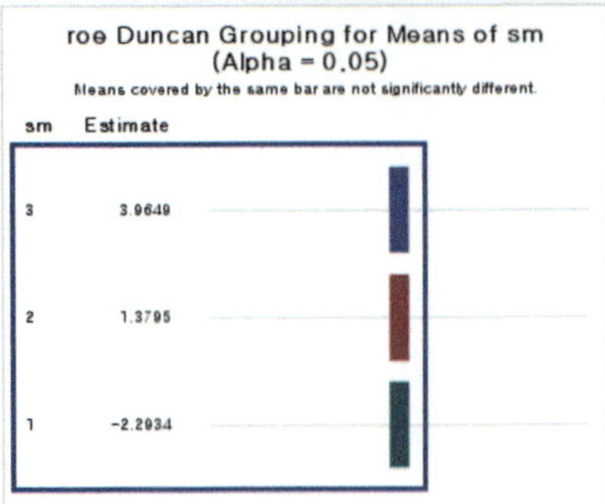

Scheffe's Test for roe

Note: This test controls the Type I experimentwise error rate.

Alpha	0.05
Error Degrees of Freedom	2605
Error Mean Square	619.9255
Critical Value of F	2.99918
Minimum Significant Difference	3.0174
Harmonic Mean of Cell Sizes	816.8551

Note: Cell sizes are not equal.

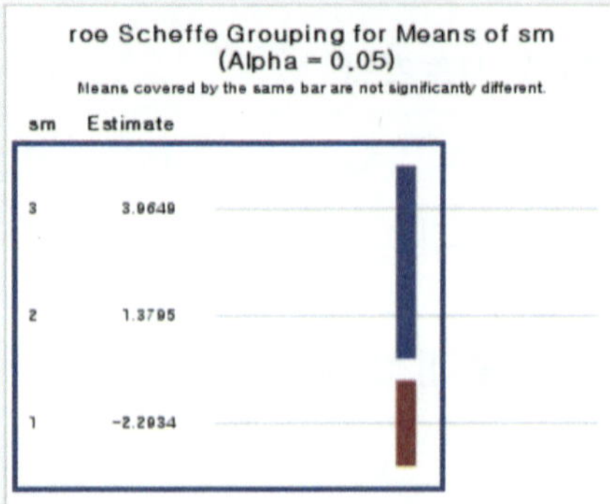

[그림 5−34]에서 좌측 그림은 Duncan 검정으로, 'sm = 3'인 집단은 평균값이 가장 높은 집단으로 분류되고 있다. 그다음으로 'sm = 2'인 집단이고 'sm = 1'인 집단이 가장 낮다. 따라서 ['sm = 3' > 'sm = 2' > 'sm = 1']의 순서로 'roe'는 유의한 차이가 있는 것으로 볼 수 있다.

[그림 5−34]에서 우측 그림은 Scheffe 검정으로, 'sm = 3'인 집단과 'sm = 2'인 집단은 평균값이 가장 높은 집단으로 분류되고 있다. 또한 'sm = 1'인 집단의 평균값이 가장 낮은 것으로 나타났다. 따라서 'sm = 3'인 집단과 'sm = 2'인 집단의 'roe'는 'sm = 1'인 집단의 'roe'보다 유의하게 더 크다고 해석한다.

결과적으로 두 사후검정의 분석결과가 다른데, 이때에는 보수적으로 판단하여 Scheffe 검정의 결과를 선택하는 것이 더 적절하다.

4.3 크루스칼-왈리스 검정

크루스칼-왈리스 검정은 ANOVA에 대응되는 비모수통계 분석이다. 다만 사후검정은 ANOVA처럼 옵션으로 실행할 수 없으므로, ANOVA의 사후검정으로 대체하거나 2집단씩 묶어서 윌콕슨 순위합 검정을 실행해야 한다.

(1) 입력

```
proc npar1way wilcoxon ; class sm; var roe; run;
```

proc npar1way wilcoxon; class sm; var roe; run;	집단 'sm'을 기준으로 변수 'roe'에 대한 크루스칼–왈리스 검정을 한다.

크루스칼-왈리스 검정을 실행하기 위해서는 [proc npar1way wilcoxon;] 명령문을 사용하면 되고, 집단인 'sm'의 차이에 따라서 'roe'에 차이가 있는지를 분석한 것이다.

(2) 출력

크루스칼-왈리스 검정 결과인 [그림 5–35]에서 χ^2(Chi–Square)값은 '24.3526'으로 p값은 '0.0001 이하'로 나타났다. 따라서 ANOVA에서처럼 'roe'는 'sm(1, 2, 3)'의 차이에 따라 1%의 유의수준에서 유의한 차이가 있다고 해석할 수 있다.

[그림 5-35] [출력] 크루스칼-왈리스 검정

SAS 시스템

The NPAR1WAY Procedure

Wilcoxon Scores (Rank Sums) for Variable roe Classified by Variable sm

sm	N	Sum of Scores	Expected Under H0	Std Dev Under H0	Mean Score
1	1193	1462053.0	1556268.50	19157.7657	1225.52640
2	671	914216.0	875319.50	16810.1848	1362.46796
3	744	1025867.0	970548.00	17364.2423	1378.85349

Kruskal-Wallis Test	
Chi-Square	24.3526
DF	2
Pr > Chi-Square	<.0001

'Sum of Scores'는 전체표본에서 변수의 값이 클수록 큰 번호를 부여한 후에 합산한 값이고, 'Mean Score'는 'Sum of Scores'를 표본크기로 나눈 것이다. 따라서 'Mean Score'가 클수록 그 집단의 'roe'가 크다고 볼 수 있다. 따라서 'sm=3'인 집단과 'sm=2'인 집단의 'Mean Score'가 'sm=1'인 집단보다 큰 것으로 예측되는데, 이는 ANOVA의 사후검정 결과와 유사하다.

5 차이분석의 요약

[표 5−9]에서 집단의 개수 및 구분 기준에 따른 차이분석을 제시하고, 이를 SAS에서 실행하기 위한 입력 명령어를 요약하였다.

[표5-9] 차이분석의 요약

구 분		집단의 개수	
		2개	3개 이상
다른 집단 동일 변수	모 수	**[T검정]** proc ttest; class 집단; var 변수;	**[ANOVA]** proc anova; class 집단; model 변수 = 집단;
	비모수	**[윌콕슨 순위합 검정]** proc npar1way wilcoxon; class 집단; var 변수;	**[크루스칼-왈리스]** proc npar1way wilcoxon; class 집단; var 변수;
동일 집단 다른 변수 (쌍체)	모 수	**[쌍체 T검정]** proc ttest; var 차이변수;	
	비모수	**[윌콕슨 부호순위 검정]** proc univariate; var 차이변수;	

[표 5−9]에서 동일 집단 내의 다른 변수 간 차이분석에서, 3개 이상의 변수 간의 차이분석은 2개씩 묶어서 분석한다.

SAS 명령어

명령어	해 석
proc ttest; class S; var X;	변수 X를 집단 S를 기준으로 구분하여 T검정을 한다.
output out=A	산출한 통계량을 데이터셋 A에 저장한다.
proc means; var X; by S;	집단 S별로 변수 X의 평균값을 프린트한다.
proc npar1way wilcoxon; class S; var X;	변수 X를 S를 기준으로 집단을 구분하여 윌콕슨 순위합 검정을 한다.
proc ttest; var XY;	차이변수 $XY(=X-Y)$에 대한 쌍체 T검정을 한다.
proc univariate; var XY;	차이변수 XY에 대한 윌콕슨 부호순위 검정을 한다.
proc anova; class S; model X=S;	집단 S를 기준으로 변수 X에 대한 ANOVA를 실시한다.
means S/scheffe duncan;	사후검정인 'scheffe, duncan'을 실시한다.
proc npar1way wilcoxon; class S; var X;	집단 S를 기준으로 변수 X에 대한 크루스칼-왈리스 검정을 한다.

Chapter 6

상관분석과 회귀분석

Chapter

06 상관분석과 회귀분석

1 상관분석

상관분석은 두 변수 간의 상관관계를 분석하는 것으로, 회귀분석처럼 한 방향의 인과관계를 보여주는 것이 아니라 상호 간에 영향을 주고받는 상관관계를 분석하는 것이다. 따라서 가설검정의 수단으로서 독립적으로 활용되기보다는 회귀분석을 실행하기 전에 사전적으로 변수 간의 상관관계를 검토하는 보조적 분석방법이다. 즉, 상관분석은 인과관계가 명확하지 않고 서로 영향을 줄 때 그 상관관계를 확인하는 것이다.

여기서 상관관계는 1차식 형태의 선형(Linear)을 가정하기 때문에 2차식 이상의 상관관계에 대해서는 분석하지 않는다. 만약 두 변수의 상관계수가 유의한 양(+) 또는 음(−)의 값을 갖는다면 두 변수는 유의한 양(+) 또는 음(−)의 상관관계를 갖는 것이고, 유의하지 않다면 두 변수의 상관관계는 없는 것으로 해석하면 된다.

[그림 6-1] **[입력] 상관분석**

상관분석에는 모수통계분석인 '피어슨 상관계수(Pearson Correlation Coefficient)'와 비모수통계 분석인 '스피어만 상관계수(Spearman Rank Correlation Coefficient)'로 구분된다. [그림 6−1]은 '피어슨 상관계수'와 '스피어만 상관계수'를 분석하기 위해서 SAS에 입력한 값이다.

1.1 피어슨 상관계수

```
data corr; set test7;
proc corr; var mv x bv;
```

data corr; set test7;	‘test7’을 불러와서 ‘corr’을 만든다.
proc corr; var mv x bv;	‘mv x bv’에 대한 피어슨 상관계수를 분석한다.

‘피어슨 상관계수’를 분석하기 위해서는 [proc corr; var mv x bv;]를 입력하였으며, [var] 이후에 입력되는 변수들은 일반적으로 회귀분석에서 사용할 종속변수와 독립변수들이다.

[그림 6-2] [출력] 피어슨 상관계수

CORR 프로시저

3 개의 변수:	mv x bv

단순 통계량

변수	N	평균	표준편차	합	최솟값	최댓값
mv	2608	3.58603E11	1.41043E12	9.35237E14	2409120397	2.73423E13
x	2608	1.15005E10	7.38201E10	2.99932E13	-7.44E11	1.96E12
bv	2608	2.46573E11	7.72708E11	6.43061E14	1486777000	1.16E13

피어슨 상관 계수, N = 2608
H0: Rho=0 가정하에서 Prob > |r|

	mv	x	bv
mv	1.00000	0.74840 <.0001	0.79528 <.0001
x	0.74840 <.0001	1.00000	0.49100 <.0001
bv	0.79528 <.0001	0.49100 <.0001	1.00000

[그림 6-2]는 ‘mv, x, bv’ 간의 피어슨 상관계수를 보여준다. ‘mv, x, bv’의 평균값들은 각각 ‘3.58603E11, 1.15005E10, 2.4657311E11’로 나타나고 있는데, 여기서 ‘E11’은 소수점을 오른쪽으로 ‘11’ 칸 이동시키면 된다.

‘mv’와 ‘x’의 상관계수는 ‘0.74840’으로 1%의 유의수준에서 유의한 양(+)이고, ‘mv’와 ‘bv’의 상관계수도 유의한 양(+)이다. 따라서 ‘mv’는 ‘x, bv’와 유의한 양(+)의 상관관계를 갖고 있다고 해석한다. 또한 ‘x’와 ‘bv’의 상관계수는 ‘0.49100’으로 1%의 유의수준에서 유의한 양(+)의 값을 보이므로, ‘x’와 ‘bv’는 유의한 양(+)의 상관관계를 갖는다고 볼 수 있다.

1.2 스피어만 상관계수

```
proc corr spearman; var mv x bv; run;
```

proc corr spearman; var mv x bv; run;	'mv x bv'에 대한 스피어만 상관계수를 분석한다.

'스피어만 상관계수'는 비모수통계 분석으로, 원 값 대신에 순위 값을 크기에 비례하여 부여하는 방식으로 상관계수를 산출한다. 즉, 원래의 값이 클수록 순위 값도 크게 부여되므로, 데이터값의 순서에는 차이는 없으나 값 간의 차이는 '1'로 같다. 예를 들어, 원 값이 '30, 50, 80'이라면 순위 값은 '1, 2, 3'이 부여된다.

따라서 변수 X, Y의 '스피어만 상관계수'가 유의한 양(+)의 값을 보인다면, 변수 X의 순위 값이 클수록 변수 Y의 순위 값도 크다고 해석할 수 있다.

[그림 6−3]은 스피어만 상관계수의 분석결과로, 'mv'와 'x'의 스피어만 상관계수는 '0.56718'로 1%의 유의수준에서 유의한 양(+)의 값을 보이고, 'mv'와 'bv'의 스피어만 상관계수는 '0.78375'로 1%의 유의수준에서 유의한 양(+)의 값을 보였다. 또한 'x'와 'bv'의 스피어만 상관계수는 '0.58571'로 1%의 유의수준에서 유의한 양(+)의 값을 보이므로, 'mv, x, bv'는 모두 서로 유의한 양(+)의 상관관계를 갖는다고 해석할 수 있다.

[그림 6-3] [출력] 스피어만 상관계수

CORR 프로시저

3 개의 변수:	mv x bv

단순 통계량

변수	N	평균	표준편차	중위수	최솟값	최댓값
mv	2608	3.58603E11	1.41043E12	7.2593E10	2409120397	2.73423E13
x	2608	1.15005E10	7.38201E10	3013928000	-7.44E11	1.96E12
bv	2608	2.46573E11	7.72708E11	6.58169E10	1486777000	1.16E13

스피어만 상관 계수, N = 2608
H0: Rho=0 가정하에서 Prob > |r|

	mv	x	bv
mv	1.00000	0.56718 <.0001	0.78375 <.0001
x	0.56718 <.0001	1.00000	0.58571 <.0001
bv	0.78375 <.0001	0.58571 <.0001	1.00000

[그림 6−2]와 [그림 6−3]을 통해서 모든 변수는 서로 유의한 양(+)의 상관관계임을

입증하였다. 다만, 모든 상관계수는 0.9 이하로 나타나므로 회귀분석에서 발생하는 다중공선성 문제는 심각하지 않을 것이다. 그 이유는 회귀분석에서 변수 간의 설명력을 보여주는 결정계수(R^2)는 상관계수 'r'의 제곱 값으로, 상관계수 'r'이 0.9 이하이면 결정계수(R^2)는 0.81 이하이기 때문이다. 더 자세한 것은 회귀분석의 다중공선성에서 다루어질 것이다.

2 회귀분석

2.1 OLS 회귀분석

(1) 회귀분석의 의의

회귀분석(Regression Analysis)은 1장에서 학습하였듯이, 변수 간의 영향력을 검증하는 분석이다. 회귀분석에 사용되는 회귀방정식은 아래와 같이 종속변수(Y), 독립변수(X_1, X_2) 및 오차항(ε)으로 구성되어 있으며, 독립변수는 다시 가설에서 검정하고자 하는 '검정변수(X_1)'와 누락변수(Omitted Variable) 문제를 통제하기 위한 '통제변수(X_2)'로 구분될 수 있다.

회귀방정식 : $\boldsymbol{Y = \beta_0 + \beta_1 X_1 + \beta_2 X_2 + \varepsilon}$

회귀분석은 독립변수가 종속변수에 미치는 영향을 분석하는 것이기 때문에, 상호간에 영향을 미쳐 방향성을 확인할 수 없는 상관분석과는 구분된다. 따라서 회귀분석은 '인과관계'를 분석하는 것이고 상관분석은 '상관관계'를 분석하는 것이다.

(2) OLS 회귀분석의 정의

회귀분석에는 최소제곱법(Ordinary Least Squares Method, OLS), 일반 최소자승법(Generalized Least Squares, GLS), 가중 최소제곱법(Weighted Least Squares, WLS) 등이 있다. '최소제곱법'은 가장 많이 사용되는 회귀분석 방법으로 편의상 OLS 회귀분석으로 지칭한다.

'최소제곱법'은 회귀방정식에서 오차항(ε)의 제곱을 최소로 하는 방법이다. 종속변수를 설명하는 독립변수들의 회귀계수(β_1, β_2)를 선형(Linear)의 1차식 형태로 추정할 때, 각 표본의 변숫값과 선형의 회귀방정식에서 떨어져 있는 정도를 보여주는 오차항(ε_1, ε_2)을 최소화하는 방법이다.

[그림 6-4] **최소제곱법에서 오차항**

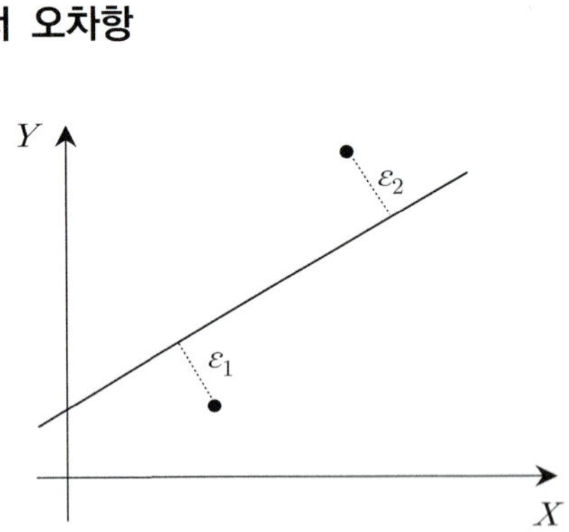

최소제곱법 : 오차항의 제곱을 최소화할 수 있도록 선형의 회귀방정식을 추정하는 방법이다.

'최소제곱법'인 OLS 회귀분석에서 회귀방정식을 설정할 때는 다음과 같은 내용을 반영해야 한다.

① 선형관계

'최소제곱법'은 종속변수와 독립변수의 관계를 1차식 형태의 선형으로 가정하고 있으므로, 2차식 형태의 관계라면 유의하지 않은 것으로 나타날 수 있다.

② 누락변수 최소화

회귀방정식을 설정할 때 독립변수들로 종속변수를 충분히 설명할 수 있어야 한다. 만약 그렇지 못하면 누락변수(Omitted Variable) 문제가 발생함으로써 독립변수들의 회귀계수가 왜곡되는 결과를 가져온다. 따라서 검정변수 이외에도 선행연구들에서 사용되었던 통제변수를 충분히 반영해야만 한다. 참고로 통제변수란 검정변수를 제외한 모든 독립변수로, 선행연구들에서 검정변수로 사용되어 이미 종속변수에 영향을 미치는 변수로 입증된 변수들을 지칭한다.

(3) OLS 회귀분석 가정의 위배와 해결 방안

OLS 회귀분석은 제한된 조건에서 사용할 수 있는 방법이다. 따라서 이러한 조건을 위배하면 검정 결과가 왜곡될 수 있으므로, 반드시 이를 해결해야 한다. 더 자세한 것은 '2.4' 및 '2.5' 단원에서 다룰 것이다.

① 이분산성

오차항(ϵ)의 분산은 등분산성을 만족해야 하지만, 만약 이분산성을 보인다면 가중치를 이용하는 'WLS 회귀분석'을 통해서 등분산이 되도록 만들어 주면 된다. 그러나 'WLS 회귀분석'은 이분산성의 형태를 추정할 수 있을 때만 사용할 수 있다는 단점이 있다.

SAS에서 스펙(Specification, Spec) 옵션을 통해서 이분산성 여부를 확인할 수 있다. 만약 검정 결과 이분산성이 발생하면 'Standard Error'에 대한 신뢰성이 낮아지므로, 'WLS 회귀분석'보다는 'White's Heteroscedasticity Consistent Covariance Estimates'를 이용하여 'Consistent Standard Error'를 추정하는 방법이 더 적절하다.

② 자기상관

연도 자료를 이용할 때 오차항은 독립적이지 않고 자기상관(Autocorrelation)이 발생할 수 있다. 이러한 자기상관은 'Durbin−Watson *D*'값을 통해서 유무를 확인할 수 있고, 'GLS 회귀분석' 등을 통해서 해결할 수 있다. 다만 연도 자료만 사용하는 순수한 시계열 분석이 아닌, 본서에서 사용하는 패널자료(Panel Data)처럼 혼합된 데이터셋은 자기상관이 발생할 확률이 매우 낮다. 여기서, 패널자료는 연도별 자료인 시계열자료와 기업별 자료와 같은 횡단면자료가 혼합된 데이터셋을 의미한다.

③ 다중공선성

다중공선성(Multicollinearity)은 독립변수가 2개 이상인 다중회귀분석의 경우에, 독립변수 간의 상관관계가 높아서 유의한 독립변수들이 종속변수에 유의한 영향을 미치지 못하는 현상이다.

분산팽창계수(Variance Inflation Factor, VIF) 등을 이용해서 다중공선성을 확인할 수 있고, 다중공선성 문제를 해결하려면 관련 독립변수를 제거하면 된다. 다만 다중공선성이 확인되어도, 여전히 유의한 값을 보인다면 그대로 사용해도 무방하다.

④ 내생성

내생성(Endogenous)은 오차항에 포함된 또 다른 원인(독립변수 아님)과 독립변수가 유의한 상관관계를 보일 때 나타나는 현상으로, 즉 오차항과 독립변수가 서로 독립적이지 않을 때 발생하는 문제이다. 이러한 내생성은 통제변수를 적절하게 사용하지 않거나 독립변수와 종속변수의 인과관계가 불분명할 때 발생하며, 다중공선성처럼 종속변수에 유의한 영향을 미칠 수 있는 독립변수들이 유의하지 않은 것으로 추정될 수 있다. 따라서 회귀방정식의 올바른 추정을 위해서 내생성은 제거되어야 하는데, 일반적으로 2SLS(2 Stage Least Square)를 이용한다.

⑤ 극단치

극단치(Outlier)는 회귀방정식의 추정에 오류를 가져오기 때문에, 차이분석에서처럼 적절한 방법으로 통제되어야 한다. 일반적으로 'RStudent'를 이용해서 극단치를 조정하는 방법을 가장 많이 사용한다.

[표 6-1]은 지금까지의 내용을 요약한 것이다.

[표6-1] OLS 회귀분석 가정의 위배와 해결 방안

구 분	검정방법	해결 방안	분석단원
이분산성	Specification	Consistent Standard Error	2.5 회귀분석의 옵션
자기상관	Durbin-Watson *D*	Panel Data 이용	2.5 회귀분석의 옵션
다중공선성	Variance Inflation Factor	관련 변수의 제거	2.5 회귀분석의 옵션
극 단 치	RStudent	Outlier의 제거	2.4 극단치 제거 이후 회귀분석

2.2 연도별 회귀분석

기업의 재무제표자료를 이용한 분석은 연도별 자료인 시계열자료와 기업별 자료인 횡단면자료를 혼합한 패널자료(Panel Data)를 이용하게 된다. 일반적으로 많은 연구자는 시계열자료와 횡단면자료를 구분하지 않고 풀링(Pooling)한 데이터셋을 한꺼번에 회귀분석을 하는데, 이는 연도의 차이를 고려하지 않는 분석방법이라고 볼 수 있다. 이는 연도 간에 기업의 외부 환경의 차이가 존재하지 않는다는 가정을 해야만 적용할 수 있는 방법이다. 따라서 연도별로 분석하는 것이 가장 정확한 방법이지만, 연도별로 결과 차이가 다를 경우에 해석이 어렵기 때문에 일반적으로 더미회귀분석을 이용한다. 더미회귀분석은 7장에서 상세하게 다룰 것이다. [그림 6-5]는 연도별 회귀분석을 실시한 결과이다.

[그림 6-5] [입력] 연도별 회귀분석

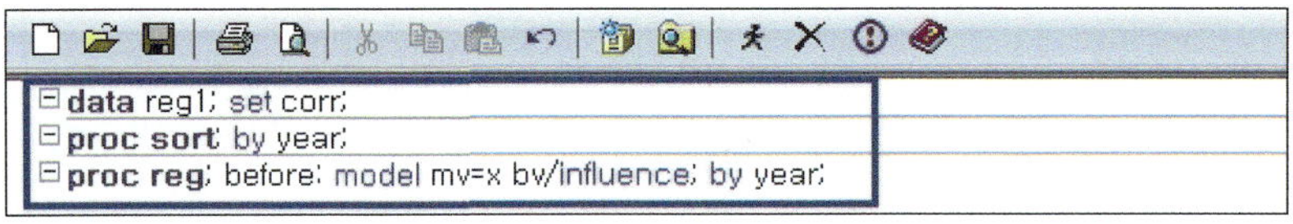

```
data reg1; set corr;
proc sort; by year;
proc reg; before : model mv=x bv; by year;
```

proc sort; by year;	'year'를 기준으로 오름차순 정렬한다.
proc reg; before : model mv=x bv; by year;	'mv'가 종속변수이고 'x, bv'가 독립변수인 회귀분석을 'year'별로 실시한다.

연도 변수인 'year'를 구분하여 회귀분석을 실시하기 위해서는 사전에 [proc sort; by year;] 문을 통해 오름차순으로 정렬해야 한다. 회귀분석 명령어는 [proc reg;]이며, [model 종속변수=독립변수;]를 통해서 연구모형을 제시한다. 또한 [by year;] 문을 통해서 'year' 별로 회귀분석을 실시하게 된다. 또한 [before :]는 회귀분석의 명칭을 부여한 것으로, 회귀분석들을 쉽게 구분하기 위한 옵션이다.

(1) 'year = 1'의 회귀분석

① 회귀분석 결과를 해석하는 방법

첫째, F값(F Value)은 연구모형이 적절하게 설정된 것인지 즉, '모형의 적합도'를 확인하는 검정이다. 만약 종속변수에 유의한 영향을 미치지 못하는 독립변수들로만 연구모형이 설정되면 F값은 유의하지 않은 것으로 나타난다. 즉, F값의 p값($Pr > F$)이 유의한 것으로 나타나면 모형이 적합하다고 해석할 수 있다.

둘째, 'R-Square'는 결정계수로 독립변수들이 종속변수를 설명하는 정도를 나타내며, 유의하지 않은 독립변수일지라도 그 개수가 증가하면 결정계수의 값이 증가하는 문제점을 갖고 있다. 따라서 독립변수의 개수를 통제한 '수정결정계수(Adj R-Sq)'를 통해서 '설명력'을 해석하는 것이 적절하다. 수정결정계수($\overline{R}^2$)는 '$0 \leq \overline{R}^2 \leq 1$'의 범위 내에서 존재하며, 그 값이 클수록 설명력이 크다고 해석하면 된다.

셋째, 'Parameter Estimate'는 절편(Intercept)과 독립변수의 회귀계수(Regression Coefficient)를 보여주며, '회귀계수'는 독립변수가 종속변수에 미치는 절대적 영향력을 의미한다. 즉, 회귀계수의 값은 단위가 달라지면 함께 변화한다. 예를 들어, 독립변수인 'X'의 회귀계수의 단위를 '원'에서 '천원'으로 변경하기 위해서 [x=x / 1000;] 문을 입력하였다면, 독립변수인 'X'의 회귀계수는 '1000' 배 증가한 값으로 나타난다. 따라서 회귀계수는 독립변수 간의 영향력 차이를 확인할 수 없으므로, '표준화 회귀계수(Standardized Regression Coefficient)'를 통해서 상대적 영향력을 검정하게 된다. '표준화 회귀계수'는 '2.5 회귀분석의 옵션'에서 자세하게 다룰 것이다. 이러

한 회귀계수는 p값($Pr > |t|$)이 유의한 것으로 나타나면 해당 독립변수는 종속변수에 유의한 영향을 미친다고 해석할 수 있다.

[표6-2] 회귀분석 결과의 해석방법

구 분	정 의	해석방법
F값	모형의 적합성	p값이 유의하면 모형이 적합함
수정결정계수	모든 독립변수의 종속변수에 대한 설명력	$0 \le \bar{R}^2 \le 1$
회 귀 계 수	종속변수에 대한 절대적 영향력	p값이 유의하면 유의한 영향력

② 회귀분석 결과의 해석

[그림 6－6]은 'year＝1'일 때의 회귀분석 결과로, 'model :before'는 회귀분석의 명칭이 'before'임을 보여주며 'Dependent Variable :mv'는 종속변수가 'mv'임을 나타낸다. 또한 'Number of Observations Read'와 'Number of Observations Used'는 각각 '전체 표본크기'와 '분석에서 사용한 표본크기'를 보여준다. 결측치(.)가 없으므로 표본크기는 모두 '849'로 같게 나타났다.

[그림 6-6] [출력] 'year＝1'의 회귀분석

The REG Procedure
Model: before
Dependent Variable: mv

year=1

Number of Observations Read	849
Number of Observations Used	849

Analysis of Variance

Source	DF	Sum of Squares	Mean Square	F Value	Pr > F
Model	2	1.457672E27	7.288362E26	2630.80	<.0001
Error	846	2.343759E26	2.770401E23		
Corrected Total	848	1.692048E27			

Root MSE	5.26346E11	R-Square	0.8615
Dependent Mean	3.549549E11	Adj R-Sq	0.8612
Coeff Var	148.28533		

Parameter Estimates

Variable	DF	Parameter Estimate	Standard Error	t Value	Pr > |t|
Intercept	1	-3.58215E10	18952008079	-1.89	0.0591
x	1	7.04417	0.30704	22.94	<.0001
bv	1	1.25220	0.02915	42.96	<.0001

[그림 6－6]을 회귀분석 결과의 해석방법에 따라서 해석하면 다음과 같다.

첫째, F값은 '2630.80'이고 p값은 '0.0001 이하'로 나타나므로 1%의 유의수준에서 유의한 값을 보인다고 해석된다. 따라서 연구모형의 설정 즉, 연구모형의 적합도는 적절하다고 볼 수 있다.

둘째, 수정결정계수($\overline{R}^2$, Adj R-Sq)는 '0.8612'로, 그 범위인 '$0 \leq \overline{R}^2 \leq 1$'에서 매우 높은 값임을 보여주고 있다. 따라서 모든 독립변수가 종속변수를 설명하는 정도를 보여주는 설명력이 매우 높다고 해석할 수 있고, 오차항(ε)에 포함될 수 있는 유의한 생략변수가 그만큼 적다고 볼 수 있다.

셋째, 절편(Intercept)의 회귀계수(Parameter Estimate)는 '－3.58215E10'으로, t값은 '－1.89'이고 p값은 '0.0591'로 나타났다. 따라서 절편은 10%의 유의수준에서 유의하다고 해석할 수 있다. 변수 'X'의 회귀계수는 '7.04417'로, t값은 '22.94'이고 p값은 '0.0001이하'로 나타났다. 따라서 변수 'X'는 1%의 유의수준에서 종속변수에 유의한 양(＋)의 영향을 미친다고 해석할 수 있다. 마지막으로 변수 'BV'의 회귀계수는 '1.2522'로, t값은 '42.96'이고 p값은 '0.0001이하'로 나타났다. 따라서 변수 'BV'는 1%의 유의수준에서 종속변수에 유의한 양(＋)의 영향을 미친다고 해석할 수 있다.

[그림 6－6]의 분석결과는 종속변수가 'MV'이고 독립변수가 'X, BV'인 아래의 연구모형에 대한 회귀분석 결과이다.

연구모형 : $MV = \beta_0 + \beta_1 X + \beta_2 BV + \varepsilon$

F값에 대한 분석결과 유의한 값을 보이고 수정결정계수도 높게 나타나므로 적절한 연구모형이라고 볼 수 있다. 또한 모든 변수의 회귀계수가 유의한 값을 보이므로 아래와 같은 회귀방정식이 완성된다.

회귀방정식 : $MV = -3.58215E10 + 7.04417X + 1.2522BV + \varepsilon$

위 회귀방정식을 해석하면, 독립변수인 'X'의 값이 '1'만큼 증가하면 종속변수인 'MV'는 '7.04417'만큼 증가한다고 해석한다. 'BV'도 같은 방식으로 해석한다. 이보다 더 중요한 해석은 독립변수인 'X, BV'가 종속변수인 'MV'에 유의한 양(＋)의 영향을 미친다는 것이다. 즉, 회귀계수 값은 단위를 조정하면 얼마든지 변경되므로 그 영향력 크기와는 무관하다. 따라서 회귀계수에 대한 해석은 유의한 영향을 미치는지와 어떤 방향으로 영향을 미치는지가 더 중요하다.

(2) 'year = 2'의 회귀분석

[그림 6－7]은 'year＝2'일 때의 회귀분석 결과로, 그 분석결과는 다음과 같다.

[그림 6-7] [출력] 'year = 2'의 회귀분석

The REG Procedure
Model: before
Dependent Variable: mv

year=2

Number of Observations Read	866
Number of Observations Used	866

Analysis of Variance

Source	DF	Sum of Squares	Mean Square	F Value	Pr > F
Model	2	1.809022E27	9.04511E26	2732.63	<.0001
Error	863	2.856565E26	3.31004E23		
Corrected Total	865	2.094678E27			

Root MSE	5.753295E11	R-Square	0.8636
Dependent Mean	3.676197E11	Adj R-Sq	0.8633
Coeff Var	156.50125		

Parameter Estimates

Variable	DF	Parameter Estimate	Standard Error	t Value	Pr > |t|
Intercept	1	-1082320283	20503880841	-0.05	0.9579
x	1	9.61719	0.23320	41.24	<.0001
bv	1	1.09207	0.02755	39.63	<.0001

첫째, F값의 p값은 '0.0001 이하'로 나타나므로, 연구모형의 적합도는 적절하다고 볼 수 있다. 둘째, $\overline{R}^2$는 '0.8633'으로 매우 높은 설명력을 보여주고 있다. 셋째, 독립변수 'X, BV'의 회귀계수에 대한 p값은 모두 '0.0001 이하'로 나타나므로, 두 독립변수 모두 종속변수인 'MV'에 1%의 유의수준에서 유의한 양(+)의 영향을 미친다고 볼 수 있다. 즉, 'X, BV'가 클수록 'MV'는 크다고 해석할 수 있다.

(3) 'year = 3'의 회귀분석

[그림 6-8] [출력] 'year = 3'의 회귀분석

The REG Procedure
Model: before
Dependent Variable: mv

year=3

Number of Observations Read	893
Number of Observations Used	893

Analysis of Variance					
Source	DF	Sum of Squares	Mean Square	F Value	Pr > F
Model	2	9.339338E26	4.669669E26	893.09	<.0001
Error	890	4.653511E26	5.228664E23		
Corrected Total	892	1.399285E27			

Root MSE	7.23095E11	R-Square	0.6674
Dependent Mean	3.533275E11	Adj R-Sq	0.6667
Coeff Var	204.65291		

Parameter Estimates					
Variable	DF	Parameter Estimate	Standard Error	t Value	Pr > |t|
Intercept	1	37857328557	25447720241	1.49	0.1372
x	1	9.51620	0.55585	17.12	<.0001
bv	1	0.81894	0.03786	21.63	<.0001

[그림 6−8]은 'year = 3'일 때의 회귀분석 결과로, 그 분석결과는 다음과 같다.

첫째, F값의 p값은 '0.0001 이하'로 나타나므로, 연구모형의 적합도는 적절하다고 볼 수 있다. 둘째, $\overline{R}^2$는 '0.6667'로 높은 편이지만 다른 연도보다는 낮은 설명력을 보여주고 있다. 셋째, 'X, BV'의 회귀계수에 대한 p값은 모두 '0.0001 이하'로 나타나므로, 두 독립변수 모두 'MV'에 유의한 양(+)의 영향을 미친다고 볼 수 있다.

2.3 회귀분석의 극단치 정리

OLS 회귀분석에서 추정되는 회귀방정식은 최소제곱법을 이용하므로, 각 표본 값이 회귀방정식에서 떨어져 있는 정도를 최소화하도록 회귀계수를 추정한다.

[그림 6-9] **극단치로 왜곡된 회귀계수**

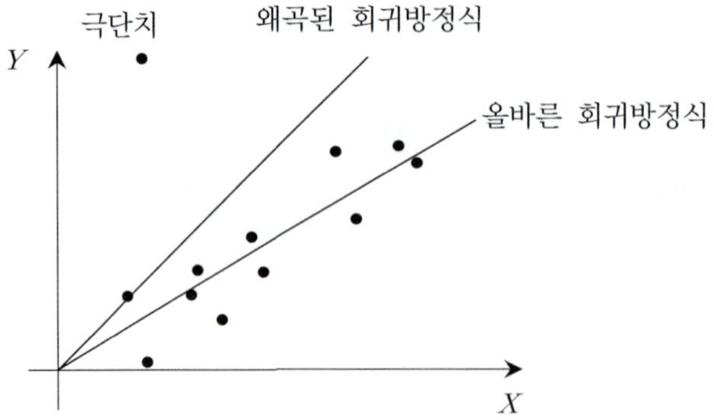

[그림 6－9]에서처럼 극단치 표본을 제외한 나머지 표본들을 통해서 '올바른 회귀방정식'을 추정할 수 있다. 그러나 다른 표본에 비해 현저하게 크거나 작은 표본 즉, '극단치(Outlier, 이상치)'가 존재할 때 회귀방정식은 극단치 방향으로 이동되어 '왜곡된 회귀방정식'이 추정된다. 예를 들어, KOSPI 시가총액의 10% 이상을 차지하는 '삼성전자㈜'의 주가가 10% 이상 상승한다면, 나머지 모든 기업의 주가가 1% 정도 하락하여도 종합주가지수(KOSPI)는 상승하는 것으로 나타나는 것과 같은 현상이다. 물론 연구자에 따라서는 이러한 극단치가 반영된 결과가 올바른 회귀방정식이라고 주장할 수도 있으나, 대부분 연구는 표본들의 평균적인 회귀계수를 추정한다는 측면에서 극단치를 제외하는 것이 더 바람직하다. 즉, 극단치에 해당하는 표본은 예외적인 현상으로 해석하는 것이 더 적절하다.

[그림 6－10]은 극단치를 제거하기 위한 SAS 입력 과정이다.

[그림 6-10] **[입력] 극단치의 정리**

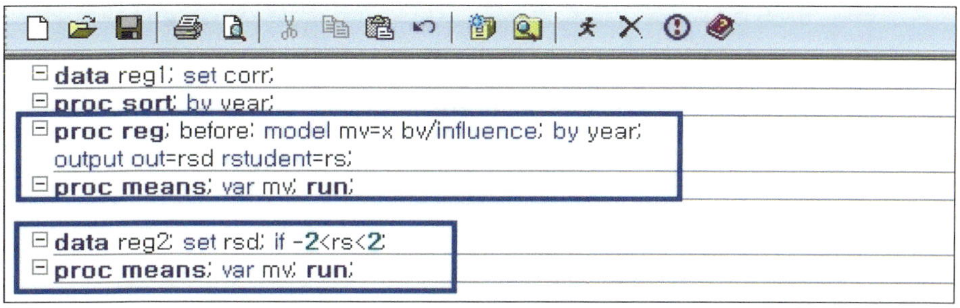

(1) 극단치 제거 이전 RStudent

```
proc reg; before : model mv=x bv / influence; by year;
output out=rsd rstudent=rs;
```

명령문	설명
proc reg; before : model mv=x bv / influence; by year;	'before'에 대한 회귀분석 결과의 'RStudent'를 연도별로 프린트한다.
output out=rsd rstudent=rs;	'RStudent'를 'rs'로 정의하고 이를 데이터셋 'rsd'에 저장한다.

극단치를 제거하기 위해서 [model mv=x bv]에 [/influence;]라는 옵션을 추가하였다. 'influence'는 잔차 등을 프린트하는데, 회귀분석의 극단치로 사용하는 '표준화잔차(Rstudent)'는 '잔차(Residual)'를 표준편차로 나누어 표준화시킨 값이다. 여기서 '잔차'는 실제 값과 표본 집단의 회귀방정식 차이라면, '오차'는 실제 값과 모집단의 회귀방정식 차이이다. 따라서 표본 집단에 대한 분석결과를 모집단에 대한 분석결과로 해석한다면, 잔차와 오차는 같다고 가정해도 된다.

이렇게 산출된 'Rstudent'를 'rs'라는 변수명으로 정의하여 데이터셋 'rsd'에 저장하고, 이를 극단치의 기준으로 사용하여 극단치를 통제한다. 즉, 회귀방정식으로 추정한 값($\widehat{MV}$)과 실제 값(MV)의 차이인 오차항(ϵ)이 큰 표본을 극단치로 정의하고 삭제하는 방법이다.

$$
\begin{aligned}
\text{잔차(Residual), 오차항}(\epsilon) &= MV - \widehat{MV} \\
&= MV - (\beta_0 + \beta_1 X + \beta_2 BV)
\end{aligned}
$$

$$
\text{표준화잔차(RStudent)} = \frac{\text{잔차(Residual) 또는 오차항}(\varepsilon)}{\text{표준편차}}
$$

[그림 6－11]은 데이터셋 ‘rsd’에 저장된 ‘Rstudent’를 프린트한 결과이다. 데이터셋 ‘rsd’에는 데이터셋 ‘reg1’에 포함된 모든 변수의 값은 물론 ‘Rstudent’인 ‘rs’가 저장되어 있다.

[그림 6-11] [출력] 극단치 제거 이전 RStudent

The REG Procedure
Model: before
Dependent Variable: mv

year=1

Output Statistics

Obs	Residual	RStudent	Hat Diag H	Cov Ratio	DFFITS	DFBETAS Intercept	x	bv
1	-1.6073E9	-0.003054	0.0013	1.0048	-0.0001	-0.0001	-0.0000	0.0000
2	1.49612E9	0.002843	0.0013	1.0048	0.0001	0.0001	-0.0000	-0.0000
3	-3.25E10	-0.0617	0.0012	1.0048	-0.0022	-0.0022	0.0001	0.0004
4	809591983	0.001538	0.0013	1.0048	0.0001	0.0001	-0.0000	-0.0000
5	-5.515E10	-0.1048	0.0012	1.0048	-0.0037	-0.0037	-0.0004	0.0009
491	3.0886E10	0.0587	0.0013	1.0048	0.0021	0.0021	0.0001	-0.0005
492	2.7022E12	5.2318	0.0070	0.9185	0.4398	0.1165	0.3521	-0.0463
493	2.862E10	0.0544	0.0012	1.0047	0.0019	0.0018	-0.0001	-0.0001
494	3.0148E11	0.5732	0.0023	1.0047	0.0273	0.0196	-0.0186	0.0080
495	-5.772E9	-0.0110	0.0013	1.0048	-0.0004	-0.0004	-0.0000	0.0001

일반적으로 극단치는 ‘RStudent’의 절댓값이 ‘2 또는 3’ 이상으로 정의하는데, 표본이 충분하면 극단치의 기준을 ‘2’로 정의하여 더 많은 표본을 제거한다.

[그림 6－11]에서 극단치의 기준값인 ‘|RStudent|＝2’ 이상인 표본은 ‘Obs ＝ 492’인 표본으로 그 값이 ‘5.2318’로 나타났다. 따라서 이러한 표본을 극단치로 간주하고 분석 표본에서 제외하면 된다.

(2) 극단치 제거 이후 표본크기의 변화

```
proc means; var mv; run;
data reg2; set rsd; if -2< rs< 2;
proc means; var mv; run;
```

proc means; var mv; run;	극단치 제거 이전 ‘mv’에 대한 평균값을 프린트한다.
data reg2; set rsd; if －2 < rs < 2;	‘－2 < rs < 2’를 만족하는 데이터셋을 ‘reg2’에 저장한다.
proc means; var mv; run;	극단치 제거 이후 ‘mv’에 대한 평균값을 프린트한다.

가장 상단의 명령문 [proc means; var mv; run;]은 극단치를 제거하기 이전인 데이터셋 'rsd'의 'mv'에 대한 평균값을 프린트한 것이다.

데이터셋 'reg2'는 데이터셋 'rsd'를 불러온 이후에 극단치로 제거하기 위해서 [if -2 < rs < 2;] 문을 입력한 후 저장한 것이다. 따라서 데이터셋 'reg2'에는 '|RStudent| = 2'이상인 표본은 제거된다. 이를 확인하기 위해서 'mv'에 대한 평균값을 프린트한 후에 'rsd'의 'mv'에 대한 평균값과 비교한다. 따라서 이러한 평균값 분석은 생략해도 무방하다.

분석결과인 [그림 6-12]에서 극단치를 제거하기 이전의 표본크기는 '2608'이고, 극단치를 제거한 이후의 표본크기는 '2540'이다. 따라서 RStudent의 절댓값이 '2' 이상으로 나타나 삭제된 극단치의 표본크기는 '68'이 된다. 이는 차이분석에서 극단치를 제거한 이후에 추가로 회귀분석에서 극단치를 제거한 것이므로, 차이분석과 회귀분석의 표본크기가 다르게 된다. 따라서 두 분석의 표본크기를 일치시키고자 한다면, 모든 차이분석을 데이터셋 'reg2' 이후에 실시하면 된다.

[그림 6-12] [출력] 극단치 제거 전후 표본크기의 변화

SAS 시스템

MEANS 프로시저

분석 변수 : mv

N	평균	표준편차	최솟값	최댓값
2608	358603067200	1.4104272E12	2409120397	2.7342338E13

SAS 시스템

MEANS 프로시저

분석 변수 : mv

N	평균	표준편차	최솟값	최댓값
2540	217849119272	632384038385	2409120397	1.1461267E13

2.4 극단치 제거 이후 회귀분석

[그림 6－13]은 극단치를 제거한 이후 회귀분석을 실시하기 위한 입력으로, 극단치를 제거하기 이전과 구분하기 위해서 회귀분석의 명칭을 'after'로 부여한다.

[그림 6-13] [입력] 극단치 제거 이후 회귀분석

```
data reg2; set rsd; if -2<rs<2;
proc means; var mv;
proc reg; after: model mv=x bv; by year; run;
```

proc reg; after : model mv＝x bv; by year; run;	
proc reg; after : model mv = x bv; by year; run;	극단치의 제거 이후에, 'mv'가 종속변수이고 'x, bv'가 독립변수인 회귀분석을 'year'별로 실시한다.

(1) 'year＝1'의 회귀분석

[그림 6－14]는 극단치 제거 이후 'year＝1'일 때의 회귀분석 결과이다.

[그림 6-14] [출력] 극단치 제거 이후 'year = 1'의 회귀분석

The REG Procedure
Model: after
Dependent Variable: mv

year=1

Number of Observations Read	826
Number of Observations Used	826

Analysis of Variance					
Source	DF	Sum of Squares	Mean Square	F Value	Pr > F
Model	2	3.079777E26	1.539888E26	4667.91	<.0001
Error	823	2.714978E25	3.29888E22		
Corrected Total	825	3.351275E26			

Root MSE	1.816282E11	R-Square	0.9190
Dependent Mean	2.064046E11	Adj R-Sq	0.9188
Coeff Var	87.99619		

Parameter Estimates					
Variable	DF	Parameter Estimate	Standard Error	t Value	Pr > |t|
Intercept	1	-2.6767E10	6773525695	-3.95	<.0001
x	1	5.85184	0.28913	20.24	<.0001
bv	1	1.13176	0.02041	55.46	<.0001

첫째, F값의 p값은 '0.0001 이하'로 나타나므로, 연구모형의 적합도는 적절하다. 둘째, $\overline{R}^2$는 '0.9188'로 극단치를 제거하기 이전인 [그림 6−6]의 설명력(=0.8612)보다 더 높으므로, 극단치를 제거한 이후에 설명력의 향상을 확인할 수 있다. 셋째, 'X, BV'의 회귀계수에 대한 p값은 모두 '0.0001 이하'로 나타나, 두 변수 모두 'MV'에 1%의 유의수준에서 유의한 양(+)의 영향을 미친다고 볼 수 있다. 다만 두 변수의 회귀계수는 각각 '5.85184, 1.13176'으로 나타나므로, 극단치 제거 이전의 회귀계수(7.04417, 1.2522)와 차이가 있음을 확인할 수 있다. 따라서 극단치 제거 이후에 올바른 회귀계수가 추정되었다고 볼 수 있다.

(2) 'year = 2'의 회귀분석

[그림 6−15]는 극단치 제거 이후 'year=2'일 때의 회귀분석 결과이다.

[그림 6-15] [출력] 극단치 제거 이후 'year = 2'의 회귀분석

The REG Procedure
Model: after
Dependent Variable: mv

year=2

Number of Observations Read	841
Number of Observations Used	841

Analysis of Variance					
Source	DF	Sum of Squares	Mean Square	F Value	Pr > F
Model	2	3.620814E26	1.810407E26	5454.95	<.0001
Error	838	2.781181E25	3.318832E22		
Corrected Total	840	3.898932E26			

Root MSE	1.821766E11	R-Square	0.9287
Dependent Mean	2.165693E11	Adj R-Sq	0.9285
Coeff Var	84.11932		

Parameter Estimates					
Variable	DF	Parameter Estimate	Standard Error	t Value	Pr > |t|
Intercept	1	-1.5705E10	6721828538	-2.34	0.0197
x	1	6.23994	0.31550	19.78	<.0001
bv	1	1.13849	0.02095	54.35	<.0001

첫째, F값 분석결과 연구모형의 적합도는 적절하다. 둘째, $\overline{R}^2$는 '0.9285'로 극단치를 제거하기 이전인 [그림 6−7]의 설명력(=0.8633)보다 더 높다. 셋째, 'X, BV'의 회귀계수는 각각 '6.23994, 1.13849'로 나타나므로, 극단치 제거 이전의 회귀계수(9.61719, 1.09207)와 차이가 있다고 볼 수 있다.

(3) 'year = 3'의 회귀분석

[그림 6−16]은 극단치 제거 이후 'year=3'일 때의 회귀분석 결과이다.

[그림 6-16] [출력] 극단치 제거 이후 'year = 3'의 회귀분석

The REG Procedure
Model: after
Dependent Variable: mv

year=3

Number of Observations Read	873
Number of Observations Used	873

Analysis of Variance

Source	DF	Sum of Squares	Mean Square	F Value	Pr > F
Model	2	2.52637E26	1.263185E26	2932.45	<.0001
Error	870	3.747616E25	4.307605E22		
Corrected Total	872	2.901131E26			

Root MSE	2.075477E11	R-Square	0.8708
Dependent Mean	2.299104E11	Adj R-Sq	0.8705
Coeff Var	90.27330		

Parameter Estimates

Variable	DF	Parameter Estimate	Standard Error	t Value	Pr > |t|
Intercept	1	33583878130	7556230812	4.44	<.0001
x	1	7.15692	0.33598	21.30	<.0001
bv	1	0.78775	0.02072	38.02	<.0001

첫째, F값 분석결과 연구모형의 적합도는 적절하다. 둘째, $\overline{R}^2$는 '0.8705'로 극단치를 제거하기 이전인 [그림 6−8]의 설명력(=0.6667)보다 더 높다. 셋째, 'X, BV'의 회귀계수는 각각 '7.15692, 0.78775'로 나타나므로, 극단치 제거 이전의 회귀계수(9.5162, 0.81894)와 차이가 있음을 확인할 수 있다.

2.5 회귀분석의 옵션

'2.1 OLS 회귀분석' 단원에서 OLS 회귀분석 가정의 위배와 해결 방안에 대해서 다루었다. 본 단원은 그중에서 '이분산성, 자기상관 및 다중공선성' 문제를 검정하는 방법과 해결 방안을 제시하고자 한다. 또한 '2.2 연도별 회귀분석' 단원에서 언급했던 '표준화 회귀계수'에 대해서도 분석할 것이다.

[그림 6-17] [입력] 회귀분석의 옵션

```
data reg3; set reg2;
proc reg; spec: model mv=x bv/spec acov;
proc reg; dw: model mv=x bv/dw;
proc reg; vif: model mv=x bv/vif tol collin;
proc reg; stb: model mv=x bv/stb; run;
```

[그림 6-17]은 '이분산성, 자기상관, 다중공선성 및 표준화 회귀계수'의 분석을 위한 SAS 입력 과정이다. 시계열자료가 포함되면 연도별 회귀분석이 원칙이나, 각 옵션에 대한 분석은 연도별로 같으므로 편의상 통합해서 분석한다.

(1) 이분산성

```
data reg3; set reg2;
proc reg; spec : model mv=x bv/spec acov;
```

data reg3; set reg2;	'reg2'를 불러와서 'reg3'을 만든다.
proc reg; spec : model	'종속변수=mv'이고 '독립변수 = x, bv'인 회귀분석을 하는데, 이분산성
mv=x bv / spec acov;	검정하고 'White's t값'을 추정한다.

오차항(ε)의 이분산성 여부를 검정하기 위해서는 [spec]이라는 옵션을 통해서 이분산성 여부를 검정한다. 그리고 이분산성이 확인되면, 이분산성을 통제한 'White's t값'을 추정한다.

[그림 6-18] **[출력] 이분산성 검정**

The REG Procedure
Model: spec
Dependent Variable: mv

Heteroscedasticity Consistent Covariance of Estimates			
Variable	Intercept	x	bv
Intercept	4.0375278E19	402220917.48	-261073858.7
x	402220917.48	0.4693918361	-0.021236803
bv	-261073858.7	-0.021236803	0.0029716943

Test of First and Second Moment Specification		
DF	Chi-Square	Pr > ChiSq
5	32.76	<.0001

[그림 6-18]은 이분산성 여부를 확인할 수 있는 스펙(Specification) 검정으로, 분석결과 χ^2(Chi-Square) 값은 '32.76'이고 이에 대한 p값은 '0.0001이하'로 나타났다. 따라서 오차항의 등분산은 1%의 유의수준에서 기각되므로 이분산성이 있는 것으로 확인되었다.

스펙검정 : χ^2이 유의한 것으로 나타나면, 이분산성이 있는 것이다.

이분산성이 확인되면 t값 대신에 White' t값을 사용해야 하는데, White's t값을 산출하기 위해서는 'Standard Error'를 대신할 'Consistent Standard Error'를 추정해야 한다. 이를 산출하기 위해서는 [그림 6-18]의 'Consistent Covariance'의 제곱근이 'Consistent Standard Error'이며, 이는 직접 계산하지 않고 [acov]라는 옵션을 통해서 [그림 6-19]처럼 자동으로 산출할 수 있다. 예를 들어, [그림 6-18]에서 'X'의 'Consistent Covariance'는 '0.4693918361'이고, [그림 6-19]에서 이에 대한 제곱근인 'Consistent Standard Error'가 '0.68512'임을 보여주고 있다.

[그림 6-19] [출력] White의 t값

The REG Procedure
Model: spec
Dependent Variable: mv

Number of Observations Read	2540
Number of Observations Used	2540

Analysis of Variance					
Source	DF	Sum of Squares	Mean Square	F Value	Pr > F
Model	2	9.117507E26	4.558753E26	11161.5	<.0001
Error	2537	1.036197E26	4.08434E22		
Corrected Total	2539	1.01537E27			

Root MSE	2.020975E11	R-Square	0.8979
Dependent Mean	2.178491E11	Adj R-Sq	0.8979
Coeff Var	92.76949		

Parameter Estimates								
						Heteroscedasticity Consistent		
Variable	DF	Parameter Estimate	Standard Error	t Value	Pr > |t|	Standard Error	t Value	Pr > |t|
Intercept	1	-2055641597	4296993111	-0.48	0.6324	6354154358	-0.32	0.7463
x	1	6.59110	0.19127	34.46	<.0001	0.68512	9.62	<.0001
bv	1	0.99599	0.01261	79.01	<.0001	0.05451	18.27	<.0001

OLS 회귀분석에서 t값은 회귀계수를 표준오차로 나누어 산출된다. 따라서 [그림 6-19]에서 변수 'x'의 t값(=34.46)은 회귀계수(=6.5911)를 표준오차(0.19127)로 나누어 산출한다. 즉, t값은 회귀계수가 클수록 표준오차가 작을수록 크다고 해석할 수 있다.

$$t\text{값} = \frac{\text{회귀계수(Parameter Estimate)}}{\text{표준오차(Standard Error)}}$$

White's t값은 표준오차(Standard Error) 대신에 'Consistent Standard Error'를 사용한다.

$$\text{White's } t\text{값} = \frac{\text{회귀계수(Parameter Estimate)}}{\text{수정된 표준오차(Consistent Standard Error)}}$$

변수 'X'의 'Consistent Standard Error'는 '0.68512'로 나타났으며, 'X'의 회귀계수(=6.5911)를 Consistent Standard Error(=0.68512)로 나누면 이분산성이 통제된 White's t값

(= 9.62)이 산출된다. 이 값 역시 자동으로 계산되므로, t값에 대한 p값만 확인하면 된다.

지금까지의 분석방법을 이용하여, [그림 6－19]의 분석결과를 해석하면 다음과 같다. 변수 'X, BV'에 대한 t값과 White's t값에 대한 p값은 1%의 유의수준에서 유의한 양(＋)의 값을 보였다. 따라서 [그림 6－19]의 분석결과 이분산성이 나타났으나, 이분산성을 통제하여도 모든 변수의 회귀계수의 유의성은 같다고 해석할 수 있다.

> [spec] 검정 결과 이분산성이 확인되면, [acov]를 통한 White's t값으로 검정하면 된다.

(2) 자기상관

시계열자료를 이용할 때 발생할 수 있는 오차항의 자기상관 문제를 확인하기 위해서 'Durbin-Watson D'값을 추정한다.

```
proc reg; dw : model mv=x bv/dw;
```

proc reg; dw :	'종속변수 = mv'이고 '독립변수 = x, bv'인 회귀분석을 하는데,
model mv = x bv/dw;	'Durbin-Watson D'값을 추정한다.

'Durbin-Watson D'값은 [dw]라는 옵션을 통해서 검정할 수 있으며, D값이 2에 가까우면 자기상관계수는 '0'에 근접하므로 오차항들은 서로 독립이라고 해석한다. 또한 D값이 0에 가까우면 자기상관계수는 '1'에 근접하므로 양(＋)의 자기상관이 있는 것이고, 4에 가까우면 자기상관계수는 '－1'에 근접하므로 음(－)의 자기상관이 있는 것이다.

[그림 6-20] [출력] 자기상관

The REG Procedure
Model: dw
Dependent Variable: mv

Durbin-Watson D	1.823
Number of Observations	2540
1st Order Autocorrelation	0.089

[그림 6－20]에서 'Durbin-Watson D' 값은 '1.823'으로 '2'에 가깝고, 1차 자기상관계수(1st Order Autocorrelation)도 '0'에 가깝게 나타났다. 따라서 자기상관은 없다고 해석할 수 있으며, 일반적으로 시계열자료와 횡단면자료를 함께 사용하는 패널자료(Panel Data)의 경우에는 자기상관이 발생할 확률이 매우 낮다.

'Durbin-Watson D'값이 '2'에 가까우면 자기상관이 없는 것이며, 패널자료는 자기상관이 발생할 확률이 낮으므로 크게 신경 쓰지 않아도 된다.

(3) 다중공선성

① 다중공선성 정의

다중공선성(Multicollinearity)이란 다중회귀분석에서 상관관계가 높은 독립변수 간 상관관계를 의미하는데, 이러한 높은 상관관계로 종속변수에 유의한 영향을 미치는 변수가 유의하지 않은 것으로 나타날 만큼 다중공선성이 크다면 다중공선성 문제가 있는 것이다. 이를 그림으로 나타내면 [그림 6-21]과 같다.

[그림 6-21] 다중공선성 정의

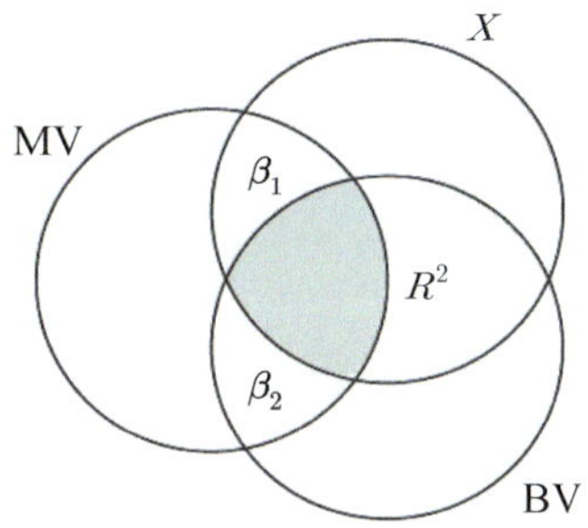

[그림 6-21]은 종속변수인 'MV'와 독립변수인 'X, BV' 간 회귀분석 결과로, 'X, BV'의 회귀계수인 'β_1, β_2'는 'X, BV'가 'MV'를 공통으로 설명하는 색칠된 부분을 제외한 것이다. 만약 독립변수인 'X, BV'의 상관관계(R^2)가 높으면, 독립변수의 추가 설명력을 나타내는 회귀계수(β_1, β_2)가 유의적이지 않은 것으로 나타날 수 있다. 그러나 공통 설명 부분을 포함하면 'X, BV'가 'MV'에 미치는 영향력은 크다. 이처럼 다중공선성이 심각하면 유의한 회귀계수가 유의하지 않은 것으로 나타나는 문제점이 있다.

② 다중공선성 검정 방법

다중공선성을 검정하는 방법에는 VIF(Variance Inflation Factors), Tolerance, Eigenvalue 및 Condition Index 등이 있다.

첫째, 가장 많이 사용하는 분산팽창계수(Variance Inflation Factors, VIF)는 다중공선성 검정을 확인할 독립변수를 종속변수로 정의하고 나머지 독립변수들을 독립변수로 정의한 회귀분석에서 결정계수(R^2) 값을 산출하고, 이를 이용해 해당 독립변수(종속변수로 정의한 독립변수)의 VIF($=\frac{1}{1-R^2}$)를 산출한다. 따라서 VIF가 큰 독립변수는 그만큼 다른 독립변수들과의 관련성이 높다고 해석한다.

VIF를 통해서 다중공선성을 검정하는 방법은 회귀분석에서 산출된 R^2을 입력하여 산출된 VIF와 SAS의 [vif] 검정에서 산출된 VIF를 비교한다. 예를 들어, 회귀분석 결과 R^2 ($=0.9$)면 VIF($=\frac{1}{1-0.9}$)는 '10'이 되는데, 만약 독립변수 'X'의 VIF가 '15'라면 해당 변수는 다중공선성 문제를 일으킬 수 있는 변수가 된다. 그러나 이는 회귀분석 결과마다 다르게 적용하는 것이 적절하다. 따라서 독립변수 간의 상관관계를 보여주는 'VIF'가 $\frac{1}{1-R^2}$보다 크면, [그림 6-21]과 같은 다중공선성 문제가 발생한다.

$$\text{VIF} > \frac{1}{1-R^2} \rightarrow \text{다중공선성 문제 발생}$$

VIF : 독립변수 간 회귀분석으로 도출된 값, R^2 : 종속변수와 독립변수 간 회귀분석 설명력

둘째, VIF 대신에 보조적 수단으로 활용될 수 있는 다중공선성 검정 방법에는 Tolerance, Eigenvalue 및 Condition Index가 있는데, 일반적으로 다음 기준으로 다중공선성 문제 여부를 판단 한다. 다만, VIF 검정 결과와 큰 차이가 없다.

Tolerance : 0.1 이하, Eigenvalue : 0.01 이하, Condition Index : 30 이상

③ 다중공선성 분석

```
proc reg; vif : model mv=x bv/vif tol collin;
```

proc reg; vif : model mv=x bv / vif tol collin;	다중공선성을 확인하기 위해서 'vif tol collin' 등의 옵션을 실행한다.

다중공선성 검정을 위해 사용된 옵션은 [vif tol collin]으로 [vif]는 'VIF'를, [tol]은 'Tolerance'를, [collin]은 'Eigenvalue'와 'Condition Index'를 프린트한다.

[그림 6-22] **[출력] 다중공선성**

Analysis of Variance					
Source	DF	Sum of Squares	Mean Square	F Value	Pr > F
Model	2	9.117507E26	4.558753E26	11161.5	<.0001
Error	2537	1.036197E26	4.08434E22		
Corrected Total	2539	1.01537E27			

Root MSE	2.020975E11	R-Square	0.8979
Dependent Mean	2.178491E11	Adj R-Sq	0.8979
Coeff Var	92.76949		

Parameter Estimates							
Variable	DF	Parameter Estimate	Standard Error	t Value	Pr > |t|	Tolerance	Variance Inflation
Intercept	1	-2055641597	4296993111	-0.48	0.6324	.	0
x	1	6.59110	0.19127	34.46	<.0001	0.50457	1.98188
bv	1	0.99599	0.01261	79.01	<.0001	0.50457	1.98188

Collinearity Diagnostics					
			Proportion of Variation		
Number	Eigenvalue	Condition Index	Intercept	x	bv
1	1.92129	1.00000	0.08007	0.09706	0.09857
2	0.81411	1.53623	0.86192	0.09007	0.02153
3	0.26460	2.69463	0.05801	0.81287	0.87990

[그림 6-22]에서 모든 변수의 VIF는 '1.98188'로 '$\frac{1}{1-R^2}$'의 값인 '9.79($=\frac{1}{1-0.9}$)'보다 작으므로 다중공선성 문제는 없다고 해석한다. 또한 모든 변수의 Tolerance는 '0.50457'로 0.1보다 크고, Eigenvalue는 0.01을 초과하고 Condition Index는 30 미만이므로 다중공선성 문제는 없다고 해석한다.

(4) 표준화 회귀계수

'표준화 회귀계수(Standardized Regression Coefficient)'는 종속변수와 독립변수를 그대로 사용하지 않고 표준화시켜서 회귀분석 한 회귀계수이다. 이처럼 표준화를 시키지 않고 원래의 값을 그대로 회귀분석 한 '회귀계수(Regression Coefficient)'를 '비표준화 회귀계수'라고 부른다. 비표준화한 '회귀계수'는 독립변수의 절대적 영향을 의미하기 때문에, 독립변수의 단위가 변경되면 회귀계수의 값도 변경된다. 예를 들어, 독립변수 'X'의 단위를 조정하기 위해서 '1000'으로 나누었다면 새로운 독립변수인 '$\frac{X}{1000}$'로 정의된다. 이 경우에 종속변수인 'MV'와 수식을 일치시키기 위해서 회귀계수 β_1은 '$1000\times\beta_1$'로 조정된다. 즉, '$MV = \beta_1 X$'가 단위를 조정함에 따라서 '$MV = 1000\times\beta_1 \frac{X}{1000}$'로 변경되는 것이다. 이처럼 '회귀계수'는 단위가 변경되면 조정되는 값일 뿐이므로, p값을 통한 유의성 여부를 판단할 때만 사용하여야 한다.

따라서 독립변수 간의 상대적 영향력을 비교하기 위해서는 '표준화 회귀계수'를 사용해야 하는데, 이러한 표준화 회귀계수의 상대적 영향력은 부호를 제외한 절댓값을 통해서 비교할 수 있다.

> 표준화 회귀계수의 절댓값 → 종속변수에 대한 독립변수 간 상대적 영향력 차이의 기준값

'표준화 회귀계수'를 검정하기 위해서 다음의 SAS 입력 과정이 필요하다.

```
proc reg; stb : model mv=x bv/stb; run;
```

proc reg; stb : model mv = x bv / stb; run;	'mv'가 종속변수이고 'x, bv'가 독립변수인 회귀분석을 하는데, 표준화 회귀계수를 프린트한다.

'표준화 회귀계수'를 프린트하기 위해서는 [stb]라는 옵션을 실행하면 된다.

[그림 6-23] [출력] 표준화 회귀계수

The REG Procedure
Model: stb
Dependent Variable: mv

Number of Observations Read	2540
Number of Observations Used	2540

Analysis of Variance

Source	DF	Sum of Squares	Mean Square	F Value	Pr > F
Model	2	9.117507E26	4.558753E26	11161.5	<.0001
Error	2537	1.036197E26	4.08434E22		
Corrected Total	2539	1.01537E27			

Root MSE	2.020975E11	R-Square	0.8979
Dependent Mean	2.178491E11	Adj R-Sq	0.8979
Coeff Var	92.76949		

Parameter Estimates

Variable	DF	Parameter Estimate	Standard Error	t Value	Pr > |t|	Standardized Estimate
Intercept	1	-2055641597	4296993111	-0.48	0.6324	0
x	1	6.59110	0.19127	34.46	<.0001	0.30768
bv	1	0.99599	0.01261	79.01	<.0001	0.70549

[그림 6-23]에서 'X'의 표준화 회귀계수는 '0.30768'이고 'BV'의 표준화 회귀계수는 '0.70549'이므로, 'BV'가 'X'보다 종속변수에 대한 영향력이 더 크다고 해석할 수 있다.

SAS 명령어

명령어	해 석
proc corr; var Y X;	변수 Y, X에 대한 피어슨 상관계수를 분석한다.
proc corr spearman; var Y X;	변수 Y, X에 대한 스피어만 상관계수를 분석한다.
proc reg; model Y=X1 X2; by S;	'Y'가 종속변수이고 '$X1$, $X2$'가 독립변수인 회귀분석을 집단 S별로 실시한다.
proc reg; model Y = X1 X2 / influence; by S;	'RStudent'를 집단 S별로 프린트한다.
output out=A rstudent = R;	'RStudent'를 변수 'R'로 정의하고 이를 데이터셋 'A'에 저장한다.
data B; set A; if -2 < R < 2;	'$-2 < R < 2$'를 만족하는 데이터셋을 'B'에 저장한다.
proc reg; model Y=X1 X2 / spec acov;	이분산성 검정을 하고 'White's t값'을 추정한다.
proc reg; model Y=X1 X2 / dw;	'Durbin－Watson D'값을 추정한다.
proc reg; model Y=X1 X2 / vif tol collin;	다중공선성을 확인하기 위해서 'vif tol collin' 등의 옵션을 실행한다.
proc reg; model Y=X1 X2 / stb;	표준화 회귀계수를 프린트한다.

Chapter 7

더미회귀분석

Chapter

07 더미회귀분석

1 더미회귀분석의 정의

[그림 7-1]처럼 더미회귀분석은 서로 다른 회귀방정식의 회귀계수에 대한 차이분석을 하고자 할 때 사용한다. 즉, '$D=0$'인 집단의 회귀계수(α_0, β_0)와 '$D=1$'인 집단의 회귀계수(α_1, β_1)를 비교하고자 할 때 더미회귀분석을 이용한다.

[그림 7-1] 회귀계수의 차이

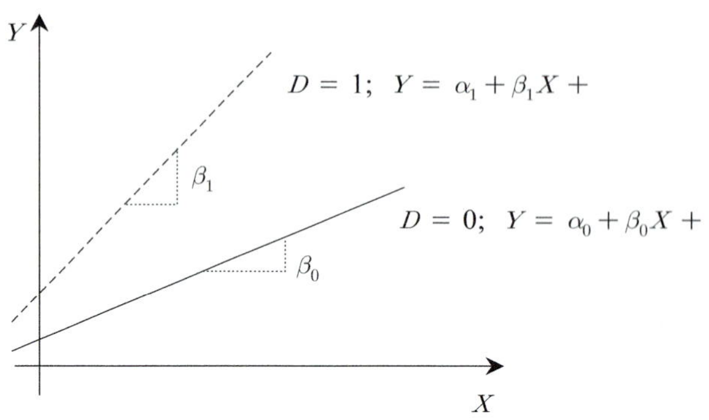

[그림 7-1]에서 '$D=0$'인 집단의 절편(Intercept)에 대한 회귀계수는 'α_0'이고, 변수 'X'에 대한 회귀계수는 기울기(Slope)인 'β_0'이다. '$D=1$'인 집단의 절편(Intercept)에 대한 회귀계수는 'α_1'이고, 변수 'X'에 대한 회귀계수는 기울기(Slope)인 'β_1'이다. 만약 절편(Intercept)에 대한 회귀계수인 'α_0'와 'α_1'의 차이와 변수 'X'에 대한 회귀계수인 'β_0'와 'β_1'의 차이를 분석하려면, 다음과 같은 회귀방정식을 만들어야 한다.

$$Y = \alpha_0 + \beta_0 X + \alpha_2 \cdot D + \beta_2 X \cdot D + \varepsilon$$

위 회귀방정식에 'D'에 '0'을 입력하면 '$D=0$'인 집단의 회귀방정식이 도출되고, 'D'에 '1'

을 입력하면 '$D=1$'인 집단의 회귀방정식이 산출된다. 여기서 'D'는 더미변수(Dummy Variable) 또는 '절편 더미변수(Intercept Dummy Variable)'라고 정의하고, '$X \cdot D$'는 '기울기 더미변수(Slope Dummy Variable)' 또는 '상호작용항(Interaction Term)'이라고 정의한다. 이처럼 더미변수는 두 집단의 차이를 '0'과 '1'로 구분하기 때문에, 기울기 더미변수는 두 집단 간의 기울기 차이를 보여주게 된다.

상호작용항은 독립변수들끼리 서로 영향을 주고받으면서, 종속변수에 미치는 영향력이 달라지는 변수 간의 곱의 형태를 의미한다. 특히, 상호작용항의 구성 변수 중 더미변수가 포함된 형태가 기울기 더미변수라고 볼 수 있다. 또한 상호작용항은 더미변수와 같은 이산형 변수가 포함되어 있지 않고 연속형 변수의 곱으로만 구성될 수 있다.

이러한 상호작용항은 다중공선성 문제 등 모형을 불안정하게 만들 수 있으므로, 충분한 이론적 검토가 필요하다. Baron & Kenny(1986)[2)]에 의하면, 상호작용항의 사용으로 발생할 수 있는 다중공선성을 통제하기 위해서 모든 독립변수를 Z값으로 표준화시켜 사용할 것을 권장하고 있다. 물론 상호작용항도 독립변수들의 Z값을 곱하여 산출한다.

① D=0; $\boldsymbol{Y} = \alpha_0 + \beta_0 \boldsymbol{X} + \varepsilon$

② D=1; $\boldsymbol{Y} = (\alpha_0 + \alpha_2) + (\beta_0 + \beta_2)\boldsymbol{X} + \varepsilon$

$$= \alpha_1 + \beta_1 \boldsymbol{X} + \varepsilon$$

$$\alpha_0 + \alpha_2 = \alpha_1,\ \beta_0 + \beta_2 = \beta_1$$

위 식에서 '$D=0$'인 집단의 절편과 변수 'X'의 회귀계수는 각각 'α_0, β_0'이고 '$D=1$'인 집단의 회귀계수는 각각 '$\alpha_1(=\alpha_0+\alpha_2)$, $\beta_1(=\beta_0+\beta_2)$'이므로, '$D=0$'인 집단과 '$D=1$'인 집단의 회귀계수 차이는 결국 '$\alpha_2$'와 '$\beta_2$'가 된다.

따라서 α_2가 유의한 양(또는 음)의 값을 보인다면, '$D=1$'인 집단의 절편(α_1)이 '$D=0$'인 집단의 절편(α_0)보다 유의하게 크다(작다)는 것을 의미한다. 또한 β_2가 유의한 양(또는 음)의 값을 보인다면, '$D=1$'인 집단의 'X'의 회귀계수(β_1)가 '$D=0$'인 집단의 'X'의 회귀계수(β_0)보다 유의하게 크다(작다)는 것을 보여준다. 만약, α_2와 β_2가 유의하지 않다면 두 집단 간의 회귀계수는 유의한 차이가 없는 것이다.

2) Baron, R. M., & Kenny, D. A., 1986, "The moderator－mediator variable distinction in social psychological research : Conceptual, strategic and statistical considerations", *Journal of Personality and Social Psychology*, *51*, 1173－1182.

$\alpha_2(=\alpha_1-\alpha_0) > 0 \rightarrow \alpha_1 > \alpha_0$, $\alpha_2 < 0 \rightarrow \alpha_1 < \alpha_0$, $\alpha_2 = 0 \rightarrow \alpha_1 = \alpha_0$

$\beta_2(=\beta_1-\beta_0) > 0 \rightarrow \beta_1 > \beta_0$, $\beta_2 < 0 \rightarrow \beta_1 < \beta_0$, $\beta_2 = 0 \rightarrow \beta_1 = \beta_0$

이처럼 절편(Intercept) 및 변수에 대한 더미변수를 추가하여 t값을 확인함으로써, 더미변수에 의해 구분되는 집단 간의 회귀계수의 통계적 차이를 확인할 수 있다. 만약 어느 한 집단의 회귀계수는 유의하나 나머지 집단의 회귀계수는 유의하지 않거나 부호가 반대로 유의하면, 굳이 더미회귀분석을 추가하지 않아도 회귀계수의 차이를 확인할 수 있다. 따라서 이러한 더미회귀분석은 서로 다른 집단의 회귀계수가 같은 방향으로 유의할 때 추가분석으로 사용하게 된다.

① β_1 = 유의한 양(+), β_0 = 유의하지 않거나 유의한 음(-) → $\beta_1 > \beta_0$

② β_1 = 유의한 음(-), β_0 = 유의하지 않거나 유의한 양(+) → $\beta_1 < \beta_0$

③ β_1 = 유의한 양(+), β_0 = 유의한 양(+) → 더미회귀분석

④ β_1 = 유의한 음(-), β_0 = 유의한 음(-) → 더미회귀분석

2 집단이 2개인 경우

2.1 상호작용항의 정의

'MV'가 종속변수이고 'X, BV'가 독립변수인 모형 I 을 'size = 0'인 집단과 'size = 1'인 집단으로 구분하여 회귀분석하고, 두 집단 간의 회귀계수의 차이를 분석하기 위해서 상호작용항을 정의한다.

$$\text{모형 I} : MV = \beta_0 + \beta_1 X + \beta_2 BV + \varepsilon$$

[그림 7-2] [입력] 상호작용항의 정의

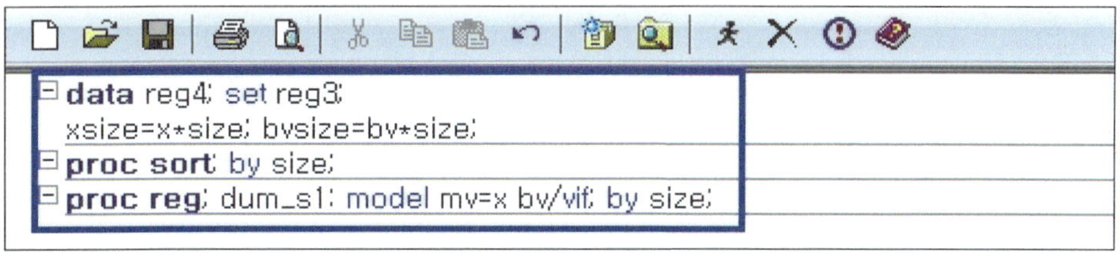


```
data reg4; set reg3;
xsize=x*size; bvsize=bv*size;
proc sort; by size;
proc reg; dum_s1 : model mv=x bv/vif; by size;
```

xsize = x*size;	변수 'xsize'는 'x × size'로 정의한다.
bvsize = bv*size;	변수 'bvsize'는 'bv × size'로 정의한다.
proc sort; by size;	'size'를 기준으로 오름차순 정렬한다.
proc reg; dum_s1 : model mv = x bv / vif; by size;	'mv'가 종속변수이고 'x, bv'가 독립변수인 회귀분석을 'size'별로 실시한다.

더미변수는 이미 'size'가 '0, 1'로 구분되어 있으므로 추가적 정의가 필요 없다. 또한 독립변수(x, bv)에 더미변수(size)를 곱하여 상호작용항(xsize, bvsize)을 정의하며, 또한 더미회귀분석 전에 'size'별로 회귀계수의 유의성에 차이가 있는지 확인한다.

(1) 'size = 0'인 집단의 회귀분석

[그림 7-3] [출력] 'size = 0'인 집단의 회귀분석

The REG Procedure
Model: dum_s1
Dependent Variable: mv

size=0

Number of Observations Read	1194
Number of Observations Used	1194

Analysis of Variance					
Source	DF	Sum of Squares	Mean Square	F Value	Pr > F
Model	2	8.53656E26	4.26828E26	5990.21	<.0001
Error	1191	8.486376E25	7.12542E22		
Corrected Total	1193	9.385197E26			

Root MSE	2.669348E11	R-Square	0.9096
Dependent Mean	3.775226E11	Adj R-Sq	0.9094
Coeff Var	70.70698		

Parameter Estimates						
Variable	DF	Parameter Estimate	Standard Error	t Value	Pr > |t|	Variance Inflation
Intercept	1	-3.95218E10	8638308777	-4.58	<.0001	0
x	1	7.07428	0.26357	26.84	<.0001	1.92830
bv	1	0.99529	0.01722	57.79	<.0001	1.92830

[그림 7-3]은 'size = 0'인 집단의 회귀분석 결과로, 모형의 적합도를 보여주는 F값은 유의한 것으로 나타났고 수정결정계수도 0.9094로 높게 나타났다. 또한 절편은 '-3.95218E10'으로 1%의 유의수준에서 유의한 음(-)의 값을 보였으며, 변수 'x'와 'bv'의 회귀계수는 각각 '7.07428, 0.99529'로 1%의 유의수준에서 유의한 양(+)의 값을 보였다.

(2) 'size = 1'인 집단의 회귀분석

[그림 7-4] **[출력] 'size = 1'인 집단의 회귀분석**

The REG Procedure
Model: dum_s1
Dependent Variable: mv

size=1

Number of Observations Read	1346
Number of Observations Used	1346

Analysis of Variance					
Source	DF	Sum of Squares	Mean Square	F Value	Pr > F
Model	2	4.936982E24	2.468491E24	229.14	<.0001
Error	1343	1.446785E25	1.077278E22		
Corrected Total	1345	1.940483E25			

Root MSE	1.03792E11	R-Square	0.2544
Dependent Mean	76207096743	Adj R-Sq	0.2533
Coeff Var	136.19731		

Parameter Estimates						
Variable	DF	Parameter Estimate	Standard Error	t Value	Pr > |t|	Variance Inflation
Intercept	1	18963697364	4262075575	4.45	<.0001	0
x	1	2.08341	0.35605	5.85	<.0001	1.12671
bv	1	1.15420	0.06619	17.44	<.0001	1.12671

[그림 7-4]는 'size = 1'인 집단의 회귀분석 결과로, 모형의 적합도를 보여주는 F값은 유의한 것으로 나타났고 수정결정계수는 0.2533으로 'size = 0'인 집단보다 낮게 나타났다. 또한 절편과 'x'와 'bv'의 회귀계수는 각각 '1.896E10, 2.08341, 1.1542'로 모두 1%의 유의수준에서 유의한 양(+)의 값을 보였다.

결론적으로 부호가 다른 절편은 'size = 1'인 집단이 'size = 0'인 집단보다 유의하게 크지만, 'x'와 'bv'의 회귀계수는 'size'별로 동일한 부호를 보였다. 따라서 'x'와 'bv'의 회귀계수에 대한 통계적 차이를 검정하기 위해서는 더미회귀분석을 해야만 한다.

2.2 집단이 2개인 더미회귀분석

[그림 7－5]는 더미변수(size)와 상호작용항(xsize, bvsize)의 포함 여부에 따른 더미회귀분석의 입력 과정이다.

[그림 7-5] [입력] ‘size’를 이용한 더미회귀분석

```
data reg4; set reg3;
  xsize=x*size; bvsize=bv*size;
proc sort; by size;
proc reg; dum_s1: model mv=x bv/vif; by size;
proc reg; dum_s2: model mv=x bv size /vif ;
proc reg; dum_s3: model mv=x bv xsize bvsize/vif ;
proc reg; dum_s4: model mv=x bv xsize bvsize size /vif ; run;
```

‘종속변수＝MV’이고 ‘독립변수＝X, BV’인 회귀방정식이 ‘SIZE(0 또는 1)’별로 차이가 있는지를 확인하기 위해서, 독립변수 ‘X, BV’에 상호작용항 ‘X·SIZE, BV·SIZE’와 더미변수 ‘SIZE’를 추가한 다음과 같은 연구모형을 설정하고자 한다.

다만, 더미변수 및 상호작용항을 모두 포함한 모형Ⅳ 이외에도 더미변수만 포함한 모형Ⅱ와 상호작용항만 포함한 모형Ⅲ도 함께 검토함으로써, 어떤 모형이 더 적절한지도 함께 검토하고자 한다.

모형Ⅱ : $MV = \beta_0 + \beta_1 X + \beta_2 BV + \beta_5 SIZE + \varepsilon$

모형Ⅲ : $MV = \beta_0 + \beta_1 X + \beta_2 BV + \beta_3 X{\cdot}SIZE + \beta_4 BV{\cdot}SIZE + \varepsilon$

모형Ⅳ : $MV = \beta_0 + \beta_1 X + \beta_2 BV + \beta_3 X{\cdot}SIZE + \beta_4 BV{\cdot}SIZE + \beta_5 SIZE + \varepsilon$

모형Ⅱ는 모형Ⅳ에서 상호작용항(X·SIZE, BV·SIZE)이 생략된 것이고, 모형Ⅲ은 모형Ⅳ에서 더미변수(SIZE)가 생략된 것이다. 따라서 모형Ⅱ는 ‘SIZE’의 차이에 따른 절편을 통제한 모형이고, 모형Ⅲ은 ‘SIZE’의 차이에 따른 기울기를 통제한 모형이다. 모형Ⅳ는 절편과 기울기를 모두 통제한 모형이 된다.

(1) 더미변수만 포함한 더미회귀분석

[그림 7－6]은 독립변수 ‘x, bv’에 더미변수(size)만 추가한 더미회귀분석 결과로, 모형II를 통해서 검정할 것이다.

```
proc reg; dum_s2 : model mv=x bv size/vif;
```

proc reg; dum_s2 : model mv=x bv size / vif;	‘mv’가 종속변수이고 ‘x, bv, size’가 독립변수인 회귀분석을 실시한다.

모형II는 ‘SIZE’의 차이에 따른 절편을 통제한 모형으로, ‘종속변수=mv’이고 ‘독립변수=x, bv’인 회귀분석에 더미변수인 ‘size’를 추가한 것이다.

[그림 7－6]에서 분석에서 사용된 표본크기는 ‘2540’으로 연도를 구분하지 않고 합산하였는데, 이는 정확한 검정 방법은 아니고 편의상 사용한 방법이다. 모형의 적합도를 보여주는 F값은 ‘7624.04’로 1%의 유의수준에서 유의한 값을 보여주며, 수정결정계수도 ‘0.9001’로 매우 높은 값을 나타내고 있다. 따라서 모형의 적절성은 확보되었다.

절편은 ‘－3.88E10’으로 1%의 유의수준에서 유의한 음(－)의 값을 보이며, ‘x, bv’의 회귀계수는 각각 ‘6.69, 1.01’로 유의한 양(＋)의 값을 보였다. 또한 더미변수인 ‘size’는 ‘6.28E10’으로 1%의 유의수준에서 유의한 양(＋)의 값을 나타냈다.

[그림 7-6] **[출력] 더미변수만 포함한 더미회귀분석**

The REG Procedure
Model: dum_s2
Dependent Variable: mv

Number of Observations Read	2540
Number of Observations Used	2540

Analysis of Variance					
Source	DF	Sum of Squares	Mean Square	F Value	Pr > F
Model	3	9.140257E26	3.046752E26	7624.04	<.0001
Error	2536	1.013448E26	3.996244E22		
Corrected Total	2539	1.01537E27			

Root MSE	1.999061E11	R-Square	0.9002
Dependent Mean	2.178491E11	Adj R-Sq	0.9001
Coeff Var	91.76355		

Parameter Estimates						
Variable	DF	Parameter Estimate	Standard Error	t Value	Pr > |t|	Variance Inflation
Intercept	1	-3.88089E10	6464853795	-6.00	<.0001	0
x	1	6.68630	0.18962	35.26	<.0001	1.99070
bv	1	1.01201	0.01265	80.01	<.0001	2.03936
size	1	62831403756	8327526334	7.55	<.0001	1.09798

(2) 상호작용항만 포함한 더미회귀분석

[그림 7-7]은 독립변수 'x, bv'에 상호작용항(xsize, bvsize)만 추가한 더미회귀분석이다.

```
proc reg; dum_s3 : model mv=x bv xsize bvsize/vif;
```

proc reg; dum_s3 : model mv=x bv xsize bvsize / vif;	'mv'가 종속변수이고 ' x, bv, xsize, bvsize'가 독립변수인 회귀분석을 실시한다.

[그림 7-7]에서 절편은 '-1.71E10'으로 1%의 유의수준에서 유의한 음(-)의 값을 보이며, 'x, bv'의 회귀계수는 각각 '7.05, 0.98'로 1%의 유의수준에서 유의한 양(+)의 값을 보였다. 또한 상호작용항인 'xsize, bvsize'의 회귀계수는 각각 '-5.63, 0.59'로 1%의 유의

수준에서 유의한 값을 나타냈다.

[그림 7-7] **[출력] 상호작용항만 포함한 더미회귀분석**

The REG Procedure
Model: dum_s3
Dependent Variable: mv

Number of Observations Read	2540
Number of Observations Used	2540

Analysis of Variance					
Source	DF	Sum of Squares	Mean Square	F Value	Pr > F
Model	4	9.147874E26	2.286969E26	5763.86	<.0001
Error	2535	1.00583E26	3.96777E22		
Corrected Total	2539	1.01537E27			

Root MSE	1.991926E11	R-Square	0.9009
Dependent Mean	2.178491E11	Adj R-Sq	0.9008
Coeff Var	91.43604		

Parameter Estimates						
Variable	DF	Parameter Estimate	Standard Error	t Value	Pr > |t|	Variance Inflation
Intercept	1	-1.71149E10	5062876854	-3.38	0.0007	0
x	1	7.05042	0.19664	35.86	<.0001	2.15616
bv	1	0.98202	0.01263	77.74	<.0001	2.04878
xsize	1	-5.63062	0.70188	-8.02	<.0001	1.19006
bvsize	1	0.59086	0.10191	5.80	<.0001	1.12046

(3) 더미변수와 상호작용항을 모두 포함한 더미회귀분석

[그림 7－8]은 ‘x, bv’에 더미변수와 상호작용항을 모두 추가한 더미회귀분석이다.

```
proc reg; dum_s4 : model mv=x bv xsize bvsize size/vif; run;
```

proc reg; dum_s4 : model mv=x bv xsize bvsize size / vif;	‘mv’가 종속변수이고 ‘ x, bv, xsize, bvsize, size’가 독립변수인 회귀분석을 실시한다.

[그림 7-8] [출력] 더미변수와 상호작용항을 모두 포함한 더미회귀분석

The REG Procedure
Model: dum_s4
Dependent Variable: mv

Number of Observations Read	2540
Number of Observations Used	2540

Analysis of Variance

Source	DF	Sum of Squares	Mean Square	F Value	Pr > F
Model	5	9.160388E26	1.832078E26	4673.72	<.0001
Error	2534	9.93316E25	3.919953E22		
Corrected Total	2539	1.01537E27			

Root MSE	1.979887E11	R-Square	0.9022
Dependent Mean	2.178491E11	Adj R-Sq	0.9020
Coeff Var	90.88341		

Parameter Estimates

Variable	DF	Parameter Estimate	Standard Error	t Value	Pr > |t|	Variance Inflation
Intercept	1	-3.95218E10	6407135324	-6.17	<.0001	0
x	1	7.07428	0.19549	36.19	<.0001	2.15717
bv	1	0.99529	0.01277	77.92	<.0001	2.12047
xsize	1	-4.99087	0.70677	-7.06	<.0001	1.22141
bvsize	1	0.15891	0.12691	1.25	0.2106	1.75872
size	1	58485508574	10351349436	5.65	<.0001	1.72953

[그림 7－8]에서 절편은 유의한 음(－)의 값을 보이며, ‘x, bv’의 회귀계수는 유의한 양(＋)의 값을 보였다. 또한 상호작용항인 ‘x size’의 회귀계수는 ‘－4.99’로 유의한 음(－)의 값을 나타냈으나, ‘bvsize’의 회귀계수는 ‘0.16’으로 유의하지 않았다. 마지막으로 더미변수인

'size'는 '5.85E10'으로 유의한 양(+)의 값을 보였다.

2.3 집단이 2개인 더미회귀분석 결과의 요약

[그림 7−6]부터 [그림 7−8]까지의 분석결과는 모형II, 모형III, 모형IV를 적용한 더미회귀분석 결과이다. [표 7−1]은 이러한 결과를 요약한 것이다.

모형II : $MV = \beta_0 + \beta_1 X + \beta_2 BV + \beta_5 SIZE + \varepsilon$

모형III : $MV = \beta_0 + \beta_1 X + \beta_2 BV + \beta_3 X{\cdot}SIZE + \beta_4 BV{\cdot}SIZE + \varepsilon$

모형IV : $MV = \beta_0 + \beta_1 X + \beta_2 BV + \beta_3 X{\cdot}SIZE + \beta_4 BV{\cdot}SIZE + \beta_5 SIZE + \varepsilon$

모형II는 독립변수 'X, BV'와 더미변수 'SIZE'가 종속변수 'MV'에 미치는 영향을, 모형III은 독립변수 'X, BV'와 상호작용항 'X·SIZE, BV·SIZE'가 종속변수 'MV'에 미치는 영향을, 모형IV는 독립변수 'X, BV', 더미변수 'SIZE'와 상호작용항 'X·SIZE, BV·SIZE'가 종속변수 'MV'에 미치는 영향을 검정하는 모형이다.

모형II와 모형IV에서 사용되는 더미변수 'SIZE'의 회귀계수는 'β_5'이므로, 'SIZE = 0'일 때 절편의 회귀계수는 'β_0'이고 'SIZE = 1'일 때 절편의 회귀계수는 '$\beta_0 + \beta_5$'가 된다. 또한 모형III, IV에서 사용되는 상호작용항 'X·SIZE, BV·SIZE'의 회귀계수는 각각 'β_3, β_4'이다. 따라서 'SIZE = 0'일 때 변수 'X'의 회귀계수는 'β_1'이고 'SIZE = 1'일 때 변수 'X'의 회귀계수는 '$\beta_1 + \beta_3$'이며, 'SIZE = 0'일 때 변수 'BV'의 회귀계수는 'β_2'이고 'SIZE = 1'일 때 변수 'BV'의 회귀계수는 '$\beta_2 + \beta_4$'가 된다.

① 절편 : SIZE = 0 → β_0, SIZE = 1 → $\beta_0 + \beta_5$

② X : SIZE = 0 → β_1, SIZE = 1 → $\beta_1 + \beta_3$

③ BV : SIZE = 0 → β_2, SIZE = 1 → $\beta_2 + \beta_4$

[표7-1] 집단이 2개인 더미회귀분석 결과의 요약

구 분	절 편	X	BV	X·SIZE	BV·SIZE	SIZE
	β_0	β_1	β_2	β_3	β_4	β_5
SIZE = 0	−3.95E10***	7.07***	1.00***	−	−	−
SIZE = 1	1.90E10***	2.08***	1.15***	−	−	−
모형 II	−3.88E10***	6.69***	1.01***	−	−	6.28E10***
모형 III	−1.71E10***	7.05***	0.98***	−5.63***	0.59***	−
모형 IV	−3.95E10***	7.07***	1.00***	**−4.99*****	**0.16**	**5.85E10*****

첫째, 모형 II에서 'SIZE = 0'일 때 절편의 회귀계수는 '$\beta_0 = -3.88E10$'이고 'SIZE = 1'일 때 절편의 회귀계수는 '$\beta_0 + \beta_5 = -3.88E10 + 6.28E10 = 2.4E10$'이며, 이는 실제 'SIZE = 0'일 때 절편의 회귀계수(= −3.95E10) 및 'SIZE = 1'일 때 절편의 회귀계수(= 1.90E10)와 일치하지 않는다. 반면에, 모형 IV에서 'SIZE = 0'일 때 절편의 회귀계수는 '$\beta_0 = -3.95E10$'이고 'SIZE = 1'일 때 절편의 회귀계수는 '$\beta_0 + \beta_5 = -3.95E10 + 5.85E10 = 1.90E10$'이므로, 이는 실제 'SIZE = 0'일 때 절편의 회귀계수(= −3.95E10) 및 'SIZE = 1'일 때 절편의 회귀계수(= 1.90E10)와 일치한다.

둘째, 모형 III에서 'SIZE = 0'일 때 'X'의 회귀계수는 '$\beta_1 = 7.05$'이고 'SIZE = 1'일 때 'X'의 회귀계수는 '$\beta_1 + \beta_3 = 7.05 - 5.63 = 1.42$'이며, 이는 실제 'SIZE = 0'일 때 'X'의 회귀계수(= 7.07) 및 'SIZE = 1'일 때 'X'의 회귀계수(= 2.08)와 일치하지 않는다. 반면에, 모형 IV에서 'SIZE = 0'일 때 'X'의 회귀계수는 '$\beta_1 = 7.07$'이고 'SIZE = 1'일 때 'X'의 회귀계수는 '$\beta_1 + \beta_3 = 7.07 - 4.99 = 2.08$'이므로, 이는 실제 'SIZE = 0, 1'일 때 'X'의 회귀계수와 일치한다.

셋째, 모형 III에서 'SIZE = 0'일 때 'BV'의 회귀계수는 '$\beta_2 = 0.98$'이고 'SIZE = 1'일 때 'BV'의 회귀계수는 '$\beta_2 + \beta_4 = 0.98 + 0.59 = 1.57$'이며, 이는 실제 'SIZE = 0'일 때 'BV'의 회귀계수(= 1.00) 및 'SIZE = 1'일 때 'BV'의 회귀계수(= 1.15)와 일치하지 않는다. 반면에, 모형 IV에서 'SIZE = 0'일 때 'BV'의 회귀계수는 '$\beta_2 = 1.00$'이고 'SIZE = 1'일 때 'BV'의 회귀계수는 '$\beta_2 + \beta_4 = 1.00 + 0.16 = 1.16$'이므로, 이는 실제 'SIZE = 0, 1'일 때 'BV'의 회귀계수와 일치한다.

결론적으로, 모형 II와 모형 III처럼 더미변수만 추가하거나 상호작용항만 추가하는 더미회귀분석은 수리적으로 모순이 있는 불완전 모형이 된다. 따라서 모형IV처럼 더미변수와 상호작용항을 모두 포함하는 완전 모형을 통해서 더미회귀분석을 해야 한다.

> 더미회귀분석은 더미변수와 상호작용항을 모두 포함해야 한다.

[표 7－1]의 모형IV를 해석하면, 다음과 같다.

첫째, ‘SIZE＝1’일 때 절편의 회귀계수(＝1.90E10)에서 ‘SIZE＝0’일 때 절편의 회귀계수(＝－3.95E10)를 차감한 값인 ‘$\beta_5=5.85E10$’는 1%의 유의수준에서 유의한 양(＋)의 값이므로, ‘SIZE＝1’일 때 절편이 ‘SIZE＝0’일 때 절편보다 유의하게 크다고 해석할 수 있다.

둘째, ‘SIZE＝1’일 때 ‘X’의 회귀계수(＝2.08)에서 ‘SIZE＝0’일 때 ‘X’의 회귀계수(＝7.07)를 차감한 값인 ‘$\beta_3=-4.99$’는 1%의 유의수준에서 유의한 음(－)의 값이므로, ‘SIZE＝1’일 때 ‘X’의 영향력이 ‘SIZE＝0’일 때 ‘X’의 영향력보다 유의하게 작다고 해석할 수 있다.

셋째, ‘SIZE＝1’일 때 ‘BV’의 회귀계수(＝1.15)에서 ‘SIZE＝0’일 때 ‘BV’의 회귀계수(＝ 1.00)를 차감한 값인 ‘$\beta_4=0.16$’은 유의하지 않으므로, ‘SIZE＝1’일 때 ‘BV’의 영향력과 ‘SIZE＝0’일 때 ‘BV’의 영향력은 차이가 없다고 해석할 수 있다.

> 상호작용항이 유의한 양(음)이면, ‘더미변수 = 1’인 집단의 종속변수에 대한 영향력이 ‘더미변수 = 0’인 집단의 영향력보다 더 크다(작다)고 해석한다.
> 만약, 상호작용항이 유의하지 않으면, 두 집단 간의 영향력은 차이가 없다고 해석한다.

3 집단이 3개인 경우

3.1 더미변수만 포함한 더미회귀분석

(1) 더미변수의 정의

변수 'year'가 '1, 2, 3'으로 구분되어 있고 더미변수는 '0, 1'로만 구분되어야 하므로, 더미변수를 새롭게 만들어야 한다.

[그림 7-9] [입력] 더미변수의 정의

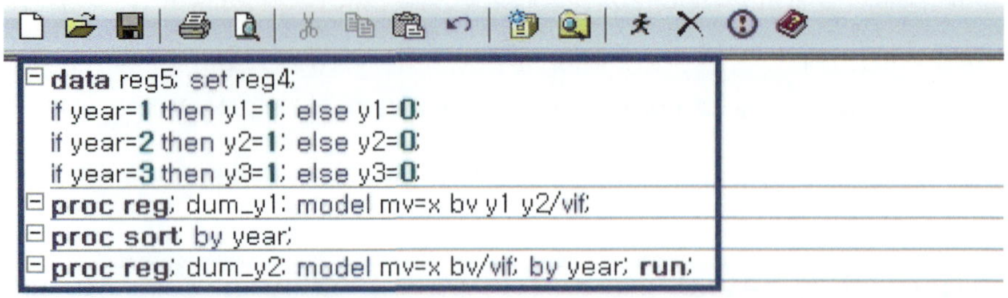


```
data reg5; set reg4;
if year=1 then y1=1; else y1=0;
if year=2 then y2=1; else y2=0;
if year=3 then y3=1; else y3=0;
```

if year=1 then y1=1; else y1=0;	'year=1'이면 'y1=1'이고 그렇지 않으면 'y1=0'
if year=2 then y2=1; else y2=0;	'year=2'이면 'y2=1'이고 그렇지 않으면 'y2=0'
if year=3 then y3=1; else y3=0;	'year=3'이면 'y3=1'이고 그렇지 않으면 'y3=0'

더미변수 'y1'은 'year=1'이면 '1'이고 그렇지 않으면 '0'을 부여하고, 'y2'는 'year=2'이면 '1'이고 그렇지 않으면 '0'을 부여하고, 'y3'는 'year=3'이면 '1'이고 그렇지 않으면 '0'을 부여한다. 이를 정리하면 [표 7-2]와 같다.

[표7-2] 집단이 3개인 더미변수의 정의

구 분	더미변수 부여방법	year = 1	year = 2	year = 3
y1	year = 1이면 y1 = 1 year = 2, 3이면 y1 = 0	1	0	0
y2	year = 2이면 y2 = 1 year = 1, 3이면 y2 = 0	0	1	0
y3	year = 3이면 y3 = 1 year = 1, 2이면 y3 = 0	0	0	1

[표 7-2]처럼 [그림 7-9]의 SAS 입력 과정을 통해서 만들어진 더미변수는 'y1, y2, y3'이다. 이 모든 더미변수를 모형에 포함하면 'year = 1, 2, 3'을 구분하는 정보가 중복으로 반영되어 오류가 발생한다.

따라서 더미변수 'y1'과 'y2'만 사용하여도 'year = 1, 2, 3'을 구분할 수 있다. 즉, 'y1 = 1 & y2 = 0'이면 'year = 1'이고, 'y1 = 0 & y2 = 1'이면 'year = 2'이고, 'y1 = 0 & y2 = 0'이면 'year = 3'이다. 이를 정리하면 다음과 같은 모형을 설정할 수 있다. 물론 'y1과 y2'를 더미변수로 사용하는 대신에, 'y1과 y3' 또는 'y2 과 y3'을 더미변수로 추가해도 된다.

더미변수는 '집단의 개수 - 1'만큼 추가하면 된다.

(2) 연도가 통제된 더미회귀분석

종속변수는 'MV'이고 독립변수는 '*X*, BV'인 연구모형에 더미변수(Y1, Y2)를 추가하면 다음과 같은 모형이 설정되며, 이는 통계학적으로 오류가 있는 모형이지만 연도(year)를 통제하기 위해서 일반적으로 많이 사용되는 모형이다.

$$MV = \beta_0 + \beta_1 X + \beta_2 BV + \beta_3 Y1 + \beta_4 Y2 + \varepsilon$$

```
proc reg; dum_y1 : model mv=x bv y1 y2/vif;
```

proc reg; dum_y1 : model mv = x bv y1 y2 / vif;	'mv'가 종속변수이고 'x, bv, y1, y2'가 독립변수인 회귀분석을 실시한다.

[그림 7－10]은 독립변수에 더미변수 'y1, y2'만 포함한 더미회귀분석 결과이다.

[그림 7-10] [출력] 더미변수만 포함한 더미회귀분석

The REG Procedure
Model: dum_y1
Dependent Variable: mv

Number of Observations Read	2540
Number of Observations Used	2540

Analysis of Variance					
Source	DF	Sum of Squares	Mean Square	F Value	Pr > F
Model	4	9.118664E26	2.279666E26	5583.31	<.0001
Error	2535	1.03504E26	4.083E22		
Corrected Total	2539	1.01537E27			

Root MSE	2.020643E11	R-Square	0.8981
Dependent Mean	2.178491E11	Adj R-Sq	0.8979
Coeff Var	92.75426		

Parameter Estimates						
Variable	DF	Parameter Estimate	Standard Error	t Value	Pr > |t|	Variance Inflation
Intercept	1	-1113072998	7045289133	-0.16	0.8745	0
x	1	6.60334	0.19148	34.49	<.0001	1.98681
bv	1	0.99533	0.01262	78.88	<.0001	1.98668
y1	1	-9772144050	9821898127	-0.99	0.3199	1.31695
y2	1	6819841360	9765517763	0.70	0.4850	1.31391

[그림 7－10]에서 모형의 적합도를 보여주는 F값은 유의한 양(+)의 값을 나타내며, 수정결정계수도 '0.8979'로 매우 높게 나타나므로 모형의 적절성은 확보되었다고 볼 수 있다. 또한 'x, bv'의 회귀계수는 각각 '6.60334, 0.99533'으로 1%의 유의수준에서 유의한 양(+)의 값을 보였다. 반면에, 더미변수인 'y1, y2'는 모두 유의하지 않은 것으로 나타났다.

이처럼 더미변수만 포함한 모형은 통계학적으로 적합하지 않지만, 일반적으로 연도를 통제하기 위해서 사용되기도 한다.

3.2 'year'별 회귀분석을 통한 더미변수 및 상호작용항의 선택

더미변수는 물론 상호작용항을 포함한 완전한 더미회귀분석을 실시하기 전에 'year'별로 회귀계수의 유의성에 차이가 있는지를 확인하고자 한다.

$$MV = \beta_0 + \beta_1 X + \beta_2 BV + \epsilon$$

```
proc sort; by year;
proc reg; dum_y2 : model mv=x bv/vif; by year; run;
```

proc sort; by year;	'year'를 기준으로 오름차순 정렬한다.
proc reg; dum_y2 : model mv=x bv/vif; by year; run;	'mv'가 종속변수이고 'x, bv'가 독립변수인 회귀분석을 'year'별로 실시한다.

[표 7－3]은 6장의 극단치 제거 이후 'year'별 회귀분석 결과인 [그림 6－14]부터 [그림 6－16]까지를 요약한 것이다.

[표7-3] 'year'별 회귀분석 결과의 요약

구 분	절편	X	BV
	β_0	β_1	β_2
year＝1	－2.6767E10***	5.85184***	1.13176***
year＝2	－1.5705E10**	6.23994***	1.13849***
year＝3	3.3583E10***	7.15692***	0.78775***

[표 7－3]은 'year'별 회귀분석 결과로, 'year＝1, 2'인 집단의 절편은 유의한 음(－)의 값을 보이고 'year＝3'인 집단의 절편은 유의한 양(＋)의 값을 나타냈다. 또한 변수 'x'의 회귀계수는 모든 집단에서 유의한 양(＋)의 값을 나타냈고, 'bv'의 회귀계수도 유의한 양(＋)의 값을 보였다.

따라서 'x'와 'bv'의 회귀계수에 대한 통계적 차이를 검정하기 위해서는 더미회귀분석을 해야 한다. 다만, 더미변수 'y1, y2, y3' 중에서 2개만 사용해서 더미회귀분석을 실시해야 한다. 더미변수를 선택하는 방법은 회귀계수의 중간 값을 기준집단으로 하여 삭제하고, 나머지 집단을 더미변수로 선택하는 것이다. 구체적으로 살펴보면 다음과 같다.

첫째, ‘x’의 회귀계수는 ‘year’별로 각각 ‘5.85(year=1), 6.24(year=2), 7.16(year=3)’로 나타났다. 따라서 ‘year=2’일 때 ‘x’의 회귀계수가 중간값이므로, 이를 기준집단으로 정하여 더미변수 ‘y1, y3’을 사용하여 더미회귀분석을 실시한다. 둘째, ‘bv’의 회귀계수는 ‘year’별로 각각 ‘1.13(year=1), 1.14(year=2), 0.79(year=3)’로 나타났다. 따라서 ‘year=1 또는 2’일 때 ‘bv’의 회귀계수가 중간값이므로, 더미변수 ‘y2, y3’을 사용하거나 ‘y1, y3’을 사용하여 더미회귀분석을 실시한다. 따라서 ‘x’와 ‘bv’가 공통으로 사용할 수 있는 더미변수인 ‘y1, y3’을 사용하여 더미회귀분석을 실시하면 된다. 만약, 공통으로 사용할 더미변수가 없을 때 모든 상황별 더미회귀분석을 실시하며, 절편이 종속변수에 미치는 영향력이 낮은 경우에는 절편을 해석하지 않는다.

집단별 회귀분석을 통해서 각 변수의 회귀계수가 중간인 집단을 제외한 더미변수 및 상호작용항을 더미회귀분석에 사용하면 된다.

3.3 집단이 3개인 더미회귀분석

(1) 상호작용항의 정의

모든 독립변수(x, bv)에 더미변수(y1, y2, y3)를 곱하여 상호작용항(xy1, bvy1, xy2, bvy2, xy3, bvy3)을 정의한다. [그림 7-11]은 상호작용항의 정의 및 더미회귀분석의 입력 과정이다.

[그림 7-11] [입력] 집단이 3개인 더미회귀분석

```
data reg5; set reg4;
  if year=1 then y1=1; else y1=0;
  if year=2 then y2=1; else y2=0;
  if year=3 then y3=1; else y3=0;
proc reg; dum_y1: model mv=x bv y1 y2/vif;
proc sort; by year;
proc reg; dum_y2: model mv=x bv/vif; by year; run;

data reg6; set reg5;
  xy1=x*y1; bvy1=bv*y1;
  xy2=x*y2; bvy2=bv*y2;
  xy3=x*y3; bvy3=bv*y3;
proc reg; dum_y3: model mv=x bv xy1  xy3 bvy1 bvy3 y1 y3/vif; run;
```

```
data reg6; set reg5;
xy1=x*y1; bvy1=bv*y1;
xy2=x*y2; bvy2=bv*y2;
xy3=x*y3; bvy3=bv*y3;
```

data reg6; set reg5;	'reg5'를 불러와서 'reg6'을 만든다.
xy1=x*y1; bvy1=bv*y1;	상호작용항 'xy1'은 'x×y1'이고, 'bvy1'은 'bv×y1'이다.
xy2=x*y2; bvy2=bv*y2;	상호작용항 'xy2'은 'x×y2'이고, 'bvy2'은 'bv×y2'이다.
xy3=x*y3; bvy3=bv*y3;	상호작용항 'xy3'은 'x×y3'이고, 'bvy3'은 'bv×y3'이다.

위에서 정의된 더미변수와 상호작용항 중에서 '3.2' 단원에서 선택한 변수만 추가하여 더미회귀분석을 실시하면 된다.

(2) 더미변수와 상호작용항을 모두 포함한 더미회귀분석

'종속변수=MV'이고 '독립변수=X, BV'인 회귀방정식이 'year(1, 2, 3)'별로 차이가 있는지를 확인하기 위해서, 독립변수 'X, BV'에 상호작용항 'X·Y1, X·Y3, BV·Y1, BV·Y3'와 더미변수 'Y1, Y3'을 추가한 다음과 같은 연구모형을 설정한 후에 SAS에서 실행하였다.

$$MV = \beta_0 + \beta_1 X + \beta_2 BV + \beta_3 X{\cdot}Y1 + \beta_4 X{\cdot}Y3 + \beta_5 BV{\cdot}Y1 + \beta_6 BV{\cdot}Y3 + \beta_7 Y1 + \beta_8 Y3 + \epsilon$$

```
proc reg; dum_y3 : model mv=x bv xy1  xy3 bvy1 bvy3 y1 y3 /vif;
```

proc reg; dum_y3 : model mv=x bv xy1 xy3 bvy1 bvy3 y1 y3 /vif;	'mv'가 종속변수이고 'x, bv, xy1, xy3, bvy1, bvy3, y1, y3'가 독립변수인 회귀분석을 실시한다.

[그림 7-12]는 Pooling 한 시계열자료에 'year'에 대한 더미변수 및 상호작용항을 포함하여 더미회귀분석 한 결과로, 모형의 적합도를 보여주는 F값은 1%의 유의수준에서 유의한 값을 보여주고 수정결정계수도 '0.9087'로 매우 높은 값을 나타내고 있다. 따라서 모형의 적절성은 확보되었다.

[표7-4] 'year'별 및 종합 회귀분석 결과의 요약

구 분	절 편	X	BV
	β_0	β_1	β_2
year = 1	$-2.6767E10^{***}$	5.85184^{***}	1.13176^{***}
year = 2	$-1.5705E10^{**}$	6.23994^{***}	1.13849^{***}
year = 3	$3.3583E10^{***}$	7.15692^{***}	0.78775^{***}
Pooling	**−1.5705E10*****	**6.23994*****	**1.13849*****

또한 절편은 '−1.5705E10'으로 5%의 유의수준에서 유의한 음(−)의 값을 보이며, 'x, bv'의 회귀계수는 각각 '6.23994, 1.13849'로 유의한 양(+)의 값을 보였다. 이를 요약하면 [표 7−4]와 같고, 연도(year)별 회귀계수와 많은 차이를 보인다.

[그림 7-12] [출력] 더미변수와 상호작용항을 모두 포함한 더미회귀분석

Analysis of Variance					
Source	DF	Sum of Squares	Mean Square	F Value	Pr > F
Model	8	9.229326E26	1.153666E26	3158.80	<.0001
Error	2531	9.243776E25	3.652223E22		
Corrected Total	2539	1.01537E27			

Root MSE	1.911079E11	R-Square	0.9090
Dependent Mean	2.178491E11	Adj R-Sq	0.9087
Coeff Var	87.72489		

Parameter Estimates						
Variable	DF	Parameter Estimate	Standard Error	t Value	Pr > |t|	Variance Inflation
Intercept	1	-1.5705E10	7051369007	-2.23	0.0260	0
x	1	6.23994	0.33097	18.85	<.0001	6.63615
bv	1	1.13849	0.02198	51.81	<.0001	6.73633
xy1	1	-0.38810	0.44955	-0.86	0.3880	4.28327
xy3	1	0.91698	0.45305	2.02	0.0431	4.31286
bvy1	1	-0.00673	0.03072	-0.22	0.8266	4.19399
bvy3	1	-0.35074	0.02910	-12.05	<.0001	4.96800
y1	1	-1.1062E10	10025802899	-1.10	0.2700	1.53405
y3	1	49288847495	9906131473	4.98	<.0001	1.53946

[그림 7−12]에서 변수 'x'에 대한 상호작용항인 'xy1'은 '−0.39'로 유의하지 않은 것으로 나타났으나 'xy3'의 회귀계수는 '0.92'로 5%의 유의수준에서 유의한 양(+)의 값을 나타냈다. 또한 변수 'bv'에 대한 상호작용항인 'bvy1'은 '−0.01'로 유의하지 않은 것으로 나타났으나 'bvy3'의 회귀계수는 '−0.35'로 유의한 음(−)의 값을 나타냈다. 더미변수인 'y1'은 유의하지 않은 것으로 나타났으나, 'y3'는 유의한 양(+)의 값으로 나타났다.

3.4 집단이 3개인 더미회귀분석 결과의 요약

지금까지의 분석결과를 요약하면, '종속변수=MV'이고 '독립변수=X, BV'인 회귀방정식이 'YEAR'별로 차이가 있는지를 검정하기 위해서, 상호작용항(X·Y1, X·Y3, BV·Y1, BV·Y3)과 더미변수(Y1, Y3)를 추가한 더미회귀분석을 하였다.

$$MV = \beta_0 + \beta_1 X + \beta_2 BV + \epsilon$$
$$MV = \beta_0 + \beta_1 X + \beta_2 BV + \beta_3 X\cdot Y1 + \beta_4 X\cdot Y3 + \beta_5 BV\cdot Y1 + \beta_6 BV\cdot Y3 + \beta_7 Y1 + \beta_8 Y3 + \epsilon$$

[표 7−5]는 위 두 모형에 대한 회귀분석 결과를 요약한 것으로, 절편은 해석을 생략한다.

[표7-5] 집단이 3개인 더미회귀분석 결과의 요약

구 분	절편	X	BV	X·Y1	X·Y3	BV·Y1	BV·Y3	Y1	Y3
	β_0	β_1	β_2	β_3	β_4	β_5	β_6	β_7	β_8
YEAR = 1	−2.68E10***	5.85***	1.13***	−	−	−	−	−	−
YEAR = 2	−1.57E10**	6.24***	1.14***	−	−	−	−	−	−
YEAR = 3	3.36E10***	7.16***	0.79***	−	−	−	−	−	−
더미회귀분석	**−1.57E10*****	**6.24*****	**1.14*****	**−0.39**	**0.92****	**−0.01**	**−0.35*****	**−1.11E10**	**4.93E10*****

첫째, 'YEAR=1, 2, 3'일 때 'X'의 회귀계수는 각각 '5.85, 6.24, 7.16'으로 모두 유의한 양(+)의 값을 보인다. 따라서 'YEAR=2'일 때가 중간값이므로, 이를 기준으로 하는 더미변수 'Y1, Y3'을 'X'에 곱한 상호작용항(X·Y1, X·Y3)을 추가하여 검정하였다. 분석결과 'X·Y1'의 회귀계수(β_3)는 유의하지 않은 것으로 나타났으므로, 'YEAR=1'인 집단의 'X'의 회귀계수와 기준집단인 'YEAR=2'인 집단의 'X'의 회귀계수가 차이가 없다고 해석할 수 있다. 또한 'X·Y3'의 회귀계수(β_4)는 '0.92'로 5%의 유의수준에서 유의한 양(+)

의 값을 보이므로, 'YEAR = 3'인 집단의 'X'의 회귀계수는 기준집단인 'YEAR = 2'인 집단의 'X'의 회귀계수보다 유의하게 크다고 해석할 수 있다. 요약하면, 독립변수 'X'의 회귀계수는 모두 유의한 양(+)의 값을 보이지만, ['YEAR = 3' > 'YEAR = 2' = 'YEAR = 1']의 순서대로 유의한 차이를 보인다고 볼 수 있다.

둘째, 'YEAR = 1, 2, 3'일 때 'BV'의 회귀계수는 각각 '1.13, 1.14, 0.79'로 모두 유의한 양(+)의 값을 보인다. 따라서 'YEAR = 1'일 때가 중간값이지만, 'YEAR = 2'일 때도 큰 차이가 없고 이미 'X'에 대한 분석에서 사용하였기 때문에 중복해서 기준집단으로 정의한다. 'YEAR = 2'인 집단을 기준으로 하는 더미변수 'Y1, Y3'을 'BV'에 곱한 상호작용항(BV·Y1, BV·Y3)을 추가하여 검정하였다. 분석결과 'BV·Y1'의 회귀계수(β_5)는 유의하지 않은 것으로 나타났으므로, 'YEAR = 1'인 집단의 'BV'의 회귀계수와 기준집단인 'YEAR = 2'인 집단의 'BV'의 회귀계수가 차이가 없다고 해석할 수 있다. 또한 'BV·Y3'의 회귀계수(β_6)는 '−0.35'로 1%의 유의수준에서 유의한 음(−)의 값을 보이므로, 'YEAR = 3'인 집단의 'BV'의 회귀계수는 기준집단인 'YEAR = 2'인 집단의 'BV'의 회귀계수보다 유의하게 작다고 해석할 수 있다. 요약하면, 독립변수 'BV'의 회귀계수는 모두 유의한 양(+)의 값을 보이지만, ['YEAR = 1' = 'YEAR = 2' > 'YEAR = 3']의 순서대로 유의한 차이를 보인다고 해석할 수 있다.

4 집단이 '2 × 2'인 경우

4.1 집단이 '2 × 2'인 경우 더미변수의 정의

변수 'size'와 'market'은 모두 '0, 1'로 구성된 더미변수 형태이다. 이를 'size × market' 즉, '2 × 2' 형태의 더미변수를 부여하고자 한다면, 어떻게 해야 할까? 만약, [표 7−6]처럼 이를 단순하게 'size × market'으로 더미변수를 부여하면 안 된다.

[표7-6] 'size×market'으로 더미변수의 정의

구 분	size	market	size × market	집단구분
size = 0 & market = 0	0	0	0	0
size = 0 & market = 1	0	1	0	
size = 1 & market = 0	1	0	0	
size = 1 & market = 1	1	1	1	1

'size × market'으로 더미변수를 부여하면, [표 7－6]처럼 'size＝0 & market＝0', 'size＝0 & market＝1', 'size＝1 & market＝0'인 집단이 모두 '0'으로 분류되어 4개의 집단이 아닌 2개의 집단으로만 구분된다. 따라서 [그림 7－13]처럼 새롭게 더미변수를 만들어야 한다.

[그림 7-13] [입력] 더미변수의 정의

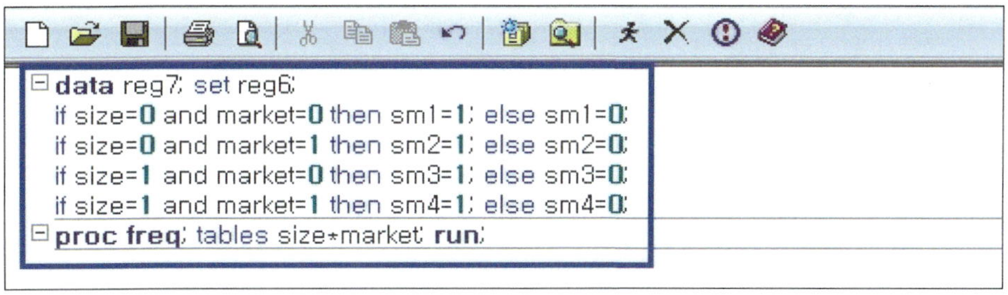


```
data reg7; set reg6;
if size=0 and market=0 then sm1=1; else sm1=0;
if size=0 and market=1 then sm2=1; else sm2=0;
if size=1 and market=0 then sm3=1; else sm3=0;
if size=1 and market=1 then sm4=1; else sm4=0;
```

if size＝0 and market＝0 then sm1＝1; else sm1＝0;	'size＝0 and market＝0'이면 'sm1＝1'이고 그렇지 않으면 'sm1＝0'이다.
if size＝0 and market＝1 then sm2＝1; else sm2＝0;	'size＝0 and market＝1'이면 'sm2＝1'이고 그렇지 않으면 'sm2＝0'이다.
if size＝1 and market＝0 then sm3＝1; else sm3＝0;	'size＝1 and market＝0'이면 'sm3＝1'이고 그렇지 않으면 'sm3＝0'이다.
if size＝1 and market＝1 then sm4＝1; else sm4＝0;	'size＝1 and market＝1'이면 'sm4＝1'이고 그렇지 않으면 'sm4＝0'이다.

더미변수 'sm1'은 'size＝0 & market＝0'이면 '1'을 부여하고 아니면 '0'을 부여하고, 'sm2'는 'size＝0 & market ＝ 1'이면 '1'을 부여하고 아니면 '0'을 부여하고, 'sm3'은 'size ＝1 & market＝ 0'이면 '1'을 부여하고 아니면 '0'을 부여하고, 'sm4'는 'size＝1 & market ＝1'이면 '1'을 부여하고 아니면 '0'을 부여한다. 요약하면 [표 7－7]과 같다.

[표7-7] 집단이 '2×2'개인 더미변수의 정의

구 분	더미변수 부여방법	size = 0 & market = 0	size = 0 & market = 1	size = 1 & market = 0	size = 1 & market = 1
sm1	size = 0 & market = 0이면 sm1 = 1 그렇지 않으면 sm1 = 0	1	0	0	0
sm2	size = 0 & market = 1이면 sm2 = 1 그렇지 않으면 sm2 = 0	0	1	0	0
sm3	size = 1 & market = 0이면 sm3 = 1 그렇지 않으면 sm3 = 0	0	0	1	0
sm4	size = 1 & market = 1이면 sm4 = 1 그렇지 않으면 sm4 = 0	0	0	0	1

[표 7−7]에서 집단의 전체 개수인 4개 중에서 'n−1'인 3개의 더미변수만 선택해서 모형에 추가하면, 4개의 집단이 구분된다.

```
proc freq; tables size*market; run;
```

proc freq; tables size*market; run;	'size×market'에 대한 빈도분석을 실시한다.

[그림 7-14] [출력] 집단이 '2×2'인 경우의 빈도분석

FREQ 프로시저

빈도 / 백분율 / 행 백분율 / 칼럼 백분율

테이블:size by market

size	market 0	market 1	합계
0	684 26.93 57.29 81.72	510 20.08 42.71 29.95	1194 47.01
1	153 6.02 11.37 18.28	1193 46.97 88.63 70.05	1346 52.99
합계	837 32.95	1703 67.05	2540 100.00

[그림 7−14]에서 4개의 집단의 표본크기는 [그림 7−14]처럼 'size = 0 & market = 0'일 때

'684', 'size = 0 & market = 1'일 때 '510', 'size = 1 & market = 0'일 때 '153', 'size = 1 & market = 1'일 때 '1193'으로 나타나고 있다. 따라서 'size = 1 & market = 1'인 집단의 표본크기가 가장 크고, 'size = 0 & market = 0'인 집단의 표본크기가 그다음으로 크다.

4.2 'size' 및 'market'별 회귀분석을 통한 더미변수 및 상호작용항의 선택

4개의 더미변수 중 3개를 선택하기 위해서, 'size' 및 'market'별로 회귀계수의 유의성에 차이가 있는지를 확인하고자 한다.

$$MV = \beta_0 + \beta_1 X + \beta_2 BV + \epsilon$$

'종속변수 = MV'이고 '독립변수 = X, BV'인 모형을 통해서 'size' 및 'market'별로 회귀분석을 실시한다.

[그림 7-15] [입력] 집단이 '2×2'인 더미회귀분석

```
data reg7; set reg6;
  if size=0 and market=0 then sm1=1; else sm1=0;
  if size=0 and market=1 then sm2=1; else sm2=0;
  if size=1 and market=0 then sm3=1; else sm3=0;
  if size=1 and market=1 then sm4=1; else sm4=0;
proc freq; tables size*market;
proc sort; by size market;
proc reg; dum_sm1: model mv=x bv/vif; by size market; run;
```

```
proc sort; by size market;
proc reg; dum_sml : model mv=x bv/vif; by size market; run;
```

proc sort; by size market;	'size, market'을 기준으로 오름차순 정렬한다.
proc reg; dum_sml : model mv = x bv/vif; by size market; run;	'mv'가 종속변수이고 'x, bv'가 독립변수인 회귀분석을 'size' 및 'market'별로 실시한다.

[proc sort; by size market;] 문은 먼저 'size'를 통해서 오름차순으로 정렬하고, 그다음으로 'market'을 통해서 오름차순으로 정렬하라는 명령어이다.

(1) 'size = 0 & market = 0'인 집단의 회귀분석

[그림 7−16]은 'size = 0'이고 'market = 0'인 집단의 회귀분석 결과로, 모형의 적합도인 F값은 유의한 양(+)의 값을 보이고 수정결정계수도 '0.9175'로 높게 나타났다.

[그림 7-16] [출력] 'size = 0 & market = 0'인 집단의 회귀분석

The REG Procedure
Model: dum_sm1
Dependent Variable: mv

size=0 market=0

Number of Observations Read	684
Number of Observations Used	684

Analysis of Variance					
Source	DF	Sum of Squares	Mean Square	F Value	Pr > F
Model	2	8.016799E26	4.008399E26	3799.12	<.0001
Error	681	7.185139E25	1.055086E23		
Corrected Total	683	8.735313E26			

Root MSE	3.248209E11	R-Square	0.9177
Dependent Mean	5.200936E11	Adj R-Sq	0.9175
Coeff Var	62.45432		

Parameter Estimates						
Variable	DF	Parameter Estimate	Standard Error	t Value	Pr > |t|	Variance Inflation
Intercept	1	-8.48664E10	14319071240	-5.93	<.0001	0
x	1	7.37824	0.34730	21.24	<.0001	1.97783
bv	1	1.00087	0.02216	45.17	<.0001	1.97783

[그림 7−16]에서 절편은 '−8.49E10'으로 1%의 유의수준에서 유의한 음(−)의 값을 보이고, 변수 'x, bv'의 회귀계수는 각각 '7.38, 1.00'으로 유의한 양(+)의 값을 나타냈다.

(2) 'size = 0 & market = 1'인 집단의 회귀분석

[그림 7－17]은 'size＝0'이고 'market＝1'인 집단의 회귀분석 결과로, 모형의 적합도인 F값은 유의한 양(＋)의 값을 보이고 수정결정계수도 '0.6992'로 높게 나타났다.

[그림 7-17] [출력] 'size = 0 & market = 1'인 집단의 회귀분석

The REG Procedure
Model: dum_sm1
Dependent Variable: mv

size=0 market=1

Number of Observations Read	510
Number of Observations Used	510

Analysis of Variance					
Source	DF	Sum of Squares	Mean Square	F Value	Pr > F
Model	2	2.271892E25	1.135946E25	592.55	<.0001
Error	507	9.719394E24	1.91704E22		
Corrected Total	509	3.243832E25			

Root MSE	1.384572E11	R-Square	0.7004
Dependent Mean	1.863098E11	Adj R-Sq	0.6992
Coeff Var	74.31560		

Parameter Estimates						
Variable	DF	Parameter Estimate	Standard Error	t Value	Pr > |t|	Variance Inflation
Intercept	1	-9734097672	9473822876	-1.03	0.3047	0
x	1	4.29625	0.40228	10.68	<.0001	1.69606
bv	1	1.33757	0.07314	18.29	<.0001	1.69606

[그림 7－17]에서 절편은 '－0.97E10'으로 유의하지 않았으나, 변수 'x, bv'의 회귀계수는 각각 '4.30, 1.34'로 1%의 유의수준에서 유의한 양(＋)의 값을 나타냈다.

(3) ‘size = 1 & market = 0’인 집단의 회귀분석

[그림 7－18]은 ‘size = 1’이고 ‘market = 0’인 집단의 회귀분석 결과로, 모형의 적합도인 F값은 유의한 양(+)의 값을 보이고 수정결정계수도 ‘0.502’로 높게 나타났다.

[그림 7-18] [출력] ‘size = 1 & market = 0’인 집단의 회귀분석

The REG Procedure
Model: dum_sm1
Dependent Variable: mv

size=1 market=0

Number of Observations Read	153
Number of Observations Used	153

Analysis of Variance					
Source	DF	Sum of Squares	Mean Square	F Value	Pr > F
Model	2	1.507672E24	7.53836E23	77.62	<.0001
Error	150	1.456868E24	9.712451E21		
Corrected Total	152	2.96454E24			

Root MSE	98551767352	R-Square	0.5086
Dependent Mean	79941985999	Adj R-Sq	0.5020
Coeff Var	123.27911		

Parameter Estimates						
Variable	DF	Parameter Estimate	Standard Error	t Value	Pr > |t|	Variance Inflation
Intercept	1	2130331856	10840269681	0.20	0.8445	0
x	1	-0.59365	0.73091	-0.81	0.4180	1.21083
bv	1	1.00493	0.08635	11.64	<.0001	1.21083

[그림 7－18]에서 절편과 변수 ‘x’의 회귀계수는 각각 ‘－0.21E10, －0.59’로 유의하지 않았으나, ‘bv’의 회귀계수는 ‘1.00’으로 1%의 유의수준에서 유의한 양(+)의 값을 나타냈다.

(4) 'size = 1 & market = 1'인 집단의 회귀분석

[그림 7－19]는 'size = 1'이고 'market = 1'인 집단의 회귀분석 결과로, 모형의 적합도인 F값은 유의한 양(＋)의 값을 보이고 수정결정계수는 '0.2454'로 나타났다.

[그림 7-19] [출력] 'size = 1 & market = 1'인 집단의 회귀분석

The REG Procedure
Model: dum_sm1
Dependent Variable: mv

size=1 market=1

Number of Observations Read	1193
Number of Observations Used	1193

Analysis of Variance					
Source	DF	Sum of Squares	Mean Square	F Value	Pr > F
Model	2	4.055071E24	2.027536E24	194.85	<.0001
Error	1190	1.238281E25	1.040572E22		
Corrected Total	1192	1.643788E25			

Root MSE	1.020084E11	R-Square	0.2467
Dependent Mean	75728104239	Adj R-Sq	0.2454
Coeff Var	134.70355		

Parameter Estimates						
Variable	DF	Parameter Estimate	Standard Error	t Value	Pr > |t|	Variance Inflation
Intercept	1	-1237471364	5592665845	-0.22	0.8249	0
x	1	2.17332	0.40989	5.30	<.0001	1.17296
bv	1	1.66213	0.10709	15.52	<.0001	1.17296

[그림 7－19]에서 절편은 '－0.12E10'으로 유의하지 않았으나, 변수 'x, bv'의 회귀계수는 각각 '2.17, 1.66'으로 1%의 유의수준에서 유의한 양(＋)의 값을 나타냈다.

(5) 'size' 및 'market'별 회귀분석 결과의 요약

[표 7-8]은 'size' 및 'market'별 회귀분석 결과를 요약한 것이다.

[표7-8] 'size' 및 'market'별 회귀분석 결과의 요약

구 분	관련 더미변수	절편	X	BV
		β_0	β_1	β_2
size=0 & market=0	sm1	−8.48664E10***	7.37824***	1.00087***
size=0 & market=1	**sm2**	−0.97340E10	**4.29625*****	**1.33757*****
size=1 & market=0	sm3	0.21303E10	−0.59365	1.00493***
size=1 & market=1	**sm4**	−0.12374E10***	**2.17332*****	1.66213***

[표 7-8]은 'size' 및 'market'별 회귀분석 결과로, 변수 'x'의 회귀계수는 'size=1 & market=0'인 집단을 제외한 나머지 집단에서 모두 유의한 양(+)의 값을 나타냈고, 'bv'의 회귀계수는 모든 집단에서 유의한 양(+)의 값을 보였다.

따라서 'x'와 'bv'의 회귀계수에 대한 통계적 차이를 검정하기 위해서는 더미회귀분석을 해야 하며, 더미변수 'sm1, sm2, sm3, sm4'중에서 3개만 사용해서 더미회귀분석을 실시해야 한다. 더미변수를 선택하는 방법은 회귀계수의 중간값을 기준집단으로 하여 삭제하고, 나머지 집단을 더미변수로 선택하는 것이다. 구체적으로 다음과 같다.

첫째, 'x'의 회귀계수는 집단별로 각각 '7.38(size=0 & market=0), 4.30(size=0 & market=1), −0.59(size=1 & market=0), 2.17(size=1 & market=1)'로 나타났다. 따라서 'size=0 & market=1' 및 'size=1 & market=1'일 때 'x'의 회귀계수가 중간값이므로, 이를 기준집단으로 정하여 'sm2, sm4'를 각각 삭제한 더미회귀분석을 실시한다. 다만 'size =1 & market=0'인 경우에는 유의하지 않으므로 값이 가장 작다. 따라서 이를 제외할 때 'size=0 & market=1'인 경우만 중간값으로 정의하여도 무방하나, 일반적인 경우를 설명하기 위해서 두 집단을 중간값으로 정의한다.

둘째, 'bv'의 회귀계수는 'size' 및 'market'별로 각각 '1.00(size=0 & market=0), 1.34(size=0 & market=1), 1.00(size=1 & market=0), 1.66(size=1 & market=1)'으로 나타났다. 따라서 'size=0 & market=1'일 때 'bv'의 회귀계수가 중간값이므로, 이를 기준집단으로 정하여 'sm2'를 삭제한다.

결론적으로 'x'와 'bv'에 대한 집단별 회귀계수의 차이를 검정하기 위해서는 'sm2(size=

0 & market = 1)'를 제외한 더미회귀분석과 'sm4(size = 1 & market = 1)'를 제외한 더미회귀분석을 실시하면 된다.

> ① 'X'의 회귀계수가 중간인 집단 :
> size = 0 & market = 1 → sm2를 제외한 더미회귀분석(sm1, sm3, sm4 사용)
> size = 1 & market = 1 → sm4를 제외한 더미회귀분석(sm1, sm2, sm3 사용)
>
> ② 'BV'의 회귀계수가 중간인 집단 :
> size = 0 & market = 1 → sm2를 제외한 더미회귀분석(sm1, sm3, sm4 사용)

4.3 집단이 '2×2'인 더미회귀분석

'size' 및 'market'의 차이에 따른 독립변수의 회귀계수 차이를 검정하기 위해, '4.2' 단원에서 선택된 더미변수와 상호작용항을 포함한 더미회귀분석을 한다.

[그림 7-20] [입력] 집단이 '2×2'인 더미회귀분석

```
data reg7; set reg6;
 if size=0 and market=0 then sm1=1; else sm1=0;
 if size=0 and market=1 then sm2=1; else sm2=0;
 if size=1 and market=0 then sm3=1; else sm3=0;
 if size=1 and market=1 then sm4=1; else sm4=0;
proc freq; tables size*market;
proc sort; by size market;
proc reg; dum_sm1: model mv=x bv/vif; by size market; run;

data reg8; set reg7;
 xsm1=x*sm1; bvsm1=bv*sm1;
 xsm2=x*sm2; bvsm2=bv*sm2;
 xsm3=x*sm3; bvsm3=bv*sm3;
 xsm4=x*sm4; bvsm4=bv*sm4;
proc reg; dum_sm2: model mv=x bv xsm1 xsm3 xsm4 bvsm1 bvsm3 bvsm4 sm1 sm3 sm4 /vif;
proc reg; dum_sm3: model mv=x bv xsm1 xsm2 xsm3 bvsm1 bvsm2 bvsm3 sm1 sm2 sm3 /vif;
run;
```

(1) 상호작용항의 정의

모든 독립변수(x, bv)에 더미변수(sm1, sm2, sm3, sm4)를 곱하여 상호작용항(xsm1, bvsm1, xsm2, bvsm2, xsm3, bvsm3, xsm4, bvsm4)을 정의한다.

```
data reg8; set reg7;
xsm1=x*sm1; bvsm1=bv*sm1;
xsm2=x*sm2; bvsm2=bv*sm2;
xsm3=x*sm3; bvsm3=bv*sm3;
xsm4=x*sm4; bvsm4=bv*sm4;
```

data reg8; set reg7;	'reg7'을 불러와서 'reg8'을 만든다.
xsm1=x*sm1; bvsm1=bv*sm1;	'xsm1'은 'x×sm1'이고, 'bvsm1'은 'bv×sm1'이다.
xsm2=x*sm2; bvsm2=bv*sm2;	'xsm2'는 'x×sm2'이고, 'bvsm2'는 'bv×sm2'이다.
xsm3=x*sm3; bvsm3=bv*sm3;	'xsm3'은 'x×sm3'이고, 'bvsm3'은 'bv×sm3'이다.
xsm4=x*sm4; bvsm4=bv*sm4;	'xsm4'는 'x×sm4'이고, 'bvsm4'는 'bv×sm4'이다.

(2) 집단이 '2×2'인 더미회귀분석

'종속변수=MV'이고 '독립변수=X, BV'인 회귀방정식이 'size(0, 1) 및 market(0, 1)'별로 차이가 있는지를 확인하기 위해서, 독립변수 'X, BV'에 '4.2' 단원에서 선택한 상호작용항과 더미변수를 추가한 다음과 같은 연구모형을 설정한 후에 SAS에서 실행하였다.

```
proc reg; dum_sm2 : model mv=x bv xsm1 xsm3 xsm4 bvsm1 bvsm3 bvsm4
sm1 sm3 sm4 /vif;
proc reg; dum_sm3 : model mv=x bv xsm1 xsm2 xsm3 bvsm1 bvsm2 bvsm3
sm1 sm2 sm3 /vif; run;
```

proc reg; dum_sm2 : model mv=x bv xsm1 xsm3 xsm4 bvsm1 bvsm3 bvsm4 sm1 sm3 sm4 /vif;	'mv'가 종속변수이고 'x, bv, xsm1, xsm3, xsm4, bvsm1, bvsm3, bvsm4, sm1, sm3, sm4'가 독립변수인 회귀분석을 실시한다.
proc reg; dum_sm3 : model mv=x bv xsm1 xsm2 xsm3 bvsm1 bvsm2 bvsm3 sm1 sm2 sm3 /vif;	'mv'가 종속변수이고 'x, bv, xsm1, xsm2, xsm3, bvsm1, bvsm2, bvsm3, sm1, sm2, sm3'가 독립변수인 회귀분석을 실시한다.

① 'sm2'를 제외한 더미회귀분석

다음 모형은 종속변수는 'mv'이고 독립변수는 'x, bv'인 모형에 더미변수 'sm2'와 그와 관련된 상호작용항을 제외한 모형이며, 그 분석결과는 [그림 7-21]이다.

$$MV = \beta_0 + \beta_1 X + \beta_2 BV + \beta_3 X \cdot SM1 + \beta_4 X \cdot SM3 + \beta_5 X \cdot SM4 + \beta_6 BV \cdot SM1 + \beta_7 BV \cdot SM3 + \beta_8 BV \cdot SM4 + \beta_9 SM1 + \beta_{10} SM3 + \beta_{11} SM4 + \epsilon$$

[그림 7-21] [출력] 'sm2'를 제외한 더미회귀분석

Source	DF	Sum of Squares	Mean Square	F Value	Pr > F
Model	11	9.199599E26	8.363272E25	2215.94	<.0001
Error	2528	9.541046E25	3.774148E22		
Corrected Total	2539	1.01537E27			

Root MSE	1.942717E11	R-Square	0.9060
Dependent Mean	2.178491E11	Adj R-Sq	0.9056
Coeff Var	89.17716		

Parameter Estimates

Variable	DF	Parameter Estimate	Standard Error	t Value	Pr > |t|	Variance Inflation
Intercept	1	-9734097672	13292880758	-0.73	0.4641	0
x	1	4.29625	0.56445	7.61	<.0001	18.67810
bv	1	1.33757	0.10262	13.03	<.0001	142.15820
xsm1	1	3.08199	0.60146	5.12	<.0001	18.62368
xsm3	1	-4.88990	1.54744	-3.16	0.0016	1.43663
xsm4	1	-2.12293	0.96331	-2.20	0.0276	1.79456
bvsm1	1	-0.33670	0.10348	-3.25	0.0012	149.61106
bvsm3	1	-0.33264	0.19877	-1.67	0.0943	2.52471
bvsm4	1	0.32456	0.22831	1.42	0.1553	3.26691
sm1	1	-7.51323E10	15812779597	-4.75	<.0001	3.31129
sm3	1	11864429528	25166183686	0.47	0.6374	2.41283
sm4	1	8496626308	17033656000	0.50	0.6180	4.86375

[그림 7－21]에서 모형의 적합도를 보여주는 F값은 1%의 유의수준에서 유의한 값을 보여주며, 수정결정계수도 '0.9056'로 매우 높은 값을 나타내고 있다. 따라서 모형의 적절성은 확보되었다.

또한 다중공선성 문제가 발생할 수 있는 기준이 되는 $\frac{1}{1-R^2}$는 10.638($\frac{1}{1-0.906}$)이 되는데, 변수 'x, bv, xsm1, bvsm1'의 VIF 값은 모두 기준값인 '10.638'을 초과하고 있다. 다만 해당 변수들은 모두 유의한 값을 보이고 있고 그 방향성에도 큰 문제가 없으므로, 그대로 해석하여도 무방하다. 이처럼 다중공선성의 기준값을 넘는 VIF 값이 나타나도, 방향성과 유의성에 큰 문제가 없다면 분석결과를 신뢰해도 된다.

[그림 7－21]에서 'x, bv'는 1%의 유의수준에서 유의한 양(＋)의 값을 보이고 있으므로 집단별 결과와 큰 차이가 없다고 볼 수 있고, 'x'와 관련된 상호작용항 중에서 'xsm1'은 유의한 양(＋)의 값을 보이고 있으나, 'xsm3, xsm4'는 유의한 음(－)의 값을 보인다. 또한 'bv'와 관련된 상호작용항 중에서 'bvsm1, bvsm3'은 유의한 음(－)의 값을 보이고 있으나, 'bvsm4'는 유의하지 않았다.

② 'sm4'를 제외한 더미회귀분석

다음 모형은 '종속변수＝mv'이고 '독립변수＝x, bv'인 모형에 더미변수 'sm4'와 그와 관련된 상호작용항을 제외한 모형이며, 그 분석결과는 [그림 7－22]이다.

[그림 7－22]에서 모형의 적합도를 보여주는 F값은 1%의 유의수준에서 유의한 값을 보여주며, 수정결정계수도 '0.9056'로 매우 높은 값을 나타내고 있다. 따라서 모형의 적절성은 확보되었다. 또한 변수 'x, bv, xsm1, bvsm1'의 VIF 값은 다중공선성 문제가 발생할 수 있는 기준값인 10.638을 모두 초과하고 있다. 다만 해당 변수들 대부분은 모두 유의한 값을 보이고 있으나, 'bvsm2'는 유의하지 않은 것으로 나타나고 있다. 따라서 다중공선성 문제로 회귀계수가 왜곡될 수 있으므로, [그림 7－21]의 분석결과와 함께 종합적인 해석이 필요하다.

$$MV = \beta_0 + \beta_1 X + \beta_2 BV + \beta_3 X \cdot SM1 + \beta_4 X \cdot SM2 + \beta_5 X \cdot SM3 + \beta_6 BV \cdot SM1 + \beta_7 BV \cdot SM2 + \beta_8 BV \cdot SM3 \\ + \beta_9 SM1 + \beta_{10} SM2 + \beta_{11} SM3 + \epsilon$$

[그림 7-22] **[출력] 'sm4'를 제외한 더미회귀분석**

Source	DF	Sum of Squares	Mean Square	F Value	Pr > F
Model	11	9.199599E26	8.363272E25	2215.94	<.0001
Error	2528	9.541046E25	3.774148E22		
Corrected Total	2539	1.01537E27			

Root MSE	1.942717E11	R-Square	0.9060
Dependent Mean	2.178491E11	Adj R-Sq	0.9056
Coeff Var	89.17716		

Parameter Estimates						
Variable	DF	Parameter Estimate	Standard Error	t Value	Pr > |t|	Variance Inflation
Intercept	1	-1237471364	10651044920	-0.12	0.9075	0
x	1	2.17332	0.78062	2.78	0.0054	35.72373
bv	1	1.66213	0.20394	8.15	<.0001	561.42779
xsm1	1	5.20491	0.80778	6.44	<.0001	33.59254
xsm2	1	2.12293	0.96331	2.20	0.0276	5.57805
xsm3	1	-2.76697	1.63870	-1.69	0.0914	1.61107
bvsm1	1	-0.66126	0.20437	-3.24	0.0012	583.62540
bvsm2	1	-0.32456	0.22831	-1.42	0.1553	16.62757
bvsm3	1	-0.65720	0.26565	-2.47	0.0134	4.50962
sm1	1	-8.36289E10	13667043485	-6.12	<.0001	2.47361
sm2	1	-8496626308	17033656000	-0.50	0.6180	3.13350
sm3	1	3367803221	23876366565	0.14	0.8878	2.17184

[그림 7-22]에서 'x, bv'는 1%의 유의수준에서 유의한 양(+)의 값을 보이고 있고, 'x'와 관련된 상호작용항 중에서 'xsm1, xsm2'는 유의한 양(+)의 값을 보이고 있으나, 'xsm3'는 유의한 음(-)의 값을 보인다. 또한 'bv'와 관련된 상호작용항 중에서 'bvsm1, bvsm3'은 유의한 음(-)의 값을 보이고 있으나, 'bvsm2'는 유의하지 않은 것으로 나타났다.

4.4 집단이 '2×2'인 더미회귀분석 결과의 요약

지금까지의 분석결과를 요약하면, '종속변수=MV'이고 '독립변수= X, BV'인 회귀방정식이 'size' 및 'market'별로 차이가 있는지를 검정하기 위해서, 상호작용항과 더미변수를 추가한 아래의 모형을 통해서 더미회귀분석을 실시하였다.

$$MV = \beta_0 + \beta_1 X + \beta_2 BV + \epsilon$$

$$MV = \beta_0 + \beta_1 X + \beta_2 BV + \beta_3 X \cdot SM1 + \beta_4 X \cdot SM3 + \beta_5 X \cdot SM4 + \beta_6 BV \cdot SM1 + \beta_7 BV \cdot SM3 + \beta_8 BV \cdot SM4 + \beta_9 SM1 + \beta_{10} SM3 + \beta_{11} SM4 + \epsilon$$

$$MV = \beta_0 + \beta_1 X + \beta_2 BV + \beta_3 X \cdot SM1 + \beta_4 X \cdot SM2 + \beta_5 X \cdot SM3 + \beta_6 BV \cdot SM1 + \beta_7 BV \cdot SM2 + \beta_8 BV \cdot SM3 + \beta_9 SM1 + \beta_{10} SM2 + \beta_{11} SM3 + \epsilon$$

[표 7−9]는 위 모형들에 대한 회귀분석 결과를 요약한 것이다.

[표7-9] 집단이 '2×2'인 더미회귀분석 결과의 요약

구 분	X	BV	X·SM1	X·SM2	X·SM3	X·SM4	BV·SM1	BV·SM2	BV·SM3	BV·SM4
size=0 & market=0 (A그룹)	7.38***	1.00***	−	−	−	−	−	−	−	−
size=0 & market=1 (B그룹)	4.30***	1.34***	−	−	−	−	−	−	−	−
size=1 & market=0 (C그룹)	−0.59	1.00***	−	−	−	−	−	−	−	−
size=1 & market=1 (D그룹)	2.17***	1.66***	−	−	−	−	−	−	−	−
SM2 생략	**4.30*****	**1.34*****	**3.08*****	−	**−4.89*****	**−2.12****	**−0.34*****	−	**−0.33***	**0.32**
			A > B	−	C < B	D < B	A < B	−	C < B	D = B
SM4 생략	**2.17*****	**1.66*****	**5.20*****	**2.12****	**−2.77***	−	**−0.66*****	**−0.32**	**−0.66****	−
					C < D	−				−

[표 7－9]에 대한 집단 구분을 'size＝0 & market＝0'인 집단은 A그룹, 'size＝0 & market＝1'인 집단은 B그룹, 'size＝1 & market＝0'인 집단은 C그룹, 'size＝1 & market＝1'인 집단은 D그룹으로 정의한다.

첫째, 그룹별 'X'의 회귀계수는 각각 '7.38, 4.3, －0.59, 2.17'로 나타났다. 따라서 B그룹(＝4.3)과 D그룹(＝2.17)일 때가 중간값이므로, 'SM2' 또는 'SM4'를 제외한 더미변수와 상호작용항을 각각 추가하여 검정하였다. 'SM2'를 생략했을 때, 'X·SM1'의 회귀계수는 유의한 양(＋)의 값을 보이고, 'X·SM3, X·SM4'의 회귀계수는 유의한 음(－)의 값을 보였다. 따라서 A그룹의 'X'의 회귀계수(＝7.38)는 기준집단인 B그룹의 'X'의 회귀계수(＝4.30)보다 크고, C그룹 및 D그룹의 'X'의 회귀계수(＝－0.59, 2.17)는 기준집단인 B그룹보다 작다고 해석할 수 있다.

또한 C그룹과 D그룹 간의 차이를 분석하기 위해서 'SM4'를 생략한 더미회귀분석을 확인한 결과, 이와 관련된 'X·SM3'의 회귀계수는 '－2.77'로 유의한 음(－)의 값을 보였다. 따라서 C그룹의 'X'의 회귀계수(＝－0.59)가 기준집단인 D그룹의 'X'의 회귀계수(＝2.17)보다 작다고 해석된다.

종합하면, 'X'의 회귀계수는 'A그룹 > B그룹 > D그룹 > C그룹'의 순서대로 유의한 차이를 보인다고 해석할 수 있다.

둘째, 그룹별 'BV'의 회귀계수는 각각 '1.00, 1.34, 1.00, 1.66'으로 나타났다. 따라서 B그룹(＝1.34)이 중간값이므로, 'SM2'를 제외한 더미회귀분석을 실시한다. 'SM2'를 생략했을 때, 'BV·SM1, BV·SM3'의 회귀계수는 유의한 음(－)의 값을 나타냈고, 'BV·SM4'의 회귀계수는 유의하지 않았다. 따라서 A그룹 및 C그룹의 'BV'의 회귀계수는 기준집단인 B그룹의 회귀계수보다 작다고 해석할 수 있고, D그룹의 'BV'의 회귀계수는 기준집단인 B그룹의 회귀계수와 차이가 없다고 해석할 수 있다.

결론적으로 A그룹 및 C그룹의 'BV'의 회귀계수는 B그룹 및 D그룹의 'BV'의 회귀계수보다 작다고 볼 수 있다. 따라서 'BV'의 회귀계수의 순위는 'SM4'를 생략한 더미회귀분석을 확인할 필요가 없으므로, 다중공선성이 발생한 'BV·SM2'는 해석에서 제외하여도 무방하다.

5 더미변수가 검정변수인 경우

5.1 차이분석과 더미회귀분석의 비교

차이분석은 다른 요인을 통제하지 못하므로, 이를 해결하기 위해서는 더미회귀분석을 활용할 수 있다.

만약 집단 'size'를 기준으로 변수 'mv'에 대한 차이분석을 한다면, 'mv'에 영향을 미칠 수 있는 다른 요인을 통제하지 못하고 단순히 'size'별 'mv' 값의 차이만 비교하게 된다. 따라서 'mv'에 영향을 미칠 수 있는 다른 요인인 'x, bv'를 통제변수로 사용하고, 검정변수 'size'의 종속변수 'mv'에 대한 더미회귀분석을 실시한다면, 다른 요인을 통제한 후 'size'별 'mv'의 차이를 확인할 수 있다.

[그림 7-23] **[입력] 차이분석과 더미회귀분석의 비교**

```
data reg9; set reg8;
proc ttest; class size; var mv;
proc npar1way wilcoxon; class size; var mv;
proc reg; dum_dum1: model mv=x bv size/vif;
proc reg; dum_dum2: model mv=x bv y1 y2/vif;
proc reg; dum_dum3: model mv=x bv sm1 sm2 sm3/vif; run;
```

```
proc ttest; class size; var mv;
proc npar1way wilcoxon; class size; var mv;
proc reg; dum_dum1 : model mv=x bv size/vif;
```

proc ttest; class size; var mv;	변수 'mv'를 'size' 기준으로 집단을 구분하여 'T검정'을 한다.
proc npar1way wilcoxon; class size; var mv;	변수 'mv'를 'size' 기준으로 집단을 구분하여 '윌콕슨 순위합 검정'을 한다.
proc reg; dum_dum1 : model mv=x bv size/vif;	'size'가 검정변수이고 'x, bv'가 통제변수인 회귀분석을 실시한다.

집단 'size'를 기준으로 변수 'mv'에 대한 차이분석은 T검정과 윌콕슨 순위합 검정을 함께 사용한다. 또한 검정변수 'size'와 통제변수 'x, bv'가 종속변수 'mv'에 미치는 영향을 검증하고자 더미회귀분석을 실시한다.

(1) 집단 'size' 기준 'mv'에 대한 차이분석

[그림 7-24] [출력] 집단 'size' 기준 'mv'에 대한 차이분석

size	Method	N	Mean	Std Dev	Std Err	Minimum	Maximum
0		1194	3.775E11	8.87E11	2.567E10	2.4091E9	1.146E13
1		1346	7.621E10	1.201E11	3.2739E9	2.4538E9	1.722E12
Diff (1-2)	Pooled		3.013E11	6.144E11	2.442E10		
Diff (1-2)	Satterthwaite		3.013E11		2.588E10		

size	Method	Mean	95% CL Mean		Std Dev	95% CL Std Dev	
0		3.775E11	3.272E11	4.279E11	8.87E11	8.528E11	9.24E11
1		7.621E10	6.978E10	8.263E10	1.201E11	1.157E11	1.248E11
Diff (1-2)	Pooled	3.013E11	2.534E11	3.492E11	6.144E11	5.979E11	6.317E11
Diff (1-2)	Satterthwaite	3.013E11	2.505E11	3.521E11			

Method	Variances	DF	t Value	Pr > |t|
Pooled	Equal	2538	12.34	<.0001
Satterthwaite	Unequal	1231.8	11.64	<.0001

Equality of Variances				
Method	Num DF	Den DF	F Value	Pr > F
Folded F	1193	1345	54.53	<.0001

T검정 결과 'size=0'인 집단의 'mv'는 'size=1'인 집단의 'mv'보다 더 유의하게 큰 것으로 나타났다. 결과를 표시하지는 않았으나, 윌콕슨 순위합 검정도 같은 결과를 도출하였다.

(2) 더미변수 'size'가 검정변수인 더미회귀분석

더미변수인 'size'가 종속변수 'mv'에 미치는 영향을 검증하고자 더미회귀분석을 실시하였다. 차이분석에서 'size=0'인 집단의 'mv'가 'size=1'인 집단의 'mv'보다 큰 것으로 나타났으므로, 만약 더미회귀분석과 차이분석 결과가 같다면 'size'는 유의한 음(−)을 보여야 한다.

[그림 7-25] [출력] 더미변수 'size'가 검정변수인 더미회귀분석

Analysis of Variance					
Source	DF	Sum of Squares	Mean Square	F Value	Pr > F
Model	3	9.140257E26	3.046752E26	7624.04	<.0001
Error	2536	1.013448E26	3.996244E22		
Corrected Total	2539	1.01537E27			

Root MSE	1.999061E11	R-Square	0.9002
Dependent Mean	2.178491E11	Adj R-Sq	0.9001
Coeff Var	91.76355		

Parameter Estimates						
Variable	DF	Parameter Estimate	Standard Error	t Value	Pr > |t|	Variance Inflation
Intercept	1	-3.88089E10	6464853795	-6.00	<.0001	0
x	1	6.68630	0.18962	35.26	<.0001	1.99070
bv	1	1.01201	0.01265	80.01	<.0001	2.03936
size	1	62831403756	8327526334	7.55	<.0001	1.09798

[그림 7-25]에서 더미변수인 'size'는 유의한 양(+)의 값을 보이므로, 'mv'에 영향을 미칠 수 있는 'x, bv'를 통제하면 'size=1'인 집단의 'mv'가 'size=0'인 집단의 'mv'보다 크다고 볼 수 있다. 이는 [그림 7-24]의 차이분석 결과와 정반대의 결과를 보여주므로, 적절한 통제변수가 포함되어 수정결정계수도 0.9 이상인 더미회귀분석 결과를 더 신뢰해야 한다.

이처럼 차이분석과 더미회귀분석 결과가 다르게 나타나는 이유는 무엇일까? 그 이유는 차이분석이 'size' 차이에 따른 'mv'의 차이만 보여주지 않고, 'size' 차이는 물론 'x, bv'의 'mv'에 대한 영향력까지 포함된 'mv' 값만을 단순히 비교하기 때문이다. 반면에 더미회귀분석에서는 'x, bv'의 'mv'에 대한 영향력을 통제하고, 'size' 차이가 'mv'에 미치는 추가적 영향력만 보여주기 때문이다.

즉 차이분석을 통해서 기업규모가 큰 기업(size=0)이 작은 기업(size=1)보다 주가(mv)가 높은 것으로 나타났지만, 이는 이익(x)과 순자산(bv)이 큰 기업이 기업규모도 커서 나타난 결과이다. 그러나 더미회귀분석을 통해서 이익과 순자산을 같은 수준으로 통제하면, 오히려 기업규모가 작은 기업이 큰 기업보다 주식시장에서 더 경쟁력 있는 기업으로 평가된다고 볼 수 있다.

> 차이분석보다는 더미회귀분석을 통해 차이를 비교하는 것이 더 적절하다.

5.2 집단이 3개 이상인 경우

집단이 3개 이상인 경우의 차이를 비교한다. 첫째, 'year'가 '1, 2, 3'인 경우에 'year'별 'mv'의 차이를 비교한다. 'y1'은 'year = 1'이면 '1'이고 아니면 '0', 'y2'는 'year = 2'이면 '1'이고 아니면 '0', 'y3'는 'year = 3'이면 '1'이고 아니면 '0'을 부여한다. 둘째, 'size' 및 'market' 차이에 따른 'mv'의 차이를 비교한다. 'sm1'은 'size = 0 & market = 0'이면 '1'이고 아니면 '0', 'sm2'는 'size = 0 & market = 1'이면 '1'이고 아니면 '0', 'sm3'은 'size = 1 & market = 0'이면 '1'이고 아니면 '0', 'sm4'는 'size = 1 & market = 1'이면 '1'이고 아니면 '0'을 부여한다.

[그림 7-26] [입력] 집단이 3개 이상인 더미변수가 검정변수인 더미회귀분석

```
data reg9; set reg8;
proc ttest; class size; var mv;
proc npar1way wilcoxon; class size; var mv;
proc reg; dum_dum1: model mv=x bv size/vif;
proc reg; dum_dum2: model mv=x bv y1 y2/vif;
proc reg; dum_dum3: model mv=x bv sm1 sm2 sm3/vif; run;
```

```
proc reg; dum_dum2 : model mv = x bv y1 y2/vif;
proc reg; dum_dum3 : model mv = x bv sm1 sm2 sm3/vif; run;
```

proc reg; dum_dum2 : model mv=x bv y1 y2/vif;	'y1, y2'가 검정변수이고 'x, bv'가 통제변수인 회귀분석을 실시한다.
proc reg; dum_dum3 : model mv=x bv sm1 sm2 sm3/vif;	'sm1, sm2, sm3'가 검정변수이고 'x, bv'가 통제변수인 회귀분석을 실시한다.

[proc reg; dum_dum2 : model mv=x bv y1 y2/vif;]는 더미변수 y3를 생략한 더미회귀분석이므로, y1/y2의 회귀계수는 'year = 1'/'year=2'인 집단과 'year = 3'인 집단을 비교하는 것이다.

[proc reg; dum_dum3 : model mv=x bv sm1 sm2 sm3/vif;]는 더미변수 sm4를 생략한 더미회귀분석이므로, sm1/sm2/sm3의 회귀계수는 'size = 0 & market = 0'/'size = 0 & market = 1'/'size = 1 & market = 0'인 집단과 'size = 1 & market = 1'인 집단을 비교하는 것이다.

[그림 7-27] [출력] 집단이 3개인 더미변수가 검정변수인 더미회귀분석

Analysis of Variance					
Source	DF	Sum of Squares	Mean Square	F Value	Pr > F
Model	4	9.118664E26	2.279666E26	5583.31	<.0001
Error	2535	1.03504E26	4.083E22		
Corrected Total	2539	1.01537E27			

Root MSE	2.020643E11	R-Square	0.8981
Dependent Mean	2.178491E11	Adj R-Sq	0.8979
Coeff Var	92.75426		

Parameter Estimates						
Variable	DF	Parameter Estimate	Standard Error	t Value	Pr > |t|	Variance Inflation
Intercept	1	-1113072998	7045289133	-0.16	0.8745	0
x	1	6.60334	0.19148	34.49	<.0001	1.98681
bv	1	0.99533	0.01262	78.88	<.0001	1.98668
y1	1	-9772144050	9821898127	-0.99	0.3199	1.31695
y2	1	6819841360	9765517763	0.70	0.4850	1.31391

[그림 7-27]에서 더미변수 y1과 y2의 회귀계수가 모두 유의하지 않으므로, x와 bv를 통제한 이후에 'year = 1'/'year=2'인 집단과 'year = 3'인 집단 간 'mv' 차이는 없다고 볼 수 있다.

[그림 7-28] **[출력] 집단이 4개인 더미변수가 검정변수인 더미회귀분석**

Analysis of Variance					
Source	DF	Sum of Squares	Mean Square	F Value	Pr > F
Model	5	9.163712E26	1.832742E26	4691.12	<.0001
Error	2534	9.899921E25	3.906836E22		
Corrected Total	2539	1.01537E27			

Root MSE	1.976572E11	R-Square	0.9025
Dependent Mean	2.178491E11	Adj R-Sq	0.9023
Coeff Var	90.73122		

Parameter Estimates						
Variable	DF	Parameter Estimate	Standard Error	t Value	Pr > |t|	Variance Inflation
Intercept	1	23984043270	5744389517	4.18	<.0001	0
x	1	6.62328	0.18784	35.26	<.0001	1.99832
bv	1	1.03422	0.01284	80.57	<.0001	2.14833
sm1	1	-1.08353E11	10238513876	-10.58	<.0001	1.34106
sm2	1	-1.56004E10	10505653172	-1.48	0.1377	1.15147
sm3	1	-8979767112	16994639449	-0.53	0.5973	1.06294

[그림 7-28]에서 더미변수 sm1의 회귀계수는 유의한 음(−)이지만 sm2과 sm3의 회귀계수는 모두 유의하지 않았다. 따라서 x와 bv를 통제한 이후에 'size = 0 & market = 0'인 집단은 'size = 1 & market = 1'인 집단보다 'mv'가 유의하게 낮지만, 'size = 0 & market = 1'과 'size = 1 & market = 0'인 집단의 'mv'는 'size = 1 & market = 1'인 집단의 'mv'와 같다고 볼 수 있다. 즉 'size = 0 & market = 0'인 집단의 'mv'가 다른 세 집단의 'mv'보다 낮다고 해석한다.

SAS 명령어

명령어	해 석
XD=X*D	변수 *X*에 더미변수 *D*(0 또는 1)를 곱해서 상호작용항을 만든다.
proc reg; model Y=X D;	'종속변수= *Y*', '독립변수= *X*'이고 '더미변수= *D*'인 회귀분석을 실시한다.
proc reg; model Y=X XD;	'종속변수= *Y*', '독립변수= *X*'이고 '상호작용항= *XD*'인 회귀분석을 실시한다.
proc reg; model Y=X XD D;	'종속변수= *Y*', '독립변수= *X*', '상호작용항= *XD*'이고 '더미변수= *D*'인 회귀분석을 실시한다.
if X=1 then D=1; else D=0;	변수 '*X*=1'이면 더미변수 '*D*=1'이고, 그렇지 않으면 '*D*=0'이다.
XD=X*D;	상호작용항 '*XD*'는 변수 *X*와 더미변수 *D*의 곱이다.
if X=0 and Z=0 then D=1; else D=0;	변수 '*X*=0이고 *Z*=0'이면 '*D*=1'이고, 그렇지 않으면 '*D*=0'이다.

Chapter 8

로짓/프로빗 모형

Chapter

08 로짓/프로빗 모형

1 로짓/프로빗 모형의 정의

7장의 더미회귀분석은 '0'과 '1'로만 정의되는 더미변수가 독립변수에 포함되는 OLS 회귀분석이라고 볼 수 있으며, 이때 종속변수는 더미변수처럼 이산형 변수가 아닌 연속형 변수로 정의된다. 만약 더미변수가 종속변수에 사용된다면 어떻게 될까? 예를 들어, 재무비율들을 독립변수로 하고 부실 여부를 종속변수로 정의하는 부실예측 모형을 분석하는 경우이다.

더미변수가 종속변수로 사용되는 모형은 선형확률모형(Linear Probability Model), 로짓 모형(Logit Model), 프로빗 모형(Probit Model) 등이 있다.

1.1 선형확률모형

선형확률모형은 OLS 회귀분석에서 더미변수를 종속변수로 그대로 사용하는 방법으로 가장 적용하기 쉬운 방법이다. 다만 이러한 방법은 비선형인 회귀모형을 선형으로 가정하기 때문에, 오차항의 이분산성 문제와 정규분포의 위배뿐만 아니라 회귀계수의 추정에 오류가 발생한다는 문제점을 갖고 있다. 따라서 더미변수를 종속변수로 사용할 때, 선형확률모형보다 S자 모양의 비선형을 가정한 로짓 모형과 프로빗 모형을 사용하는 것이 적절하다.

1.2 로짓 모형과 프로빗 모형

비선형모형인 로짓 모형과 프로빗 모형은 종속변수가 더미변수처럼 이산형 변수일 때 사용하게 된다. 로짓 모형은 로지스틱(Logistic) 분포를 가정한 누적확률함수(Cumulative Probability Function)를 활용하며, 프로빗 모형은 표준정규분포를 가정한 누적확률함수를 이용한다는 차이만 있을 뿐, 표본크기가 크면 두 모형은 거의 유사한 결과를 도출한다.

다음은 종속변수(Y), 독립변수(X_1, X_2)에 대한 로짓 모형의 형태로, 독립변수의 계수값이 양(+)이면 'P(Y=0) > P(Y=1)'임을 의미한다. 즉 OLS 회귀분석과 반대로, 독립변수의 계수가 유의한 양(+)이면 종속변수가 '0'일 확률이 높고 유의한 음(−)이면 종속변수가 '1'일 확률이 높다고 해석한다. 또한 프로빗 분석의 경우에도 같은 해석을 따르게 되며, 자세한 사례는 로짓/프로빗 분석에서 다루어진다.

$$\text{로짓 모형 : } \log_e \frac{P(Y=0)}{P(Y=1)} = \beta_0 + \beta_1 X_1 + \beta_2 X_2 + \varepsilon$$

2 로짓/프로빗 분석

2.1 극단치 제거 이전 로짓/프로빗 분석

일반적으로 종속변수가 이산형 자료이고 독립변수가 연속형 및 이산형 자료일 때 로짓/프로빗 모형을 적용해야 하며, [그림 8−1]처럼 로짓/프로빗 모형을 적용한 로짓/프로빗 분석을 하였다. 또한 이 분석은 극단치 제거 이전의 분석이다.

(1) 입력

[그림 8-1] [입력] 극단치 제거 이전 로짓/프로빗 분석

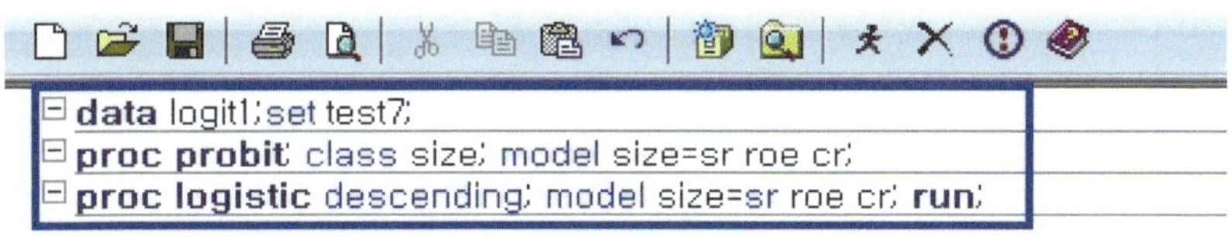


```
data logit1; set test7;
proc probit; class size; model size=sr roe cr;
proc logistic descending; model size=sr roe cr; run;
```

proc probit; class size; model size=sr roe cr;	종속변수 'size'를 분류변수로 지정하고, 'size'가 종속변수이고 'sr, roe, cr'가 독립변수인 프로빗 분석을 실시한다.
proc logistic descending; model size=sr roe cr; run;	내림차순인 'size'가 종속변수이고 'sr, roe, cr'이 독립변수인 로짓 분석을 한다.

첫째, 프로빗 분석(Probit Analysis)은 [proc probit;]문을 이용하며, 분석을 위해서 종속변수를 분류 변수로 지정하기 위한 [class; 종속변수;]문을 추가해야 한다. 그 이후에는 OLS 회귀분석처럼 [model 종속변수=독립변수;]문을 사용하면 된다. 따라서 [그림 8−1]은 종속변수를 이산형 변수인 'size(0,1)'로 정의하고 독립변수를 연속형 변수인 'sr, roe, cr'로 정의한 프로빗 분석방법이다. 여기서, 'size=0'은 기업규모가 큰 기업이고 'size=1'은 기업

규모가 작은 기업이다.

이러한 프로빗 분석은 '1.2 로짓 모형과 프로빗 모형'에서 설명하였듯이 'size = 1'일 때와 독립변수 'sr, roe, cr'은 음(−)의 관계이므로, 편의상 독립변수에 대한 부호를 해석할 때 반대로 해석하면 올바른 해석을 할 수 있다.

둘째, 로짓 분석(Logit Analysis)은 [proc logistic;]문을 이용하는데, 독립변수는 이산형과 연속형 모두 가능하다. 프로빗 분석과 달리 [class; 종속변수;]문은 필요 없고, 다른 부분은 같다.

로짓 분석 역시 독립변수에 대한 부호를 해석할 때 반대로 해야 어려움이 있다. 따라서 이를 해결하기 위해서, [proc logistic;]문 뒤에 'descending'을 추가하면 종속변수가 내림차순으로(size = 1, 0의 순서) 정렬되므로, OLS 회귀분석처럼 독립변수의 부호를 해석하면 된다. 즉, 독립변수의 부호가 유의한 양(+)이면 독립변수가 클수록 'size = 1'일 확률이 높다고 해석하면 되고, 음(−)이면 반대이다.

(2) 출력

[그림 8−3]은 종속변수를 'size(0,1)'로 정의하고 독립변수를 'sr, roe, cr'로 정의한 프로빗 분석결과이다.

[그림 8-2] [출력] 극단치 제거 이전 프로빗 분석

Type III Analysis of Effects

Effect	DF	Wald Chi-Square	Pr > ChiSq
sr	1	0.0062	0.9370
roe	1	60.7897	<.0001
cr	1	25.6495	<.0001

Analysis of Maximum Likelihood Parameter Estimates

Parameter	DF	Estimate	Standard Error	95% Confidence Limits		Chi-Square	Pr > ChiSq
Intercept	1	0.0151	0.0280	-0.0399	0.0700	0.29	0.5908
sr	1	-0.0001	0.0009	-0.0019	0.0017	0.01	0.9370
roe	1	0.0100	0.0013	0.0075	0.0125	60.79	<.0001
cr	1	-0.0002	0.0000	-0.0003	-0.0001	25.65	<.0001

[그림 8−2]에서 독립변수 'sr'의 계수는 유의하지 않으나, 'roe'는 1%의 유의수준에서 유의한 양(+)의 값을 갖고 'cr'은 유의한 음(−)의 값을 갖는다. 따라서 'roe'가 유의한 양(+)이고 'cr'이 유의한 음(−)임을 해석하면, 'roe'는 클수록 'cr'은 작을수록 'size=0'인 기

업 즉, 기업규모가 큰 기업일 확률이 높다고 볼 수 있다.

[그림 8-3]은 프로빗 분석과 달리 종속변수를 내림차순인 'size(1,0)'로 정의하고 독립변수를 'sr, roe, cr'로 정의한 로짓 분석결과이다.

[그림 8-3] [출력] 극단치 제거 이전 로짓 분석

Analysis of Maximum Likelihood Estimates					
Parameter	DF	Estimate	Standard Error	Wald Chi-Square	Pr > ChiSq
Intercept	1	-0.1140	0.0534	4.5586	0.0328
sr	1	0.000261	0.00149	0.0306	0.8612
roe	1	-0.0179	0.00235	58.1056	<.0001
cr	1	0.000680	0.000129	27.7035	<.0001

[그림 8-3]에서 독립변수 'sr'의 계수는 유의하지 않으나, 'roe'는 1%의 유의수준에서 유의한 음(−)의 값을 갖고 'cr'은 유의한 양(+)의 값을 갖는다. 따라서 종속변수가 내림차순으로 정렬된 로짓 분석은 프로빗 분석과 반대의 부호를 갖는다. 이를 해석하면, 'roe'는 작을수록 'cr'은 클수록 'size=1'인 기업 즉, 기업규모가 작은 기업일 확률이 높다고 볼 수 있으며, 이는 프로빗 분석과 같은 해석이다.

결론적으로 로짓 분석과 프로빗 분석은 같은 결과를 도출하고, 로짓 분석은 종속변수를 내림차순으로 정렬함으로써 프로빗 분석보다 해석이 쉽다. 따라서 이후 분석에서는 로짓 분석만 다루고자 한다.

2.2 로짓 분석의 극단치 정리

로짓 분석은 OLS 회귀분석처럼 표준화잔차(Rstudent)를 산출할 수 없다. 따라서 로짓 분석에서 극단치를 제거하기 위해서는 OLS 회귀분석의 'Rstudent'의 절댓값을 이용한다. 극단치를 제거하는 방법은 6장의 '2.3과 2.4' 단원을 참조한다.

단계적으로 살펴보면 ① 로짓 분석에서 사용한 종속변수와 독립변수를 그대로 사용한 OLS 회귀분석을 실시하고 ② OLS 회귀분석에서 산출된 'Rstudent'의 절댓값을 이용하여 극단치를 제거한 후에 ③ 로짓 분석을 재시행하면 된다. 'Rstudent'를 저장하는 방법은 [그림 8-4]와 같으며, 로짓 분석인 [그림 8-1]처럼 종속변수를 'size(0,1)'로 정의하고 독립변수를 'sr, roe, cr'로 정의하였다.

(1) 입력

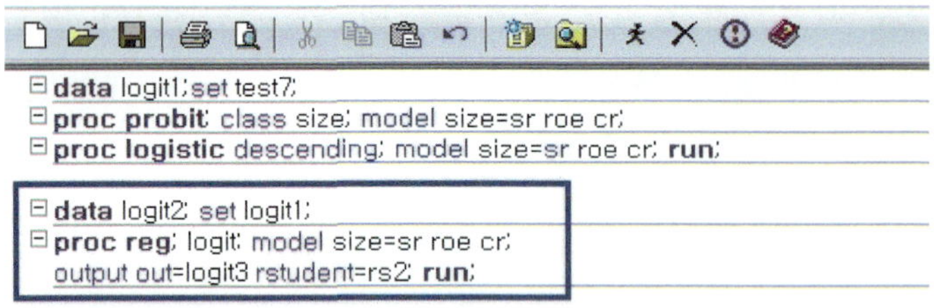

[그림 8-4] [입력] 로짓 분석의 극단치 정리

```
data logit2; set logit1;
proc reg; logit : model size=sr roe cr;
output out=logit3; rstudent=rs2; run;
```

proc reg; logit : model size=sr roe cr;	'size'가 종속변수이고 'sr, roe, cr'이 독립변수인 회귀분석을 실시한다.
output out=logit3; rstudent=rs2; run;	'RStudent'를 'rs2'로 정의하고 이를 데이터셋 'logit3'에 저장한다.

극단치를 제거하기 위해서 우선 종속변수가 'size'이고 독립변수가 'sr, roe, cr'인 OLS 회귀분석을 실시하고, 그 결과를 데이터셋 'logit3'에 저장한다. 또한 데이터셋 'logit3'에는 'Rstudent'도 자동으로 저장되는데, 'Rstudent'를 변수명 'rs2'로 정의하여 저장한다.

(2) 출력

[그림 8－5]는 [그림 8－4]를 실행한 결과로, F값은 1%의 유의수준에서 유의하며, 수정결정계수는 0.0275로 나타나고 있다. 또한 표본크기는 2,608개로 나타나고 있는데, 극단치 정리 이후 표본크기는 감소할 것이다.

[그림 8-5] [출력] 로짓 분석의 극단치 정리

The REG Procedure
Model: logit
Dependent Variable: size

Number of Observations Read	2608
Number of Observations Used	2608

Analysis of Variance					
Source	DF	Sum of Squares	Mean Square	F Value	Pr > F
Model	3	18.65218	6.21739	25.59	<.0001
Error	2604	632.67144	0.24296		
Corrected Total	2607	651.32362			

Root MSE	0.49291	R-Square	0.0286
Dependent Mean	0.51610	Adj R-Sq	0.0275
Coeff Var	95.50611		

Parameter Estimates					
Variable	DF	Parameter Estimate	Standard Error	t Value	Pr > |t|
Intercept	1	0.50355	0.01025	49.15	<.0001
sr	1	-0.00000739	0.00034810	-0.02	0.9831
roe	1	-0.00294	0.00039550	-7.42	<.0001
cr	1	0.00003996	0.00000875	4.57	<.0001

[그림 8－5]에서 변수 'roe'의 회귀계수는 1%의 유의수준에서 유의한 음(－)의 값을 보이고 있으며, 변수 'cr'의 회귀계수는 1%의 유의수준에서 유의한 양(＋)의 값을 보인다. 이는 [그림 8－3]의 로짓 분석결과와 같다.

2.3 극단치 제거 이후 로짓 분석

(1) 입력

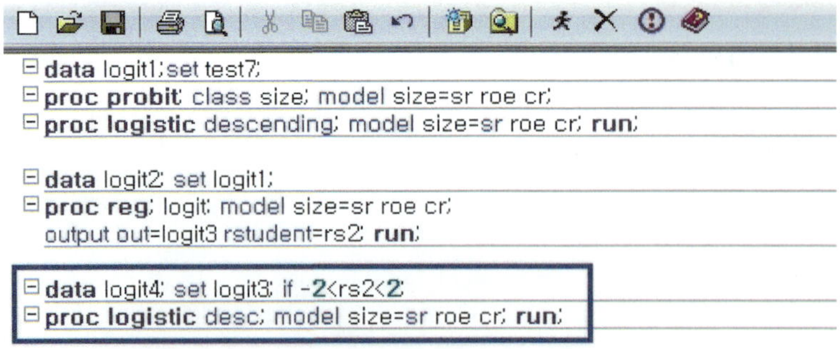

[그림 8-6] [입력] 극단치 제거 이후 로짓 분석

```
data logit4; set logit3; if -2<rs2<2;
proc logistic desc; model size=sr roe cr; run;
```

data logit4; set logit3; if -2<rs2<2;	'−2<rs2<2'를 만족하는 데이터셋을 만든다.
proc logistic desc; model size=sr roe cr; run;	내림차순인 'size'가 종속변수이고 'sr, roe, cr'이 독립변수인 로짓 분석을 한다.

극단치를 제거한 이후의 표본인 'logit4'는 'Rstudent'의 절댓값이 2 이상인 경우를 제외한 것이다. 극단치가 제거된 이후에 로짓 분석은 [proc logistic desc; model 종속변수=독립변수]라는 명령어를 통해서 실시하였는데, 이전과 다른 부분인 'desc'는 'descending'의 약칭으로 같은 것이다.

(2) 출력

[그림 8−7]은 [그림 8−6]의 로짓 분석결과이며, 표본크기(Observations)는 '2605'로 극단치 제거 이전인 [그림 8-5]의 표본크기(=2608)보다 감소하였다.

[그림 8-7] [출력] 극단치 제거 이후 로짓 분석

Analysis of Maximum Likelihood Estimates					
Parameter	DF	Estimate	Standard Error	Wald Chi-Square	Pr > ChiSq
Intercept	1	-0.1876	0.0559	11.2516	0.0008
sr	1	0.000384	0.00151	0.0643	0.7998
roe	1	-0.0195	0.00243	64.3180	<.0001
cr	1	0.000978	0.000147	44.0602	<.0001

극단치 제거 이후의 로짓 분석결과인 [그림 8－7]은 극단치 제거 이전의 로짓 분석결과인 [그림 8－2]처럼, 'sr'의 계수는 유의하지 않았으나 'roe'와 'cr'의 계수는 각각 1%의 유의수준에서 유의한 음(－)과 양(＋)의 값을 보여주고 있다.

따라서 극단치 제거 이후에도 결과는 같다.

2.4 상호작용항을 포함한 로짓 분석

본 단원은 더미 회귀분석처럼 로짓 분석에서 상호작용항을 포함하는 분석을 배운다.

(1) 입력

[그림 8-8] [입력] 상호작용항을 포함한 로짓 분석

```
data logit1;set test7;
proc probit; class size; model size=sr roe cr;
proc logistic descending; model size=sr roe cr; run;

data logit2; set logit1;
proc reg; logit: model size=sr roe cr;
output out=logit3 rstudent=rs2; run;

data logit4; set logit3; if -2<rs2<2;
proc logistic desc; model size=sr roe cr; run;

data logit5; set logit4;
proc sort; by market;
proc logistic desc; model size=sr roe cr; by market;
proc logistic desc; model size=sr roe cr sr*market roe*market cr*market market; run;
```

```
data logit5; set logit4;
proc sort; by market;
proc logistic desc; model size=sr roe cr; by market;
proc logistic desc; model size=sr roe cr sr*market roe*market cr*market
market; run;
```

proc sort; by market;	'market'을 기준으로 오름차순 정렬한다.
proc logistic desc; model size= sr roe cr; by market;	'내림차순인 'size'가 종속변수이고 'sr, roe, cr'이 독립변수인 로짓 분석을 'market'별로 실시한다.
proc logistic desc; model size= sr roe cr sr*market roe*market cr*market market; run;	내림차순인 'size'가 종속변수이고 'sr, roe, cr, sr*market, roe*market, cr*market, market'이 독립변수인 로짓 분석을 한다.

더미회귀분석 전에 'market'별로 회귀계수의 유의성에 차이가 있는지 확인하고, 독립변수(sr, roe, cr)에 더미변수(market)를 곱하여 상호작용항(sr*market, roe*market, cr*market)의 유의성을 확인한다. 더미회귀분석과 다르게 상호작용항을 사전에 정의하지 않는다.

(2) 출력

[그림 8-9]와 [그림 8-10]은 더미변수인 'market'별 로짓 분석결과이다.

[그림 8-9] **[출력] market=0인 경우의 로짓 분석**

Analysis of Maximum Likelihood Estimates					
Parameter	DF	Estimate	Standard Error	Wald Chi-Square	Pr > ChiSq
Intercept	1	-1.6821	0.0983	293.0901	<.0001
sr	1	-0.00631	0.00500	1.5948	0.2066
roe	1	-0.0283	0.00498	32.2153	<.0001
cr	1	0.000263	0.000103	6.5673	0.0104

[그림 8-10] [출력] market=1인 경우의 로짓 분석

Analysis of Maximum Likelihood Estimates					
Parameter	DF	Estimate	Standard Error	Wald Chi-Square	Pr > ChiSq
Intercept	1	0.5342	0.0792	45.4555	<.0001
sr	1	-0.00148	0.00176	0.7054	0.4010
roe	1	-0.0176	0.00316	31.0470	<.0001
cr	1	0.00116	0.000213	29.8465	<.0001

전체표본을 'market=0'인 집단과 'market=1'인 집단으로 구분한 [그림 8-9]와 [그림 8-10]은 'sr'은 유의하지 않았고, 'roe'와 'cr'의 계수는 각각 유의한 음(−)과 양(+)의 값을 보여주고 있다. 이는 [그림 8-7]과 같은 결과이므로, 'market'을 구분하여도 연구결과는 강건성(Robustness)이 있음을 보여준다.

[그림 8-11]은 상호작용항을 포함한 더미회귀분석 결과로, 'market=0'인 집단과 'market=1'인 집단의 회귀계수 차이를 보여준다.

[그림 8-11] [출력] 상호작용항을 포함한 로짓 분석

Analysis of Maximum Likelihood Estimates					
Parameter	DF	Estimate	Standard Error	Wald Chi-Square	Pr > ChiSq
Intercept	1	-1.6821	0.0983	293.0999	<.0001
sr	1	-0.00631	0.00500	1.5943	0.2067
roe	1	-0.0283	0.00498	32.2161	<.0001
cr	1	0.000263	0.000103	6.5663	0.0104
sr*market	1	0.00483	0.00530	0.8315	0.3618
roe*market	1	0.0106	0.00590	3.2516	0.0714
cr*market	1	0.000902	0.000237	14.5236	0.0001
market	1	2.2163	0.1262	308.3326	<.0001

[그림 8-11]에서 'sr*market'의 계수는 유의하지 않으나, 'roe*market'과 'cr* market'의 계수는 모두 유의한 양(+)이다. 따라서 'market=1'인 집단의 'roe'와 'cr'의 계수는 'market=0'인 집단의 회귀계수보다 유의하게 크다고 볼 수 있다. 또한 'roe*market'과 'cr*market'은 각각 0.0106과 0.000902로 나타났는데, 이는 'market=1'인 집단의 'roe'와 'cr'의 계수인 −0.0176, 0.00116에서 'market=0'인 집단의 'roe'와 'cr'의 계수인 −0.0283, 0.000263을 각각

차감한 값과 거의 일치한다.

결론적으로, 'roe'는 클수록 'size=0'인 기업(기업규모 큰 기업)일 확률이 높지만, 'market=1'인 집단은 'market=0'인 집단보다 상대적으로 확률이 더 낮다고 볼 수 있다. 또한 'cr'은 작을수록 'size=0'인 기업일 확률이 높고, 'market=1'인 집단은 'market=0'인 집단보다 상대적으로 확률이 더 높다고 해석할 수 있다.

2.5 순서형 로짓 분석

만약 종속변수가 2개의 이산형 자료가 아닌 3개 이상으로 구분되는 서열척도일 때, 순서형 로짓 분석(Ordered Logit Analysis)을 해야 한다. 순서형 로짓 분석도 로짓 분석처럼 [proc logistic;]문을 이용하지만, 종속변수가 3개 이상의 서열척도를 사용한다는 점에서 차이가 있다. 예를 들어 설문조사를 통해서 소비자의 상품 만족도(1단계부터 5단계까지 구분)에 영향을 미치는 요인들을 검증할 때, 순서형 로짓 분석을 활용하면 된다.

이러한 순서형 로짓 분석은 종속변수가 연속형 변수인 회귀분석과 종속변수가 2개의 이산형 변수인 로짓 분석의 중간적 성격을 갖고 있다. 또한 순서형 로짓 분석은 독립변수의 단위 변화량만큼 종속변수에 같은 영향을 준다는 가정을 만족해야 한다.

(1) 입력

[그림 8-12] [입력] 순서형 로짓 분석

```
data logit6; set logit5;
proc means p25 p50 p75; var sale; run;

data logit7; set logit6;
 if sale<35112376000 then sd=1; if 35112376000<=sale<78376293000 then sd=2;
 if 78376293000<=sale<207000000000 then sd=3; if sale>=207000000000 then sd=4;
title 'Orderd Logit Model'; proc logistic desc; model sd=sr roe cr; run;
```

```
data logit6; set logit5;
proc means p25 p50 p75; var sale; run;
data logit7; set logit6; if sale<35112376000 then sd=1;
if 35112376000<=sale<78376293000 then sd=2;
if 78376293000<=sale<207000000000 then sd=3;
if sale>=207000000000 then sd=4;
title 'Orderd Logit Model'; proc logistic desc; model sd=sr roe cr; run;
```

proc means p25 p50 p75; var sale; run;	변수 'sale'에 대한 '25%, 50%, 75%'를 프린트한다.
if sale<35112376000 then sd=1; ~ if sale>=207000000000 then sd=4;	'25%, 50%, 75%'를 기준으로 4개의 집단으로 구분하여 sd(1~4)라는 변수를 산출한다.
proc logistic desc; model sd=sr roe cr; run;	내림차순인 'sd'가 종속변수이고 'sr, roe, cr'이 독립변수인 순서형 로짓 분석을 한다.

'sale'에 대한 '25%, 50%, 75%' 값을 산출하여, 이를 기준으로 4개의 집단으로 구분한 변수를 'sd'로 정의한다. 'sd'는 1부터 4까지 부여하며, 숫자가 클수록 'sale'이 큰 집단이다.

(2) 출력

[그림 8-13]은 종속변수가 'sd(1~4)'이고 독립변수가 'sr, roe, cr'인 순서형 로짓 분석 결과이다.

[그림 8-13] [출력] 순서형 로짓 분석

Analysis of Maximum Likelihood Estimates

Parameter		DF	Estimate	Standard Error	Wald Chi-Square	Pr > ChiSq
Intercept	4	1	-0.6809	0.0584	136.1552	<.0001
Intercept	3	1	0.5382	0.0564	91.0409	<.0001
Intercept	2	1	1.8262	0.0672	738.9545	<.0001
sr		1	0.00173	0.00136	1.6247	0.2024
roe		1	0.0293	0.00219	180.0702	<.0001
cr		1	-0.00221	0.000155	203.6538	<.0001

[그림 8-13]에서 'sr'은 유의하지 않았고, 'roe'와 'cr'의 계수는 각각 유의한 양(+)과 음(-)의 값을 보여주고 있다. 따라서 'roe'가 유의한 양(+)이므로, 이는 'roe'가 클수록

‘sd’ 값이 큰 집단(=매출액 규모가 큰 집단)일 확률이 높다고 해석한다. 또한 ‘cr’가 유의한 음(−)이므로, 이는 ‘cr’가 클수록 ‘sd’ 값이 작은 집단(=매출액 규모가 작은 집단)일 확률이 높다고 볼 수 있다. 마지막으로 ‘sr’은 유의하지 않으므로, ‘sr’은 매출액 규모에 영향을 미치는 요인이 아니라고 볼 수 있다.

SAS 명령어

명령어	해 석
proc probit; class Y; model Y= X1 X2;	종속변수 *Y*를 분류 변수로 지정하고, *Y*가 종속변수이고 *X*1, *X*2가 독립변수인 프로빗 분석을 한다.
proc logistic descending; model Y=X1 X2;	내림차순인 *Y*가 종속변수이고 *X*1, *X*2가 독립변수인 로짓 분석을 한다.
proc logistic desc; model Y=X1 X2;	내림차순인 *Y*가 종속변수이고 *X*1, *X*2가 독립변수인 로짓 분석을 한다.
proc logistic desc; model Y=X1 X2; by S;	'내림차순인 *Y*가 종속변수이고 *X*1, *X*2가 독립변수인 로짓 분석을 집단 *S*별로 실시한다.
proc logistic desc; model Y=X1 X2 X1*S X2*S S;	내림차순인 *Y*가 종속변수이고 *X*1, *X*2, *X*1**S*, *X*2**S*, *S*가 독립변수인 로짓 분석을 한다.

Chapter 9

Array와 재량적 발생

Chapter

09 Array와 재량적 발생

1 Array 문을 이용한 데이터셋 편집

3장에서 가로로 나열된 연도 자료를 세로로 나열하고자 할 때, [keep]을 이용해서 데이터셋을 연도별로 분리한 후에 [set]을 활용하여 연도별 데이터셋을 완성하였다. 자세한 것은 3장에서 확인하면 된다.

본 장에서는 [그림 9－1]처럼 [array]를 이용해서 연도별 데이터셋을 좀 더 쉽게 완성하는 방법을 배우며, 데이터셋은 'oorda.csv' 파일로 '나우퍼블리셔' 홈페이지(http://nowpublisher.tistory.com) 자료실에서 받을 수 있다.

[그림 9-1] [입력] 데이터셋 불러오기 및 Array 문을 이용한 데이터셋 편집

```
data data1; infile "c:₩csv₩oorda.csv" firstobs=2 dlm=',' lrecl=10000 ;
 input code ind$ ar00 tang00 land00 ing00 a00 rev00 ne00cf00 debt00 ar01 tang01 land01 ing01 a01 rev01

data data2; set data1;
 array a_ar(00:13) ar00-ar13; array a_tang(00:13) tang00-tang13; array a_land(00:13) land00-land13; array a_ing(00
 do year=00 to 13;
 ar=a_ar(year); tang=a_tang(year); land=a_land(year); ing=a_ing(year); a=a_a(year); rev=a_rev(year); ne=a_ne(year);
 output; end;
 drop ar00-ar13 tang00-tang13 land00-land13 ing00-ing13 a00-a13 rev00-rev13 ne00-ne13 cf00-cf13 debt00-debt13;

proc print; run;
```

1.1 SAS로 데이터셋 불러오기

자료실에서 제공하는 'oorda.csv' 파일을 다음과 같은 명령어를 통해서 SAS 프로그램으로 불러온다.

(1) csv 파일을 SAS로 불러오기

data data1; infile "c :₩csv₩oorda.csv" firstobs=2 dlm=',' lrecl=10000;	
infile "c :\csv\oorda.csv"	'c :\csv\'경로에 있는 'oorda.csv' 파일을 불러온다.
firstobs=2	1행은 변수명이고, 2행부터 데이터값으로 인식한다.
dlm=','	데이터의 구분기호는 쉼표(,)이다.
lrecl=10000;	데이터 길이가 '10000 bytes' 초과하면 데이터로 인식하지 않는다.

(2) 변수명의 정의

```
input code  ind$    ar00  tang00  land00  ing00  a00  rev00  ne00
      cf00  debt00  ar01  tang01  land01  ing01  a01  rev01  ne01
      cf01  debt01  ar02  tang02  land02  ing02  a02  rev02  ne02
      cf02  debt02  ar03  tang03  land03  ing03  a03  rev03  ne03
      cf03  debt03  ar04  tang04  land04  ing04  a04  rev04  ne04
      cf04  debt04  ar05  tang05  land05  ing05  a05  rev05  ne05
      cf05  debt05  ar06  tang06  land06  ing06  a06  rev06  ne06
      cf06  debt06  ar07  tang07  land07  ing07  a07  rev07  ne07
      cf07  debt07  ar08  tang08  land08  ing08  a08  rev08  ne08
      cf08  debt08  ar09  tang09  land09  ing09  a09  rev09  ne09
      cf09  debt09  ar10  tang10  land10  ing10  a10  rev10  ne10
      cf10  debt10  ar11  tang11  land11  ing11  a11  rev11  ne11
      cf11  debt11  ar12  tang12  land12  ing12  a12  rev12  ne12
      cf12  debt12  ar13  tang13  land13  ing13  a13  rev13  ne13
      cf13  debt13;
```

code, ind$	code : 기업 고유번호, ind$: 표준산업분류(중분류)
ar00 ~ 13	00년도부터 13년도까지의 매출채권
tang00 ~ 13, land00 ~ 13, ing00 ~ 13	00년도부터 13년도까지의 유형자산, 토지, 건설중인 자산
a00 ~ 13	00년도부터 13년도까지의 총자산
rev00 ~ 13	00년도부터 13년도까지의 매출액
ne00 ~ 13	00년도부터 13년도까지의 당기순이익
cf00 ~ 13	00년도부터 13년도까지의 영업활동으로 인한 현금흐름
debt00 ~ 13	00년도부터 13년도까지의 총부채

1.2 Array 및 Do 문을 이용한 데이터셋 편집

자료실에서 제공하는 'oorda.csv' 파일을 다음과 같은 명령어를 통해서 SAS 프로그램으로 불러온다.

(1) 입력

```
data y00; set data1;
array a_ar(00 :13) ar00-ar13; array a_tang(00 :13) tang00-tang13; array a_land(00
:13) land00-land13; array a_ing(00 :13) ing00-ing13; array a_a(00 :13) a00-a13;
array a_rev(00 :13) rev00-rev13; array a_ne(00 :13) ne00-ne13; array a_cf(00 :13)
cf00-cf13; array a_debt(00 :13) debt00-debt13;
do year=00 to 13;
ar=a_ar(year);    tang=a_tang(year);    land=a_land(year);    ing=a_ing(year);
a=a_a(year); rev=a_rev(year); ne=a_ne(year); cf=a_cf(year); debt=a_debt(year);
output; end;
drop ar00-ar13 tang00-tang13 land00-land13 ing00-ing13 a00-a13 rev00-rev13
ne00-ne13 cf00-cf13 debt00-debt13;
```

array a_ar(00 :13) ar00-ar13; ~	변수 'ar00' ~ 'ar13'을 변수 'a_ar(00)' ~ 'a_ar(13)'으로 변경한다.
do year=00 to 13;	'year'는 'end'까지 '00'부터 '13'까지 순서대로 반복한다.
ar=a_ar(year); ~	'ar'은 'a_ar(00)'부터 'a_ar(13)'까지이다.
output : end;	지금까지의 결과를 저장하고 do 문을 중지한다.
drop ar00-ar13 ~ ;	변수 'ar00'부터 'ar13'까지를 제거한다.

[array]는 배열된 변수들에 같은 명령어를 반복할 때 사용하며, [array]와 함께 사용하는 [do]는 [end]가 나올 때까지 반복적인 명령어를 실행한다. 이 명령어들을 이용하면, 3장의 [그림 3-7]처럼 가로로 반복적인 연도 자료를 세로로(연도별로) 정렬하고자 할 때 사용할 수 있다. 자세한 것은 아래와 같다.

첫째, [array a_ar(00 :13) ar00-ar13;]은 'a_ar(00)'부터 'a_ar(13)'은 'ar00'부터 'ar13'으로 정의한다. 즉 'a_ar(00)=ar00', 'a_ar(01)=ar01' … 'a_ar(13)=ar13'이다.

둘째, [do year=00 to 13;]은 변수 'year'에 '00'부터 '13'까지 [end]가 나올 때까지 반복적으로 대입한다. 여기서 연도인 '00, … , 13'은 변수 'year'에 저장된다.

셋째, [ar=a_ar(year);]는 [do year=00 to 13;]을 통해서 'ar=a_ar(00)'부터 'ar=a_ar(13)'까지로 정의된다. 이를 통해서 'ar=a_ar(00)=ar00'부터 'ar=a_ar(13)=ar13'으로 정의되므로, 변수 'ar'은 변수 'ar00, … , ar13'으로 정의된다.

넷째, [output; end;]는 [array]와 [do]를 통해서 산출된 변수 'ar'을 저장하고, [do]를 중지한다.

다섯째, [drop]은 특정 변수만 제외하고 데이터셋을 구성하는 명령어로, [drop ar00-ar13]을 통해서 더 이상 필요 없는 변수인 'ar00'부터 'ar13'을 제거한다.

(2) 출력

배열문 [array]와 반복문 [do]를 통해서 산출된 연도별 데이터셋에 대한 오류를 검증하고자 프린트한다.

```
proc print; run;
```

proc print; run;	모든 변수에 대한 데이터를 프린트한다.

[그림 9-2] **[출력] 데이터셋 연도별 분리**

SAS 시스템

OBS	code	ind	year	ar	tang	land	ing	a	rev	ne	cf	debt
1	20	C21000/	0	115000000000	50412797000	34115977000	807489000	231000000000	138000000000	-7583046000	2833743000	105000000000
2	20	C21000/	1	119000000000	48119915000	33911066000	603441000	254000000000	126000000000	4096454000	10512157000	124000000000
3	20	C21000/	2	97803222000	47104379000	33998167000	370005000	216000000000	134000000000	6917796000	30609898000	81130683000
4	20	C21000/	3	91333556000	46995322000	34024525000	9986000	201000000000	134000000000	8683313000	20360451000	60964662000
5	20	C21000/	4	79432659000	48186088000	34024525000	1669219000	194000000000	123000000000	5943099000	19086673000	47787102000
6	20	C21000/	5	66608793000	49561086000	33997047000	3180688000	195000000000	138000000000	7424207000	23527784000	44215304000
7	20	C21000/	6	56717535000	51361290000	33630032000	4367845000	193000000000	153000000000	7661989000	26246911000	36903377000
8	20	C21000/	7	47456246000	53292551000	39006171000	840019000	198000000000	149000000000	8065194000	23185889000	36950146000
9	20	C21000/	8	44497070000	71262653000	40181042000	18316137000	220000000000	175000000000	21495381000	23655312000	41281069000
10	20	C21000/	9	46459264000	161000000000	15788179000	19659612000	314000000000	145000000000	9038512000	29920326000	102000000000
11	20	C21000/	10	57538510000	149000000000	12483274000	8274500000	324000000000	215000000000	5427207000	18587828000	110000000000
12	20	C21000/	11	58337354000	188000000000	56360333000	.	339000000000	235000000000	17679223000	46244032000	110000000000
13	20	C21000/	12	50361111000	184000000000	57254100000	2517010000	324000000000	223000000000	1311241000	25226760000	97290002000
14	20	C21000/	13	49868724000	172000000000	57131056000	138718000	316000000000	220000000000	1011860000	8205110000	88934413000

[그림 9-2]에서 'ar' 등의 변수들이 연도별로 세로로 배열되어 있고, 가로로 나열되었던 변수들은 삭제되었음을 확인할 수 있다.

1.3 결측치 정리

‘.’으로 표시된 값 중에서 결측치가 아닌 ‘0’으로 표시되어야 할 값들을 정리하고, 변수 간의 표본크기를 일치시키기 위해서 결측치를 삭제한다.

(1) 입력

[그림 9-3] [입력] 결측치 정리하기

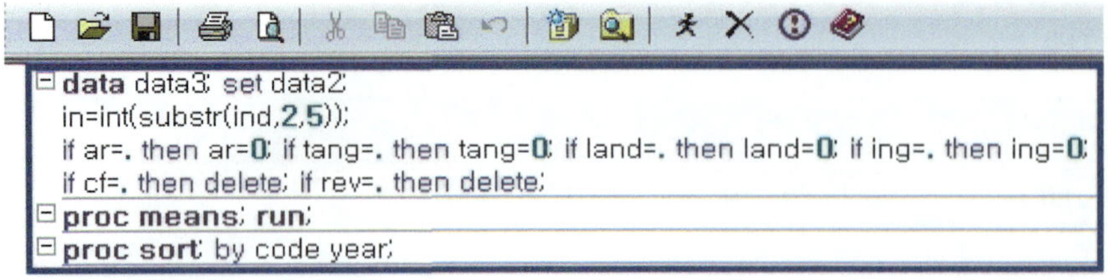


```
data data3; set data2;
in=int(substr(ind, 2, 5));
if ar=. then ar=0; if tang=. then tang=0; if land=. then land=0; if ing=. then
ing=0; if cf=. then delete; if rev=. then delete;
```

in=int(substr(ind,2,5));	‘ind’ 변수에서 2번째 자릿수부터 5칸의 자릿수만큼 추출한다.
if ar=. then ar=0; ~	‘ar’이 ‘.’이면 ‘0’으로 변경한다.
if cf=. then delete; ~	‘cf’가 ‘.’인 표본을 삭제한다.
proc means; run;	모든 변수의 평균

[그림 9-2]에서 ‘year=11’인 ‘ing’가 ‘.’으로 표시되어 있다. 변수 ‘ing’는 ‘건설중인자산’으로 기업에 따라서는 그 값이 ‘0’일 수도 있으므로, 이 ‘.’은 결측치가 아닌 ‘0’으로 변경해야 한다. ‘ar(매출채권)’, ‘tang(유형자산)’, land(토지)’도 ‘ing’와 같은 상황이므로 ‘.’은 결측치가 아닌 ‘0’으로 변경한다. (단, 데이터 성격에 따라서는 결측치일 수도 있으므로 적절하게 판단하여 변경해야 한다.)

[if cf=. then delete; if rev=. then delete;]는 4장의 [그림 4-5]처럼 표본크기를 일치시키기 위한 명령어이다. 또한 산업별 분석을 위해서 문자로 인식하고 있는 ‘ind’에서 숫자만 추출하기 위해서, [int(substr(ind,2,5));]라는 명령어를 사용하였다.

(2) 출력

```
proc means; run;
```

proc means; run;	모든 변수의 평균값을 프린트한다.

[그림 9-4] [출력] 결측치 정리하기

SAS 시스템

MEANS 프로시저

변수	N	평균	표준편차	최솟값	최댓값
code	17577	39392.09	40407.05	20.0000000	290380.00
year	17577	6.6074984	4.0040030	0	13.0000000
ar	17577	63388887866	345718215524	0	1.77E13
tang	17577	203431163786	1.2152242E12	0	4.3E13
land	17577	51160418506	242498587107	0	7.74E12
ing	17577	17110560682	163285411830	0	6.23E12
a	17577	569861393757	3.2197333E12	364392000	1.55E14
rev	17577	523435484261	3.1630575E12	3023000.00	1.58E14
ne	17577	28110221968	345735536576	-5.07E12	1.79E13
cf	17577	49133933571	515809634334	-3.16E12	2.84E13
debt	17577	270914466599	1.197931E12	34120000.00	3.25E13
in	17577	35222.34	18207.63	1000.00	96000.00

[그림 9−3]의 입력 과정을 통해서 추출된 표본크기는 [그림 9−4]처럼 ‘17577’이다.

2 재량적 발생의 정의

2.1 비재량적 발생의 회귀계수 추정

재량적 발생은 회계이익 중 경영자의 재량적 판단으로 결정되는 발생액으로 이익조정의 대용치로 사용되며, 총발생에서 비재량적 발생을 차감하여 산출한다. 재량적 발생을 산출하기 위해서는 비재량적 발생을 먼저 계산해야 하는데, 비재량적 발생을 산출하는 데 필요한 추정회귀계수($\widehat{\beta_0}$, $\widehat{\beta_1}$, $\widehat{\beta_2}$)는 식(1)을 통해서 산출한다.

$$\frac{TA_t}{A_{t-1}} = \beta_0 \frac{1}{A_{t-1}} + \beta_1 \frac{(\triangle REV_t - \triangle AR_t)}{A_{t-1}} + \beta_2 \frac{PPE_t}{A_{t-1}} + \epsilon_t \quad \cdots\cdots (1)$$

TA_t / A_{t-1} : t년의 총발생($= (NE_t - CF_t) / A_{t-1}$)

NE_t : t년의 당기순이익, CF_t : t년의 영업활동으로 인한 현금흐름, A_{t-1} : t-1년의 총자산

$\triangle REV_t$: t-1년 대비 t년의 매출액 증감($= REV_t - REV_{t-1}$), REV_t : t년의 매출액

$\triangle AR_t$: t-1년 대비 t년의 매출채권 증감($= AR_t - AR_{t-1}$), AR_t : t년의 매출채권

PPE_t : t년의 설비자산(= 유형자산 - 토지 - 건설중인 자산)

추정회귀계수($\widehat{\beta_0}$, $\widehat{\beta_1}$, $\widehat{\beta_2}$)는 기업별 과거 시계열자료를 반영한 식(1)을 회귀분석 해서 산출된다. 회귀계수의 안정성을 확보하기 위해서는 수십 년 전의 시계열자료를 활용해야 하므로 분석 시기의 적절성이 낮아진다. 또한 많은 선행연구가 편의성 때문에 연도별 한 개의 회귀분석을 통해서 추정회귀계수($\widehat{\beta_0}$, $\widehat{\beta_1}$, $\widehat{\beta_2}$)를 산출하는데, 이는 동일 연도 내의 분석에서는 문제가 없으나 다른 연도와 비교할 때는 상대적 비교가 불가능하다. 따라서 이보다는 동질성이 확보되는 동종업종의 시계열자료를 활용하는 것이 더 적절하다. 즉 식(1)을 통해 산출되는 추정회귀계수($\widehat{\beta_0}$, $\widehat{\beta_1}$, $\widehat{\beta_2}$)들은 '산업별(중분류)－연도별(과거 10년)' 자료를 활용해서 각각 180개(=60개 산업 × 3년)이다. 예를 들어 산업분류인 'in = 1000'이고 'year = 11'인 기업들은 'in = 1000'인 과거 10년간(01년 ~ 10년)의 표본을 회귀분석 해서 추정회귀계수($\widehat{\beta_0}$, $\widehat{\beta_1}$, $\widehat{\beta_2}$)를 산출하며, 'in = 1000'이고 'year = 12'인 기업들은 'in = 1000'인 과거 10년간(02년 ~ 11년) 표본을 이용하고, 'in = 1000'이고 'year = 13'인 기업들은 'in = 1000'인 과거 10년간 (03년 ~ 12년) 표본을 활용한다.

2.2 비재량적 발생과 재량적 발생의 추정

$$NDA_t = [\widehat{\beta_0}\frac{1}{A_{t-1}} + \widehat{\beta_1}\frac{(\triangle REV_t - \triangle AR_t)}{A_{t-1}} + \widehat{\beta_2}\frac{PPE_t}{A_{t-1}}] \quad \cdots\cdots (2)$$

NDA_t : t년의 비재량적 발생

$\widehat{\beta_0}$, $\widehat{\beta_1}$, $\widehat{\beta_2}$: 식(1)을 통해서 산출된 산업별-연도별 추정회귀계수(180개)

식(1)을 통한 산업별-연도별 회귀분석들(180개)에서 산출된 추정회귀계수($\widehat{\beta_0}$, $\widehat{\beta_1}$, $\widehat{\beta_2}$)를 기업별 재무자료를 반영한 식(2)에 적용함으로써 비재량적 발생(NDA_t)을 산출할 수 있다. 따라서 업종과 연도가 같은 기업들은 같은 추정회귀계수($\widehat{\beta_0}$, $\widehat{\beta_1}$, $\widehat{\beta_2}$)를 이용하지만, 기업별 재무자료가 다르므로 동일 연도 내에서 비재량적 발생(NDA_t)은 기업의 수만큼 존재한다.

$$DA_t = \frac{TA_t}{A_{t-1}} - NDA_t \quad \cdots\cdots (3)$$

DA_t : t년의 재량적 발생, TA_t/A_{t-1} : t년의 총발생($= (NE_t - CF_t)/A_{t-1}$)

기업별 총발생(TA_t / A_{t-1})에서 식(2)를 통해서 산출된 기업별 비재량적 발생(NDA_t)을 차감하면 기업별 재량적 발생(DA_t)을 계산할 수 있다.

3 데이터셋의 정리

Section1의 데이터셋을 분석에 적합하도록 수정하는 작업이 필요하다.

3.1 전년도 변수의 정의

재량적 발생을 추정하려면 전년도 변수(AR_{t-1}, A_{t-1}, REV_{t-1})가 필요하며, 본 장에서는 [그림 9-5]처럼 Keep 문을 이용한 방법을 사용한다.

[그림 9-5] **[입력] 전년도 변수의 정의**

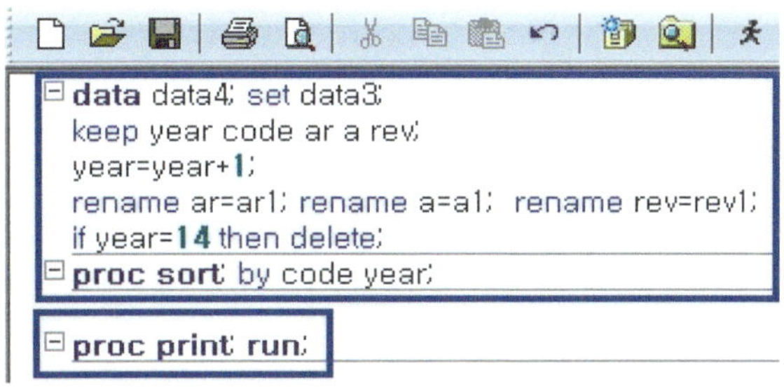

(1) 입력

```
data4; set data3;
keep year code ar a rev;
year=year+1;
rename ar=ar1; rename a=a1;  rename rev=rev1;
if year=14 then delete;
proc sort; by code year;
```

keep year code ar a rev;	변수 'year, code, ar, a, rev'로만 데이터셋을 구성한다.
year=year+1;	변수 'year'는 'year+1'로 정의한다.
rename ar=ar1; ~	'ar'의 변수명을 'ar1'로 변경한다.
if year=14 then delete;	변수 'year'가 '14'이면 삭제한다.
proc sort; by code year;	'code' → 'year'의 순서대로 데이터셋을 오름차순으로 정렬한다.

전년도 변수(AR_{t-1}, A_{t-1}, REV_{t-1})를 정의하기 위해서, [merge]에 필요한 변수 'year, code'와 당해 연도 변수인 'ar, a, rev'만으로 데이터셋을 구성한다. 'year'는 'year+1'로 정의하고 당해 연도 변수를(ar, a, rev) 전년도 변수(ar1, a1, rev1)로 변경함으로써, 'year = 00 ~ 13'인 'ar, a, rev'의 값은 'year = 01 ~ 14'인 'ar1, a, rev'로 변경된다. 즉 '00'년도의 'ar' 값은 '01'연도의 'ar1'로 변경되는 것이다. 따라서 분석에 사용되지 않는 'year = 14'인 자료는 삭제한다. 마지막으로 당기 변수와 [merge]를 실행하기 위해서 'code, year'의 순으로 정렬한다.

(2) 출력

[keep]과 [rename]을 통해서 산출된 전년도 변수에 대한 오류를 검증하고자 프린트한다.

```
proc print; run;
```

proc print; run;	모든 변수에 대한 데이터를 프린트한다.

[그림 9-6] [출력] 전년도 변수정의

SAS 시스템

OBS	code	year	ar1	a1	rev1
1	20	1	115000000000	231000000000	138000000000
2	20	2	119000000000	254000000000	126000000000
3	20	3	97803222000	216000000000	134000000000
4	20	4	91333556000	201000000000	134000000000
5	20	5	79432659000	194000000000	123000000000
6	20	6	66608793000	195000000000	138000000000
7	20	7	56717535000	193000000000	153000000000
8	20	8	47456246000	198000000000	149000000000
9	20	9	44497070000	220000000000	175000000000
10	20	10	46459264000	314000000000	145000000000
11	20	11	57538510000	324000000000	215000000000
12	20	12	58337354000	339000000000	235000000000
13	20	13	50361111000	324000000000	223000000000

[그림 9－2]에서 'year = 0'일 때 'ar = 115000000000'이며, 이는 [그림 9－6]에서 'year = 1'일 때의 'ar1'의 값과 일치하므로 오류가 없음을 확인하였다.

3.2 당해 연도 변수와 전년도 변수의 Merge

당해 연도 변수가 포함된 ‘data3’과 전년도 변수로 구성된 ‘data4’를 [그림 9－7]처럼 [merge]하고자 한다.

[그림 9-7] [입력] 당해 연도 변수와 전년도 변수의 Merge

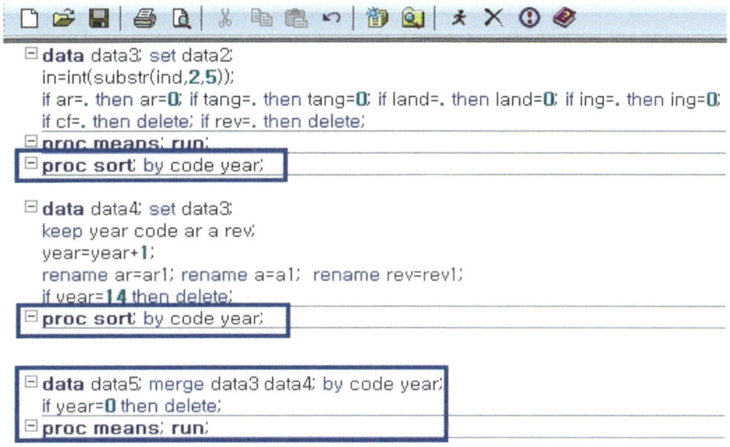

(1) 입력

```
data data5; merge data3 data4; by code year;
if year=0 then delete;
```

data data5; merge data3 data4; by code year;	‘code, year’를 기준으로 하여, ‘data3’과 ‘data4’를 옆으로 합쳐서 ‘data5’를 만든다.
if year=0 then delete;	변수 ‘year’가 ‘0’이면 삭제한다.

‘data3’과 ‘data4’를 ‘code year’의 순서대로 정렬한 후에 [merge]를 실행하였다. 또한 전년도 변수를 정의하기 위해서 사용되었던 ‘year=0’인 표본은 분석 대상이 아니므로 삭제한다.

(2) 출력

표본크기를 확인하고자 모든 변수의 평균값을 프린트한다.

```
proc means; run;
```

proc means; run;	모든 변수의 평균값을 프린트한다.

[그림 9-8] **[출력] 당해 연도 변수와 전년도 변수의 Merge**

SAS 시스템

MEANS 프로시저

변수	N	평균	표준편차	최솟값	최댓값
code	16443	39901.44	41019.91	20.0000000	290380.00
year	16443	7.0732226	3.7236839	1.0000000	13.0000000
ar	16414	64912899901	355468825926	0	1.77E13
tang	16414	205726283478	1.2387404E12	0	4.3E13
land	16414	51750795506	247818363556	0	7.74E12
ing	16414	17469575030	167486141550	0	6.23E12
a	16414	583316279226	3.3031182E12	490644000	1.55E14
rev	16414	535041955600	3.2300075E12	3023000.00	1.58E14
ne	16414	29593854793	352518102811	-5.07E12	1.79E13
cf	16414	50000845230	526262352094	-3.16E12	2.84E13
debt	16414	273690856965	1.2143607E12	34120000.00	3.25E13
in	16414	35210.13	18189.78	1000.00	96000.00
ar1	16291	60738132860	319561247809	0	1.73E13
a1	16291	543999911013	2.9740679E12	364392000	1.33E14
rev1	16291	503819854024	2.9481882E12	3023000.00	1.41E14

[그림 9−8]에서 모든 변수의 표본크기가 일치하지 않음을 확인할 수 있다. 따라서 표본크기를 일치시키기 위해서, 표본크기가 가장 작은 변수의 결측치부터 제거한다.

3.3 결측치의 제거

(1) 입력

[그림 9-9]처럼 'ar'과 'ar1'이 '.'인 표본을 삭제한다.

[그림 9-9] [입력] 결측치의 제거

```
data data6; set data5;
  if ar=. then delete;
  if ar1=. then delete;
proc means; run;
```

(2) 출력

결측치를 제거하면, [그림 9-10]처럼 모든 변수의 표본크기는 '16262'이다.

[그림 9-10] [출력] 결측치의 제거

SAS 시스템

MEANS 프로시저

변수	N	평균	표준편차	최솟값	최댓값
code	16262	39075.18	39907.92	20.0000000	290380.00
year	16262	7.1053991	3.7156590	1.0000000	13.0000000
ar	16262	65488669683	357075417869	0	1.77E13
tang	16262	207545486624	1.2443621E12	0	4.3E13
land	16262	52204196401	248923318308	0	7.74E12
ing	16262	17621686391	168257423604	0	6.23E12
a	16262	588424202450	3.3180331E12	490644000	1.55E14
rev	16262	539800649241	3.2446698E12	3023000.00	1.58E14
ne	16262	29859594963	354150245204	-5.07E12	1.79E13
cf	16262	50449345505	528695220804	-3.16E12	2.84E13
debt	16262	276009170605	1.219682E12	34120000.00	3.25E13
in	16262	35227.03	18217.71	1000.00	96000.00
ar1	16262	60777380359	319799492882	0	1.73E13
a1	16262	544597777994	2.9765796E12	364392000	1.33E14
rev1	16262	504363360004	2.9506716E12	3023000.00	1.41E14

3.4 자본잠식인 표본의 제거

(1) 입력

[그림 9-11] [입력] 자본잠식인 표본의 제거

```
data data7; set data6;
bv=a-debt;
if bv>0;
proc means; run;
```

(2) 출력

자본잠식인 기업을 4장에서처럼 제거하면 표본크기는 '16160'이다.

[그림 9-12] [출력] 자본잠식인 표본의 제거

SAS 시스템

MEANS 프로시저

변수	N	평균	표준편차	최솟값	최댓값
code	16160	39118.52	39910.48	20.0000000	290380.00
year	16160	7.1182550	3.7114753	1.0000000	13.0000000
ar	16160	65686703722	358091694235	0	1.77E13
tang	16160	208332950710	1.2481241E12	0	4.3E13
land	16160	52347216293	249574519255	0	7.74E12
ing	16160	17717698278	168781225041	0	6.23E12
a	16160	589807232480	3.3276445E12	490644000	1.55E14
rev	16160	540638641690	3.2527229E12	3023000.00	1.58E14
ne	16160	31073642732	352346984957	-5.07E12	1.79E13
cf	16160	50868855097	530032475059	-3.16E12	2.84E13
debt	16160	274559850268	1.2189247E12	34120000.00	3.25E13
in	16160	35220.98	18224.98	1000.00	96000.00
ar1	16160	60881333463	320613581447	0	1.73E13
a1	16160	545074416643	2.98468E12	364392000	1.33E14
rev1	16160	502938930629	2.9489067E12	3023000.00	1.41E14
bv	16160	315247382213	2.3063382E12	6227000.00	1.225E14

4 재량적 발생의 추정

4.1 변수정의

비재량적 발생의 회귀계수를 추정하기 위해서는 [그림 9-13]과 같은 변수 정의가 선행되어야 한다.

[그림 9-13] **[입력] 변수정의**

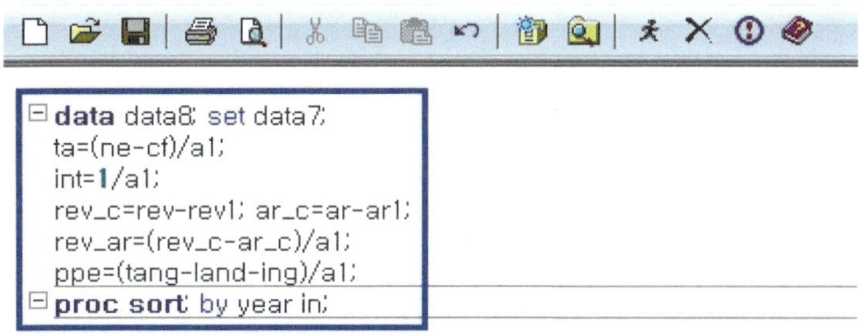


```
data data8; set data7;
ta=(ne-cf)/a1;
int=1/a1;
rev_c=rev-rev1; ar_c=ar-ar1;
rev_ar=(rev_c-ar_c)/a1;
ppe=(tang-land-ing)/a1;
proc sort; by year in;
```

ta=(ne-cf)/a1;	변수 'ta'는 '(ne-cf)/a1'로 정의한다.
int=1/a1;	절편 'int'는 '1/a1'로 정의한다.
rev_c=rev-rev1;	변수 'rev_c'는 'rev-rev1'로 정의한다.
ar_c=ar-ar1;	변수 'ar_c'는 'ar-ar1'로 정의한다.
rev_ar=(rev_c-ar_c)/a1;	변수 'rev_ar'는 '(rev_c-ar_c)/a1'로 정의한다.
ppe=(tang-land-ing)/a1;	변수 'ppe'는 '(tang-land-ing)/a1'로 정의한다.
proc sort; by year in;	'year' → 'in'의 순서대로 데이터셋을 오름차순으로 정렬한다.

4.2 비재량적 발생의 회귀계수 추정

(1) 입력

4.1에서 정의된 변수들을 Section 2의 식(1)에 반영하면 식(4)가 산출된다.

$$ta = \beta_0 int + \beta_1 rev_{ar} + \beta_2 ppe + \epsilon_t \quad \cdots\cdots (4)$$

$ta = (ne - cf)/a1$, $int = 1/a1$, $ppe = (tang - land - \in g)/a1$

$rev_{ar} = (rev_c - ar_c)/a1$, $rev_c = rev - rev1$, $ar_c = ar - ar1$

[그림 9-14] [입력] 비재량적 발생의 회귀계수 추정

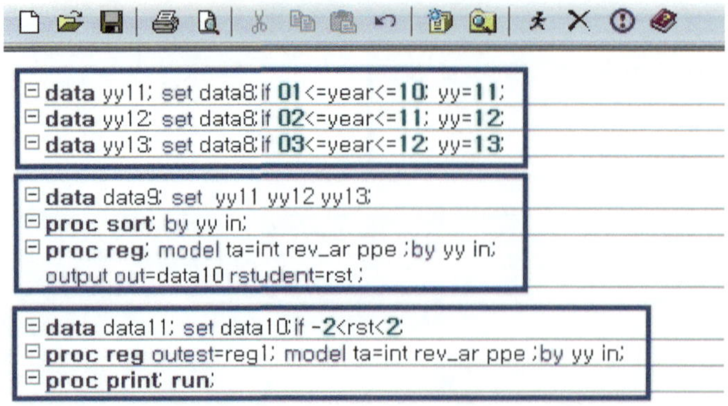

① 산업별-연도별 데이터셋 만들기

```
data yy11; set data8; if 01<=year<=10; yy=11;
data yy12; set data8; if 02<=year<=11; yy=12;
data yy13; set data8; if 03<=year<=12; yy=13;
```

data yy11; set data8;if 01<=year<=10; yy=11;	'01<=year<=10'인 표본으로 데이터셋 'yy11'을 만들고, 변수 'yy'는 '11'로 정의한다.
data yy12; set data8;if 02<=year<=11; yy=12;	'02<=year<=11'인 표본으로 데이터셋 'yy12'을 만들고, 변수 'yy'는 '12'로 정의한다.
data yy13; set data8;if 03<=year<=12; yy=13;	'03<=year<=12'인 표본으로 데이터셋 'yy13'을 만들고, 변수 'yy'는 '13'로 정의한다.

비재량적 발생을 추정하기 위한 회귀계수는 산업별-연도별로 산출되므로, 우선 데이터셋을 연도별로 구분해야 한다. 예를 들어 'year=11'인 표본의 추정회귀계수는 이전 10년간의 시계열자료를 사용하여 추정하므로, 'year=01'부터 'year=10'까지의 표본을 사용한다.

또한 회귀분석을 할 때 'year = 11'과 구분하기 위해서 'yy = 11'로 정의한다. 'year = 12, 13'인 표본도 같은 방법으로 정의한다.

② 산업별-연도별 데이터셋 만들기

```
data data9; set yy11 yy12 yy13;
proc sort; by yy in;
proc reg; model ta=int rev_ar ppe; by yy in;
output out=data10 rstudent=rst ;
```

proc sort; by yy in;	'yy → in'을 기준으로 오름차순 정렬한다.
proc reg; model ta = int rev_ar ppe; by yy in;	'ta'가 종속변수이고 'int, rev_ar, ppe'가 독립변수인 회귀분석을 'yy, in'별로 실시한다.
output out = data10 rstudent=rst;	'RStudent'를 'rst'로 정의하고 이를 데이터셋 'data10'에 저장한다.

과거 10년의 시계열자료로 구성된 데이터셋 'yy11, yy12, yy13'을 합치고 이를 'yy = 11, 12, 13'으로 구분한다. 각 연도별(yy) 데이터셋은 다시 산업별로 구분되어야 하므로 'yy → in'의 순서대로 정렬하고, 정렬된 데이터셋을 'yy'와 'in'을 구분하여 회귀분석을 한다. 이렇게 산출된 회귀계수는 각각 180개(60개 산업 × 3년)이며, 그 결과를 'rst(= RStudent)'와 함께 저장한다. 예를 들어 'in = 1000'이고 'yy = 11'인 기업들은 'year = 01'부터 'year = 10'까지의 표본 중에서 'in = 1000'인 표본을 회귀분석 하는 방식이다.

③ 극단치 제거하기

```
data data11; set data10; if -2<rst<2;
proc reg outest=reg1; model ta=int rev_ar ppe ;by yy in;
```

data data11; set data10; if −2 < rst < 2;	'−2<rst<2'를 만족하는 데이터셋을 만든다.
proc reg outest = reg1; model ta = int rev_ar ppe ;by yy in;	회귀분석을 'yy, in'별로 실시하며, 그 회귀계수 값을 데이터셋 'reg1'에 저장한다.

극단치가 제거된 표본에 대한 회귀분석으로 각각 180개의 산업별-연도별 추정회귀계수 ($\hat{\beta}_0$, $\hat{\beta}_1$, $\hat{\beta}_2$)가 산출되고, 이를 [outest]로 데이터셋 'reg1'에 저장한다.

(2) 출력

[keep]과 [rename]을 통해서 산출된 전년도 변수에 대한 오류를 검증하고자 프린트한다.

```
proc print; run;
```

proc print; run;	모든 변수에 대한 데이터를 프린트한다.

[그림 9-15] [출력] 비재량적 발생의 회귀계수 추정

SAS 시스템

OBS	yy	in	_MODEL_	_TYPE_	_DEPVAR_	_RMSE_	Intercept	int	rev_ar	ppe	ta
1	11	1000	MODEL1	PARMS	ta	0.05189	0.07355	15478845174.12	0.31051	-2.47029	-1
2	11	3000	MODEL1	PARMS	ta	0.06070	0.00829	-278773675.36	0.00773	-0.10083	-1
3	11	5000	MODEL1	PARMS	ta	0.27845	-1.17965	19175276454.85	0.29240	-1.59784	-1
4	11	7000	MODEL1	PARMS	ta	0.04728	0.13671	-7863879530.89	1.25706	-1.34635	-1
5	11	10000	MODEL1	PARMS	ta	0.06254	-0.00782	552360456.70	0.00974	-0.07718	-1
6	11	11000	MODEL1	PARMS	ta	0.05921	-0.03196	501748809.98	-0.15769	-0.01744	-1

[그림 9－15]에서 데이터셋 'reg1'에 Intercept(절편) 및 변수 'int, rev_ar, ppe'가 저장되어 있음을 확인할 수 있다.

4.3 재량적 발생의 산출

(1) 추정회귀계수의 변수명 정의

[그림 9－15]에서 추정된 회귀계수를 통해 비재량적 발생을 산출하기 위해서, 추정회귀계수의 변수명을 새롭게 정의한다. 이 과정은 절편 때문에 반드시 시행해야 한다.

[그림 9-16] [입력] 추정회귀계수의 변수명 정의

```
data reg2; set reg1;
  rename intercept=b0;
  rename int=b1;
  rename rev_ar=b2;
  rename ppe=b3;
  rename yy=year;
proc sort; by year in;
proc means n mean median std min max;var b0 b1 b2 b3; run;
```

① 입력

```
rename intercept=b0; rename int=b1; rename rev_ar=b2;
rename ppe=b3; rename yy=year;
proc sort; by year in;
```

rename intercept=b0;	절편의 변수명을 'b0'으로 정의한다.
rename int=b1;	'int'의 변수명을 'b1'로 변경한다.
rename rev_ar=b2;	'rev_ar'의 변수명을 'b2'로 변경한다.
rename ppe=b3;	'ppe'의 변수명을 'b3'으로 변경한다.
rename yy= year;	'yy'의 변수명을 'year'로 변경한다.
proc sort; by year in;	'year → in'을 기준으로 오름차순 정렬한다.

'절편, int, rev_ar, ppe'의 변수명은 각각 'b0, b1, b2, b3'으로 변경한다. 또한 추후 다른 변수들과 [merge]하기 위해서 'yy'를 'year'로 다시 변경하고, 'year, in'의 순서대로 정렬한다.

② 출력

```
proc means n mean median std min max; var b0 b1 b2 b3; run;
```

proc means n mean median std min max; var b0 b1 b2 b3; run;	변수 'bo, b1, b2, b3'의 표본크기, 평균값, 중위수, 표준편차, 최솟값, 최댓값을 프린트한다.

[그림 9-17] [출력] 추정회귀계수의 변수명 정의

SAS 시스템

MEANS 프로시저

변수	레이블	N	평균	중위수	표준편차	최솟값	최댓값
b0	Intercept	180	-0.0170977	-0.0079748	0.1472545	-1.1796546	0.3470868
b1		180	8491794875	-109637576	211138532345	-6.175948E11	1.5155777E12
b2		180	0.0619804	0.0078636	0.3912604	-0.9495480	3.4008682
b3		180	-0.0436201	-0.0942809	0.7829403	-2.4702898	5.1850200

[그림 9-17]에서 표본크기는 예상대로 180으로 나타났다.

(2) 비재량적 발생과 재량적 발생의 산출

변수 'b0, b1, b2, b3'가 포함된 데이터셋 'reg2'와 전체표본이 포함된 데이터셋 'data8'을 [merge]한 후에, 비재량적 발생과 재량적 발생을 정의한다.

[그림 9-18] [입력] 데이터셋 합치기

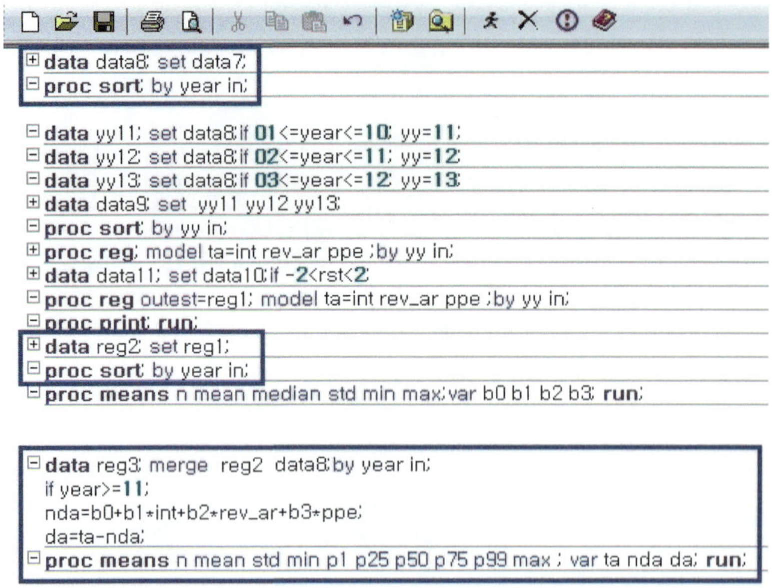

① 입력

```
data reg3; merge  reg2  data8; by year in;
if year>=11;
nda=b0+b1*int+b2*rev_ar+b3*ppe;
da=ta-nda;
```

data reg3; merge reg2 data8; by year in;	'year, in'을 기준으로 하여, 'reg2'와 'data8'을 옆으로 합쳐서 'reg3'을 만든다.
if year>=11;	'year'가 '11' 이상인 표본으로만 데이터셋을 만든다.
nda=b0+b1*int+b2*rev_ar+b3*ppe;	'nda'는 'b0+b1*int+b2*rev_ar+b3*ppe로 정의힌다.
da=ta-nda;	'da'는 'ta-nda'로 정의한다.

분석 기간은 'year=11, 12, 13'이지만, 추정회귀계수를 산출하려면 과거 10년의 자료를 이용하였다. 'b0, b1, b2, b3'과 전체표본이 [merge] 되면 분석에 불필요한 과거 자료도 포

함됨으로, ‘year≥11’인 표본만으로 데이터셋을 구성한다.

Section2의 식(2)와 식(3)을 반영하여, 비재량적 발생인 ‘nda’는 ‘b0 + (b1×int) + (b2×rev_ar) + (b3×ppe)’로 정의하고 재량적 발생인 ‘da’는 ‘ta - nda’로 정의한다.

② 출력

```
proc means n mean std min p1 p25 p50 p75 p99 max; var ta nda da; run;
```

proc means n mean median std min max; var b0 b1 b2 b3; run;	변수 ‘bo, b1, b2, b3’의 표본크기, 평균값, 중위수, 표준편차, 최솟값, 최댓값을 프린트한다.

[그림 9-19] [출력] 비재량적 발생과 재량적 발생의 산출

SAS 시스템

MEANS 프로시저

변수	N	평균	표준편차	최솟값	제1 백분위수	제25 백분위수	제50 백분위수	제75 백분위수	제99 백분위수	최댓값
ta	3832	-0.0268662	0.1159844	-3.3596497	-0.3362081	-0.0656424	-0.0208670	0.0174898	0.2470375	1.4145976
nda	3832	-0.0230950	0.0383285	-0.8088217	-0.1365017	-0.0360681	-0.0199295	-0.0052201	0.0410845	0.1776494
da	3832	-0.0037711	0.1147753	-3.0178029	-0.3118221	-0.0449643	-0.0036619	0.0406794	0.3158485	1.2936102

[그림 9－19]에서 ‘da’의 평균값은 ‘－0.0037711’로 나타나 ‘0’에서 크게 벗어나지 않고 있으나, 최솟값과 최댓값은 모두 절댓값이 ‘1’을 초과하는 것으로 나타났다. 이는 비재량적 발생의 회귀계수를 추정하는 과정에서 일부 업종의 경우에 표본크기가 부족하여 발생한 극단치일 가능성이 높다.

(3) 극단치의 조정

표본크기가 부족한 업종을 처음부터 제거(Truncation)하기보다는 재량적 발생의 상·하위 1%의 값을 조정(Winsorization)하는 선택을 하였다. 이는 연구자의 주관적 판단이므로 조정하지 않아도 무방하다.

① 입력

[그림 9-20] [입력] 극단치의 조정

```
data reg4; set reg3;
  if da<-0.3118221 then da=-0.3118221;
  if da>0.3158485 then da=0.3158485;
proc means n mean std min p1 p25 p50 p75 p99 max ; var ta nda da; run;
```

```
if da<-0.3122498 then da=-0.3122498;
if da>0.3238751 then da=0.3238751;
```

if da < −0.3122498 then da = −0.3122498;	'da < 하위 1%'이면 '하위 1%'로 정의한다.
if da > 0.3238751 then da = 0.3238751;	'da > 상위 1%'이면 '상위 1%'로 정의한다.

② 출력

```
proc means n mean std min p1 p25 p50 p75 p99 max; var ta nda da; run;
```

proc means n mean std min p1 p25 p50 p75 p99 max ; var ta nda da; run;	변수 'ta, nda, da'의 표본크기, 평균값, 표준편차, 최솟값, 하위 1%, 하위 25%, 중위수, 상위 25%, 상위 1%, 최댓값을 프린트한다.

[그림 9-21] [출력] 극단치의 조정

SAS 시스템

MEANS 프로시저

변수	N	평균	표준편차	최솟값	제1 백분위수	제25 백분위수	제50 백분위수	제75 백분위수	제99 백분위수	최댓값
ta	3832	-0.0268662	0.1159844	-3.3596497	-0.3362081	-0.0656424	-0.0208670	0.0174898	0.2470375	1.4145976
nda	3832	-0.0230950	0.0383285	-0.8088217	-0.1365017	-0.0360681	-0.0199295	-0.0052201	0.0410845	0.1776494
da	3832	-0.0037718	0.0922546	-0.3118221	-0.3118221	-0.0449643	-0.0036619	0.0406794	0.3158485	0.3158485

극단치를 조정한 이후에 'da'의 최솟값과 하위 1%가 일치하고, 상위 1%와 최댓값이 일치함을 확인할 수 있다.

4.4 재량적 발생을 활용한 회귀분석

재량적 발생(da)을 독립변수로 하고, 부채비율(lev), 영업현금흐름(cfo), 매출액증가율(growth), 기업규모(size), 결손 여부(loss) 등을 독립변수로 하는 회귀분석을 실시하고자 한다. 이러한 독립변수들을 포함하기 위해서는 해당 자료를 추출 단계부터 포함해야만 한다.

[그림 9-22] [입력] 재량적 발생을 활용한 회귀분석

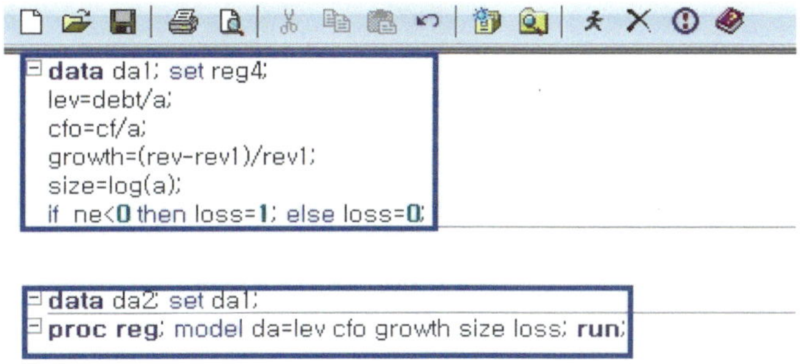

① 입력

```
data da1; set reg4;
lev=debt/a; cfo=cf/a; growth=(rev-rev1)/rev1;
size=log(a); if ne<0 then loss=1; else loss=0;
```

lev = debt/a;	변수 'lev'는 'debt/a'로 정의한다.
cfo = cf/a;	변수 'cfo'는 'cf/a'로 정의한다.
growth = (rev-rev1)/rev1;	변수 'growth'는 '(rev-rev1)/rev1'로 정의한다.
size = log(a);	변수 'size'는 $\log_e a$로 정의한다.
if ne<0 then loss = 1; else loss = 0;	'ne<0'이면 변수 'loss'는 '1'이고 그렇지 않으면 '0'이다.

② 출력

```
data da2; set da1;
proc reg; model da=lev cfo growth size loss; run;
```

proc reg; model da = lev cfo growth size loss; run;	종속변수는 'da'이고 독립변수는 'lev, cfo, growth, size, loss'인 회귀분석을 실시한다.

[그림 9-23] **[출력] 재량적 발생을 활용한 회귀분석**

Root MSE	0.06839	R-Square	0.4511
Dependent Mean	-0.00377	Adj R-Sq	0.4504
Coeff Var	-1813.31012		

Parameter Estimates					
Variable	DF	Parameter Estimate	Standard Error	t Value	Pr > |t|
Intercept	1	0.01623	0.02064	0.79	0.4316
lev	1	-0.04297	0.00581	-7.39	<.0001
cfo	1	-0.64134	0.01372	-46.75	<.0001
growth	1	0.01335	0.00197	6.76	<.0001
size	1	0.00205	0.00080915	2.54	0.0113
loss	1	-0.11299	0.00285	-39.66	<.0001

SAS 명령어

명령어	해 석
array Y(1 :10) X1-X10;	변수 $X1$부터 $X10$을 변수 $Y(1)$부터 $Y(10)$으로 변경한다.
do Z=1 to 10;	Z는 'end'까지 '1'부터 '10'까지 순서대로 반복한다.
X=Y(Z); ~	X는 $Y(1)$부터 $Y(10)$까지 이다.
output : end;	지금까지의 결과를 저장하고 do 문을 중지한다.
drop X1-X10;	변수 $X(1)$부터 $X(10)$까지를 제거한다.
proc reg outest=A; model Y=X1 X2;	회귀계수 값을 데이터셋 A에 저장한다.
Y=log(X);	변수 Y는 $\log_e X$로 정의한다.

저자소개

오웅락

숭실대학교 회계학과 및 대학원 졸업
숭실대학교 대학원(경영학 박사)
건양대학교 세무학과 및 부천대학교 세무회계학과 교수
대학수학능력시험 및 세무공무원 시험 출제위원

현, 숭실대학교 회계학과 교수

김응길

고려대학교 대학원(경영학 박사)

현, 숭실대학교 회계학과 교수

SAS를 활용한 논문쓰기

초판발행 • 2016. 7. 25
3판발행 • 2025. 1. 24

지은이 • 오웅락 · 김응길
펴낸이 • 김대명
펴낸곳 • 나우퍼블리셔
등록번호 • 2020년 1월 20일 (제2020-000005호)

주소 • 서울특별시 성동구 한림말5길 11 덕성빌딩
전화 • 010-9133-5272 | 팩스 02-6305-3639
전자우편 • nowpublisher@daum.net
홈페이지 • www.nowpublisher.co.kr
ISBN • 979-11-7102-088-1 93320 정가 20,000 원